코로나다,
서양을 탈출하라

이동훈 지음

어문학사

코로나다, 서양을 탈출하라

이동훈 지음

목차

서문
지구는 인간의 식민지가 아니다

인간이 살고 있습니다. 지구라는 별에 오래전부터 살고 있었죠. 인간이라는 종이 처음 어디서 왔는지, 인간 생명체의 발생 유래가 어땠는지 잘 몰라요. 물속 어류가 변해서 인간이 되었는지 침팬지 종이 돌연변이로 인간이 되었는지 알 수 없어요. 아담이 타락해서 인간이 되고 곰이 변신해서 여자가 되었는지, 참으로 모를 일입니다. 상상은 끝 모르게 이어져요. 빅뱅 시절에 단백질 세포가 우주 공간을 아득히 유영한 때가 있었죠. 그때 난자와 정자가 극적으로 만나 인간 생명체를 꿈결같이 배태했는지도 모를 일이죠.

어쨌든 45억 년 전에 지구별이 태양계 주변에 자리를 잡은 이래 어제오늘처럼 바람이 불고 해가 빛나고 까마득한 세월이 흘러갔습니다. 어느 날 인간종이 드디어 지구 이편저편에 하나둘 출현합니다. 지구의 시공간을 알맞춤하게 쪼개어 색색이 유별난 인간종들이 끼리끼리 공동체를 만들게 되죠. 도구를 만들고 함께 모여 살아야 안전하니까요. 실로 어마어마하게 아즐한 시간 속에서 생물 종의 분화가 속속 완성됩니다. 사품에 지구 위 어느 지점에서는 인간종의 영장류 동물 전성시대(인간 비슷한 동물들이 그 종류가 엄청 많았다는 뜻)가 다투어 지나갑니다.

살아남은 인간종(나머지는 죽거나 죽여 없앴다는 뜻, 멸종)은 더욱 진화하여 아예 특별한 동물이 되었죠. 무량수의 시간 속에서 씨족이 생기고 부족이 생기고 민족이 생겨났어요. 그것들로 생존공동체가 생기고 작은 나라 같은 것들이 올망졸망 생겨났습니다. 인간 집단은 덩치가 점점 커지고 힘도 세지고 정치와 경제가 발달하고 깜냥의 자연환경에 맞추어 독특한 살림 문화가 찬란했죠. 급기야 태양신을 필두로 하여 필요한 신들을 인위적으로 만들기 시작하는데요, 바야흐로 인류 역사상 최고의 발명품의 하나인 종교가 탄생했습니다. 하나의 소우주로 작동하는 인간 정신을 통일적으로 결집하는 데는 종교가 최고였죠. 종교의 탄생은 철저히 인공적이고 인위적인 까닭에 종교를 통해 인간은 다른 동물 종들과는 전혀 다른 특별 존재가 되었어요. 그뿐 아니라 같은 인간종 무리에서도 종교를 기준으로 해서 분리 독립된 특별 존재가 될 수 있었으니까요.

그렇습니다. 인간이 종교를 만들었어요. 종교를 인간이 만들었죠. 신이 종교를 만든 게 아니에요. 사실을 말하면 종교가 신을 만들었어요. 우주 환경과 자연생태와 풍토와 기후를 제외하고 인간 세상의 모든 것은 인간이 창조했어요. 이걸 '문명'이라고 하죠. 때와 장소에 맞추어 인위적, 의도적으로 말이에요. 말하자면 지구 위 모든 인간 문명은 철저히 인공적인 것입니다. 이것은 동양과 서양이 다르지 않고 선사시대와 역사시대가 다르지 않아요. 단도직입으로 말하죠. 지구 위에 건설된 인간 문명은 애오라지 인간을 위한, 인간에 의한, 인간의 것입니다. 그래서 그럴까요, 인간은 확실히 지구 위 기존의 다른 생물 종과는 살림살이 모양이 근본적으로 달랐습니다. 인간은 특별했어요. 그들은 환경에 적응하여 자연에서 생존하는 걸로는 만족하지 않았어요. 인간은 생물학적 생존을 넘어 그들만의 생활을 꿈꾸었죠. 자연에 억눌리지 않고 그것을 이겨내고 넘어서고 그것을 활용하는 한편 재창조하려고 했어요. 보세요. 인간 사회는 완벽하게도 인공으로 만든 자연입니다. 그들은 새로운 자연을 인공적으로 창조해서 그 속에서 살고자 했죠. 더 놀라운 것은 오래전에 특별한 인종(백인종)이 있어 그들이 특별한 종교를 발명하면서 그 꿈과 힘은 현실과 더한층 가까워졌어요. 절대자는 전지전능하며 인간은 신을 본떠 만들었다는 믿음! 르네상스 시대를 거치며 근대 유럽에서는 절대적인 인간 긍정론이 물결쳤어요. 근대 인간관의 핵심은 '인간은 자연을 정복하고 지배하고 관리하는 능력자'라는 거예요. 이런 생각을 밑바탕으로 해서 18세기 이후 서구에서 발생하고 발달한 근대 과학기술과 자본주의 문명이 바로 그것의 적나라한 실현입니다.

어쨌거나 지구에서 인간종은 고도의 진화를 거치며 지구 행성의 지배자가 되었죠. 우리는 인간종입니다. 백인이든 흑인이든 황인이든, 우리는 '인류'로 불리기를 좋아하는 인간종이죠. 우리 인간들끼리 듣기 좋은 말로 '인류'라고 하는 것이지, 사실상 다른 생물 종들의 눈에 우리는 영락없이 똑같은 인간종입니다. '호모 사피엔스'(라틴어로 '슬기로운 사람' 뜻, 18세기 린네가 작명)라는 아주 똑똑하고 아주 잔인하고 아주 욕심 사나운 생물 종 말입니다. 지금으로부터 불과 100년 동안에 지구가 중병에 걸린 사람처럼 형편없이 망가졌습니다. 문명화, 개발주의의 열풍 속에서 전 지구적으로 인간들이 하나의 믿음을 갖고 지난 100년 동안 행한 지구 식민지 정책과 과도한 지구 생명력 착취 때문이지요.

한번 볼까요? 참다못한 지구는 결국 응징을 겸해서 사신을 파견했죠. 코로나바이러스라는 괴생명체를 인간들에게 경고의 목적으로 세계 곳곳에 파견했어요. 코로나 사신을 만나기 전후로 유독 인간종들은 항시 마스크를 하는 게 기본 예의라고 하는데요. 물론 다른 생물 종들은 예외입니다. 덕분에 우리는 요즘 들어 매일매일 죄수의 표시로 마스크를 씁니다마는.

오늘도 우리 인간들은 자연에 나쁜 짓을 하느라고 여념이 없습니다. 점점 더 많이 쏟아져나오는 플라스틱과 비닐, 최첨단 스마트폰, 갖가지 일회용품과 배달 택배 쓰레기, 각종 인공지능 제품들, 가전 상품 연료와 자동차 배출가스, 각종 화공품 생활 도구, 달나라와 화성 탐사, 인공위성 쏘아 올리기...하하하 우리가 숨 쉬고 살아가는 일상이 깡그리 자연 파괴의 구조 속입니다. 우리가 살아가는 토대가 우리가 만든 과도한 인공 세상인 걸 어쩌겠어요. 이놈의 과학기술은 우리가 태어나기 전부터 시작해서 앞으로도 국가 권력과 자본의 논리로 계속 굴러갈 것입니다. 지구가 두 동강 나지 않는 한 이 삶을 우리가 결단코 거부할 수 없고말고요. 안타깝습니다.

우리는 각자의 시공간을 살되 하루도 빠짐없이 과학기술의 도움과 혜택으로 삶을 엮어갑니다. 매일매일 해가 빛나고 바람이 불고 끼니마다 밥과 반찬을 주는 자연의 고마움을 죄다 잊어버린 채 말이죠. 물과 호박과 된장, 가족과 동무들과 이웃 사람들, 개와 고등어와 장미꽃 - 다들 자연입니다. 자연 없이 우리 인간은 절대 살 수가 없어요. 잘 살 수 없고 행복하게 살 수가 없어요. 자연의 고마움을 아는 것, 자연의 아름다움을 사무치게 느끼는 것 - 코로나 시대를 살아가는 우리 인간종들의 혁명적인 새 마음이 아닐까요?

1장

자본주의 문명은
기독교 사상의 결과이다

1. 인간은 종교 때문에 살고
종교 때문에 죽는다

종교를 없애야 합니다. 유일신 종교를 없애야 합니다. 그래야 지구 평화가 가능해요. 기존 종교는 인간종 중심 철학의 완성입니다. 종교 특히 유일신 종교는 인간종 중심 철학의 집대성입니다. 지구 위에서 모든 생명체를 압도하는 과도한 인간 중심주의는 어디에 뿌리를 내리고 있을까요? 그것은 종교, 정확히는 유일신 종교입니다. 여기서 종교는 오직 인간과 신이 상호작용하고 소통할 뿐이에요. 다른 생명체는 여기에 끼어들 수가 없죠. '오직 예수'는 '오직 인간'과 동의어예요. 이곳에서 다른 생물 종은 근접할 수가 없어요. 서구 바이블은 인간이 자연을 정복하고 지배해야 한다고 부추깁니다. 오늘날 인간의 삶에서 기존 종교를 삭제해야 지구에서 인간종 중심주의가 삭제됩니다. 인간종 중심의 좁은 세계관에서 벗어나야만 지구가 살아요. 지구별에서 평화가 숨을 쉬고 뭇 생명체가 깜냥대로 삽니다. 남자 중심주의를 깨뜨려야 여자가 생명성을 누릴 수 있어요. 유대교와 그리스도교와 이슬람교 등 절대주의 일신교는 철저한 남자 독재 사상의 원천입니다. 종교를 없애야 생명이 살아요. 생명이 생명답게 살 수 있어요.

자본주의 기독 문명인에게 동물은 자연입니다. 자연은 정복하고 지배하고 관리하는 대상이지요. 서구 기독교인들의 자연 정복 사상은 자본주의 문명 시대에도 그대로 남아 있어요. 아니 갈수록 흉포해지고 더 강해졌죠. 가장 대표적인 것이 가축 동물의 생산과 소비 분야입니다. 소와 돼지, 양과 닭과 오리 등의 축산 동물들은 대학살의 대상들이죠. 그들은 신체적 극한에 이를 때까지 품종 개량을 당하고, 알을 낳고 살과 뼈를 인간에게 빼앗깁니다. 닭은 달걀을 생산량의 4배나 늘려 낳아야 하고 젖소는 소가 아니라 우유 낳는 대형 젖이 되고, 돼지는 비대해진 몸을 지탱하지 못하는 장애 다리를 가지게 만들어요. 인간의 욕심에 따른 인위적 진화가 품종 개량이라는 우생학을 과학기술의 발전상이라고 믿게 만듭니다. 이 모든 게 인간성 상실이며 지구 생명 죽이기이며 지구 자원의 약탈이라는 자본주의의 만행일 뿐입니다.

적어도 가축들에게 있어 인간종은 창조주, 즉 신이 분명합니다. 자본주의 체제가 인간종을 확실하게 신으로 만들었어요. 아니 어쩌면 서구 자본주의는 처음 출발할 때부터 인간의 신화 작업이었는지 모를 일이죠. 신화(神化) - 인간을 신으로 만드는 작업. 교회와 자본주의가 공모하여 지구를 약탈했어요. 기독교 교리와 신앙심이 과학기술의 발달을 무한대로 촉진했어요. 뉴턴 등의 과학자들은 신의 영광을 찬양하기 위해 물리 화학을 연구하고 사회경제 지식인들은 종교 신앙심과 법률주의로 인간 사회를 구원하려 했어요. 적어도 백인종 기독교인들은 다른 유색인들을 그렇게 대했고 마침내는 지구 전체를 거대한 식민지로 여겼음이 틀림없어요.

지구의 모든 존재는 연결되어 있어요. 우리는 모두 서로에게 연결되어 있죠. 자연환경을 생각해야 해요. 적정한 생산량을 지키는 게 친환경주의예요. 그러나 친환경 자본주의는 없어요. 자본주의는 절대 친환경일 수 없거든요. 경제적 이익 추구를 적당히 하고 적당히 그만두는 법이 결코 없거든요. 돈(자본)이 되는 일을 끊임없이 연결해 나가는 게 서구 자본주의 문명의 활동 방식입니다.

돈벌이 경영 체제가 그들의 자본주의예요. 그들은 오직 생산성에 치중하죠. 적당한 생산이란 게 없어요. 적당한 소비라는 게 없어요. 폭주하는 서양 문명에게 '과유불급'(지나침은 모자람만 못함)이라는 충고를 꼭 전해주고 싶군요. 정글 자본주의라는 현재의 상황이 계속되면서 자연을 망치는 악한 자본은 살고 자연을 살리는 선한 자본은 망해요. 돈 되는 경제만 살아남는 거죠. 그러나 결국 따지고 보면 자본주의는 생산성이 곧 파괴성입니다. 잘 사는 게 세상을 망치는 것이고 잘 사는 게 지구를 망구는 거예요. 그러니까 잘 사는 게 곧 죽음으로 가는 지름길인 거죠.

서구 자본주의 문명에서는 코로나 백신이 풍족하게 남아돌아도 그것은 곧 품절입니다. 왜냐하면 그것이야말로 돈벌이 중독, 자본주의의 삶의 방식이니까요. 가난한 나라에서는 백신을 구하지 못해 사람들이 공포에 질려가도 백신 생산국가인 선진국은 그것을 전량을 폐기 처분합니다. 가령 또 다른 예로 미국계 식량 대기업들이 식량이 풍족히 과잉 생산으로 남아도 가격 유지를 위해 그냥 폐기 처분해 버려요. 이것이 서구 자본주의

문명의 삶의 방식입니다. 잉여 물량을 국제 구호 물품으로 보
낸다든지 등의 가난한 나라의 식량 부족을 보조하는 역할을 절
대 하지 않아요. 그렇게 하면 연쇄 이익은커녕 경제적으로 순
환이 막혀 엄청난 손해를 보니까 그런 거죠.

　서구 자본주의 문명은 지구 위에 피어난 거대한 악의 꽃입
니다.

2. 왜 자본주의가
예수 기독교권에서 나왔을까

　불공정한 상업 행위와 이교도 땅 정복과 수탈에서 시작된
자본의 축적이 있었어요. 이것이 유럽 자국 내에서 발생한 무
수한 가난뱅이 노동자들과 결합함으로써 지구 인류 문명의 역
사에서 오직 기독교 유럽에만 특유한 산업형 자본주의가 출발
할 수 있었습니다. 유럽 대륙에 공장제 노동이 시작됨으로써
자본 축적이 전혀 새롭게 시작되었고, 축적된 자본은 또 다른
공장에 재투자하는 순환 방식이 마치 자본주의 시스템의 공식
처럼 만들어졌죠. 결정적으로는 예수 탄생 1776년에 영국 블
룸필드 탄광에서 제임스 와트(서기1736~1819 영국/ 기계 기술자, 전
기 와트 W 용어)가 만든 증기기관차가 처음 가동됨으로써 대량
생산의 길이 열렸어요. 대량 생산은 곧장 대량 소비와 연결되
죠. 대량 생산과 대량 소비 - 이것이 바로 유럽에서 자본주의

사회를 탄생시킨 산업 혁명의 핵심입니다. 산업 혁명은 현대 기계문명의 예고편이었죠. 제임스 와트 이후로 18세기 말의 유럽 대륙은 각종 과학 지식이 첨예하게 발명되고 산업용 기계 기술력이 눈부시게 발전합니다. 영국의 산업 현장에서는 곧바로 조직적인 인력 관리와 과학기술을 이용한 대량 생산과 대량 소비가 가능해졌어요. 서구 자본주의 문명의 탄생입니다.

서양 기원(서기) 1800년에는 영국 전역에서 30곳의 탄광이 증기기관을 사용했고 40개의 제철소와 85개의 면방직 공장에서 증기기관을 사용하여 제품을 생산해내기 시작했어요. 공장은 기계 소리를 울리며 쉴 틈 없이 돌아가고 노동 인력과 생산량은 폭발적으로 증가했어요. 산업 혁명은 말 그대로 산업 혁명에 그친 게 아니에요. 산업은 모든 것의 생산 방식에 관한 것입니다. 공장의 기계식 산업 방식의 혁명은 동시에 농업 혁명을 불러오고 도로 혁명, 수송 혁명, 자동차 혁명, 사진술 혁명, 전기 혁명, 통신 혁명, 무기 혁명, 공업 혁명 등을 다채롭게 불러옵니다. 아주 빠른 속도로 유럽 대륙에서 자본주의 사회가 전격적으로 만들어지기 시작했어요. 모든 제품은 숨 가쁘게 새 제품을 선보였죠. 마치 오늘 한국 사회에서 자동차와 스마트폰이 빠른 속도로 변신을 거듭하듯이 말이에요.

19세기에 들면 영국의 공동체 사회가 이전과는 전혀 다른 모양으로 급변해요. 새롭게 생겨난 모든 것이 서로서로 영향을 주고받으면서 폭발적으로 발전해나갔어요. 자본주의 국가가 얼추 완전한 형상을 갖추기 시작했어요. 상호 작용과 반작용이 이어지며 새로움이 꼬리를 물고 쏟아집니다. 시간이 흐르며 유럽 사회 전체가 마치 도깨비 마을처럼 날마다 달마다 바뀌어 갑니다. 기독교 천국을 바라던 꿈의 신세계가 마치 날개를 활짝 펼치는 듯했어요. 그것은 기독 자본주의가 이룩한 이상향이었고 천국이었고 꿈으로 가득한 신천지였고 범사(凡事)에 감사하는 기독교의 놀라운 천년왕국이었죠.

최첨단의 기계 설비와 노동자 인력의 도움으로 생산량이 폭발적으로 늘어나면서 상품 소비처와 자본 투자처를 유럽 각국은 경쟁적으로 찾게 되었어요. 지구 전체의 노동력과 천연자원을 쪼개고 탐험하여 각자 욕심껏 독점하는 방식으로 기독 문명국들이 약육강식이라는 정글의 법칙을 만들었습니다. 18세기를 거치고 19세기에 들면서 서구 자본주의자들이 저절로 제국주의자들로 변신하게 돼요. 침략과 정복에 능한 난폭한 지배자들은 약속이나 한 듯이 지구를 조각조각 쪼개어 함부로 정복하고 학살하고 합병하고 수탈하고 비기독교 약소국들을 자신들의 속국과 식민지로 삼았지요. 그것은 지구 전체의 인력과 에너지와 자원 모두를 백인종들의 것으로 만드는 결과가 되고 말았죠.

3. 종교 경전을
상식의 눈으로 보면 어떨까

한국 철학은 '홍익 대동 세상'을 추구합니다. 홍익인간(인간 세상을 널리 이롭게 함)이 대표 철학이지요. 사람은 자기가 관심이 있는 쪽으로 생각하는 경향이 있어요. 관심은 마음을 두는 것이죠. 관심은 모든 것의 첫출발입니다. 관심은 에너지입니다. 서구 기독교 문명은 '예수 기독 세상'을 추구합니다. 자본주의가 대표 철학입니다. 그들의 모든 관심은 종교와 부에 집중됩니다. 관심은 에너지 원천입니다. 관심이 반복되면 신념이 되지요. 신념을 종교에서는 신앙심이라고 합니다. 그들의 신앙심은 신에 대한 사랑이며 자본에 대한 사랑입니다.

종교성이라는 게 태초에 지구 밖에서 떨어진 게 아닙니다. 종교 경전도 그렇죠. 인간이 필요에 따라 만든 거예요. 근대의 이성이나 객관성도 그래요. 지구 밖에서 신이 선물처럼 건네준 게 아니에요. 인간이 만들었어요. 객관성도 종교도 교회도 사랑도, 인간이 선택적으로 필요에 따라 스스로 만든 거예요. 인위적, 인공적으로 말이죠. 예컨대 강자의 주관성이란 게 바로 객관성이 되는 거예요. 인간 사회에서 힘이 있으면 객관성이 되고 보편성이 되어요. 강한 종교가 가톨릭(보편 종교)이 되고, 강한 지식(객관 과학)이 과학성을 보장받게 되는 거죠. 약자에게는 객관성이 없어요. 인간 외의 다른 생물 종에게는 당연하게도 객관성이나 과학성이라는 게 없을뿐더러 종교성도 없어요.

약자가 이런 가치를 가지려면 강자와 투쟁해서 오직 쟁취해야 하는 길밖에 없죠.

그래서 객관성이나 보편성이라는 것이 시대와 지역에 따라 달라요. 그렇다면 현재의 우리는 어떻게 해야 할까요? 객관성이나 보편성이 형성되는 역사를 면밀하게 따져봐야 해요. 그러면 답이 나옵니다. 세상에 영원한 진리라고 하는 건 없어요. 표준 시간도 나라마다 다 다르잖아요. 대륙별로 상당한 차이가 나는 시간을 보세요. 결국은 사람이 만든 거예요. 자연(自然)은 스스로 그러하지만, 문명(文明)은 사람이 만들었어요. 저 하늘의 태양도 영원하지 않아요. 무한대의 시간을 염두에 둔다면 말이죠. 100억 년 뒤에는 태양이 지구 위에서 사라질 수 있어요. 변하지 않고 영원하다고 보는 게 바로 도그마예요. 영원한 진리가 바로 도그마가 되는 거죠. 우상이나 종교 교리가 곧장 도그마가 되는 이유가 여기 있어요.

유명 사상이나 유명 인물이 우상화되면 안 돼요. 그들의 사상이나 이론도 뜯어보면 인용과 참조, 현실 사례와 자기 해석에 불과하지요. 시대의 산물이고 지역의 산물이죠. 이를 경전으로 받들고 현실에 강제로 적용하려는 우를 범하는 게 전문가 집단이에요. 소위 '전문가주의'가 바로 이런 거죠. 인류의 모든 문제를 한 번에 설명하겠다고 나선 게 거대 서사예요. 그 출발지의 으뜸은 기독 종교이며 근대과학이 그 흐름을 이어받았죠. 종교든 과학이든 모든 앎은 현실의 필요에 의한 것입니다. 인류의 모든 활동(산업활동 포함)이 자연에 의존하고 있어요. 인간은 자연의 극히 미세한 일부분이죠. 누구도 지구의 지배자가 되어서는 안 된다는 공생의 원리를 우리 스스로가 일깨워야 합니다. 지구 최고의 삶의 원리는 독점이 아니라 공존입니다.

4. 현대 문명은 백인종의 문명이다

"생체 해부 시에 질러대는 동물의 비명소리는, 수레바퀴가 삐걱거리는 소리 이상의 아무런 것도 의미하지 않는다."

데카르트 (서기1596~1650 프랑스/ 수학자, 세계기계론 철학 창시자)

현대 문명은 백인들이 대표적으로 만든 문명입니다. 백인들은 지구를 대표하는 인간종으로 자신들을 내세우죠. 백인들이 지난 수백 년 동안 아메리카와 아프리카와 아시아를 침략하고 정복하여 식민지를 만들었어요. 지구 인간종 가운데서 백인들이 지구 전체를 대표하는 독재적 지배자가 되었죠. 아메리카 너른 땅덩이를 식민지로 삼아 원주민을 학살하고 약탈하는 한편 미국이라는 백인 나라를 새로 만들고, 아프리카 전체를 노예의 땅으로 만들어 그곳의 사람과 자원을 마구 착취하고 약탈했죠. 아시아 국가도 예외는 아니어서 수많은 약소국이 백인의 식민지가 되어 고통을 겪었어요. 우리나라도 예외가 아니고요,

결국에는 한반도 전체가 백인(아시아인의 백인 행세 = 일본)의 식민지가 되고 말았죠.

중세 가톨릭 종교 시대를 탈출하기 무섭게 백인종들은 백인 우월주의를 코끝에 내걸었어요. 기독교라는 세계 최고의 종교와 근대과학이라는 세계 최고의 과학을 무기로 삼아, 그들은 지구 전체를 사냥터로 삼는 백인 제국주의를 표방하고 실천했어요. 19세기 말에 과학과 기술로 무장한 백인 우월주의가 공식적으로 등장합니다. 그것은 우선 '우생학'이라는 과학 지식의 이름표를 달았죠. 인간종 중에서 가톨릭 백인종이 가장 우수하다는 것이에요. 아메리카 인디언인 홍인종과 아시아의 황인종과 아프리카 흑인종들은 열등하여 백인들의 지배와 가르침을 받아야 한다고 했어요. 백인종들은 지구 문명화의 이름으로 자신들의 종교와 문명을 기타 유색 인간종은 물론 모든 생물 종들에게 강요했습니다.

우생학의 원조는 물론 찰스 다윈(서기1809~1882 영국/ 진화론 발명자)의 진화론이었죠. 백색 인종은 인간의 진화 과정을 다 거쳐 완성된 최우수 특별 인종이며, 흑인과 아시아인과 인디언들은 아직 진화 과정을 거치고 있는 미개하고 열등한 인종이라는 주장이 '우생학'의 근본 이론입니다. '우생학'은 과학이라는 이름을 빌린 기막힌 사기술이죠. 그 사기술에 백 년 이상을 우리가 속았고 지금도 많은 이들이 속절없이 속고 있어요. 백인종의 화려한 종교에 속고 찬란한 과학기술에 속고 그렇죠. 지금 우리 주변을 한번 둘러보세요. 이승만(서기1875~1965 대한민국/

대통령)이 만든 1공화국 기독교 공화국 이후로 절대 무너지지 않는 국내 기독교 인구의 신앙 열기와 서구 문명화 추종주의와 막무가내 국토 개발주의 열풍을 보세요. 우리 한국인들은 이미 백인종이 다 되었습니다. 적어도 아시아 빈국 사람들과 아프리카 흑인종들에게 오늘의 우리는 백인종의 위세와 실력과 품위로 비춰질 테죠.

오늘날 지구에서 백인종이 사람의 대표가 되었어요. 백인이 가톨릭 인간, 즉 보편 인간이 되었죠. 기독교와 과학기술, 자본주의 문명의 힘으로 말입니다. 백인종은 지구에서 특권적 지위를 누리면서 '백색 신화'를 널리 유포했어요. 자신들은 고귀한 무색인이며 그 대척점에 유색인들이 있다는 점을 강조했지요. 백인종들은 자신들의 과학과 종교의 힘으로 인종의 이분화를 시도했죠. 유색인과 백인 – 이렇게 이분법으로 말입니다. 그래서 강자 백인종의 종교가 곧 지구의 보편 종교(가톨릭)가 되고, 강자인 백인종 자신이 지구를 대표하는 보편 인간(가톨릭 유니버설)이 될 수 밖에요. '무색·백색' 관념은 사실상 백인종들이 다른 인종과는 다른 차원에 있는 특권적 존재라는 오만한 발상이지요. 지금도 지구 나라의 숱한 사람들이 이 거짓 신화에 속아 넘어가서 자발적으로 '문명화'라는 파멸의 길을 걷고 있는 뼈 아픈 풍경을 자주 목격합니다.

지역별 인종별 성별로 위계를 만들어 지배하고 착취하는 제도가 지구를 얼마만큼 망가뜨리고 있나요? 지구가 우주의 중심은커녕 태양계의 중심조차 되지 못한다는 과학적 사실을 지금은 어린애들까지 알고 있어요. 그런데도 인간이 만물의 지배자가 되어 전지전능한 신과 함께 지구의 제왕으로 군림하려고 해요. 전지전능한 신이 과학기술로 무장한 인간으로 바뀌었을 뿐, 서구 문명의 근본은 조금도 변한 게 없습니다. 기독 종교의 힘을 과시하려는 인간들이 대한민국 코로나 시대에도 득시글거려요. 종교도 사회의 한 구성성분일 뿐인데, 공동체의 규범과 법의 틀을 무시하고 종교인이라는 특수 지위를 잔뜩 누리려고 해요. 이것은 국가와 사회를 배신하고 국민 행복을 배반하는 행위와 다르지 않아요.

코로나 시대에 중요한 것은 질병 자체의 퇴치가 아니에요. 지구의 생태 환경과 기후 위기에 대처해 인간이 기존의 사고 패턴을 혁신해야 하는 겁니다. 코로나바이러스의 방역 체계가 가장 중차대한 문제가 아니에요. 그것보다 중요한 것은 다양한 생물 종들이 함께 살아가는 지구 환경이 아닐까요. 오늘 하루만 해도 지구 땅에 사용되고 버려지는 방역 마스크가 도대체 몇 장일까요? 지구에서 다달이 1,300억 개의 마스크가 버려지며, 우리나라는 매달 6천만 장의 마스크가 소모된다고 하죠.

다윈의 진화론이 참 유명하긴 해요. 19세기 중엽에 다윈이 발명해낸 '진화론'은 유럽에서 새로운 창조의 분화구가 되었어요. 모방과 숭배가 열광적으로 뒤를 따랐죠. '우생학'이 등장하고 〈인종 진화론〉이 발명되고 아이큐 테스트와 인종주의가 탄생하고, 〈사회 진화론〉, 〈사회 생물학〉, 〈진화 심리학〉, 〈진화 경제학〉까지 속속 만들어졌어요. 모든 것은 과학의 이름으로 불립니다. 지금도 인간 삶의 모든 분야에서 진화론이 눈부시게 빠른 속도로 진화하고 있어요. 그런데 미국에서는 과학의 진화론과 종교의 창조론이 200년 이상 치열하게 논쟁 중입니다. 참 웃기는 일이 아닐 수 없어요. 종교와 과학, 어느 한쪽도 포기할 수 없는 서구인의 과도한 욕심이 그곳에서 배어나고 있군요.

상상하지도 못할 놀라운 일들이 19세기와 20세기에 세계 전역에서 백인종들의 주도면밀한 설계에 따라 끔찍하고도 치밀하게 벌어졌죠. 그것은 인종 청소 작전입니다. 인간 사회에서 약육강식을 자연법칙으로 내세우는 것은 서구의 사상과 논리에 휘둘린 잘못된 사고가 아닐까 해요. 이분법 전투 철학을 삶의 원리로 삼는 백색 인종들은 '나. 너, 우리'를 한데 묶어 공동체 생활 원리로 삼는 동양적 사고체계를 이해하지 못할 테죠. 인간의 삶은 경쟁이 아니라 협력인 것을 말이에요.

예수 탄생 1935년에 히틀러(서기1889~1945 독일/ 정치가, 나치즘 창시자)가 만든 인종 실험 프로젝트가 있습니다. 히틀러는 당시 독일에서 철저한 우상화 작업 끝에 '신적 존재'로 떠받들어졌죠. 레벤스보른 - '생명의 원천'이라는 뜻을 가진 이 복지단체에서 순수 혈통의 아리아인을 키워내는 인종 실험 프로젝트를 진행했어요. 여기서 키운 아이들은 친부모를 모른 채 독일을 위한 충성 교육을 받으며 자라났죠. 히틀러 나치는 유대인 학살을 자행하면서 동시에 순수 독일 아리아인을 육성했어요. 폴란드 등 점령국의 아이들도 납치해서 독일화를 진행했죠. 아돌프 히틀러 제단 앞에서 독일 친위대가 아기 명명식을 열어 진성 독일인을 공인하는 과정을 거쳤어요. 혹독한 스파르타식 교육은 우수 인종 양성을 위한 히틀러의 극단적 민족주의의 광기였죠. 여기서 숱한 아이들이 죽거나 미쳐갔지요. 인종 검사와 우수 인종 실험은 극단적 민족주의로서 당시의 지배 과학인 우생학의 영향을 절대적으로 받았어요.

서구가 주도하고 자행한 잔인한 광기의 역사를 우리가 똑바로 보아야 해요. 서구 유럽인들은 결코 예의 바른 문명인이 아닙니다. 깍듯하고 반듯한 신사가 아니에요. 악당입니다. 깡패예요. 정확히 말해 그들은 잔혹한 지구 정복자들입니다. 인종 학살자들입니다. 인정사정없는 생명 파괴자들이죠. 인류 역사의 진정한 교훈은 지구인들이 지금까지 역사에서 제대로 배운 게 없다는 거예요. 서구 자본주의의 광기에 찬 문명을 똑바로 보십시오. 오늘의 지구 상태를 정확하게 눈여겨보세요. 비운의 역사를 잊으면 현재가 다시 그 역사가 되어요. 잔혹한 역사는 남았는데 교훈은 전혀 없어요. 이것보다 더 큰 불행이 있을까요. 그것은 마치 퇴적암처럼 바윗덩어리 역사만 덩그러니 남은 것과 다를 바 없어요. 삶의 생생한 숨결과 무늬가 다 사라지고 없어요. 지구인들의 탈문명화와 탈서양화가 지구를 살리는 길입니다. 생명을 살리고 자연을 살리는 길이에요. 80억 인류가 한마음 한뜻으로 서구 자본주의 문명의 너울을 찢고 탈출하는 것만이 인류 평화와 지구 생명을 온전히 살리는 길입니다.

5. 원시 지구와 현대 지구는 무엇이 다를까

원시 지구는 물과 이산화탄소로 가득했어요. 생명체가 없었죠. 그러나 원시 지구는 빛만 있다면 물과 이산화탄소를 이용해 에너지를 얻을 수 있었던 조류에게 첫 생명을 주었어요. 35억 년 전에 최초 생물체인 단세포 조류(현재 플랑크톤의 조상쯤에 해당)에게는 엽록소가 있어 빛을 이용해 이산화탄소를 흡수해 에너지를 얻고 찌꺼기인 산소를 배출하게 되었죠. 원시 지구를 잔뜩 뒤덮은 조류가 광합성을 하고 뱉어낸 약 2경 톤에 달하는 산소 때문에 지구에는 대기와 오존층이 형성되었어요. 서기 2022년 현재까지도 전 지구상 산소 중 4분의 3을 만들어 내는 게 해조류입니다. 우리는 하루하루 생명력을 바다의 플랑크톤에게 막대한 신세를 지고 있어요.

지구의 모든 기후와 날씨 현상은 태양 에너지와 관련되어 있죠. 적도 부근은 태양 에너지를 많이 받고 극지방은 적게 받지요. 이것이 대기와 바다의 흐름을 만들어냅니다. 그런데 지구 온난화가 진행되면서 극지방이 따뜻해지자 두 곳의 태양 에너지 차이가 줄어 고기압과 저기압의 교체 현상도 느리게 진행되죠. 까닭에 자연히 장마도 오래 가고 폭염도 오래 갈 수 밖에요. 지구에서 해가 갈수록 태풍이 강력해지는 것도 비가 잦은 것도 지구 온난화 현상 때문에 바다의 수증기 증발이 많은 까닭입니다.

우리가 극지방의 변화에 예민하게 반응하는 까닭은 극지방의 빙하가 녹고 대지의 눈이 녹으면서 그곳에서 태양 에너지를 반사하지 않고 그대로 흡수하게 되는 게 문제가 되어서 그래요. 그러면 얼음과 눈이 더 빨리 녹게 되고 또 더 빨리 따뜻해져서 수만 년 동안 얼어붙어 있던 동토층이 풀려날 수 있어요. 그때 거기 매립되어 있던 식물의 메탄가스가 뿜어져 나오게 되죠. 메탄가스는 이산화탄소보다 30배나 더 강력한 온실가스라고 합니다. 이게 오늘이나 내일의 지구 현실로 닥친다면 인류는 감당하기 어려운 위험성에 노출되고 마는 거죠. 그렇게 되면 지구는 생명의 푸른 별이 아니라 죽음의 검은 땅으로 변해버립니다.

지구의 현시점 환경을 생각해볼까요. 1년에 지구 위에서 플라스틱 쓰레기 2천만 톤이 바다로 흘러 들어가요. 1년에 제초제나 농약으로 500만 톤이 지구 땅에 뿌려져요. 더구나 비대면 코로나 시대에는 쓰레기 배출 속도가 몇 배나 더 강력하고 아주 맹렬하죠. 지구 표면에서 쓰레기 매립지가 꽉 차는 주기가 아주 빠른 속도로 짧아졌어요. 우리 기성세대는 어떻게 해서 그럭저럭 살겠는데 아기들과 곧 태어날 우리 후손들은 어떻게 살아갈까요? 우리가 아주 못된 선조 인간들 같은데요. 나만 잘 먹고 잘 살면 그만이라는 아주 이기적인 인간 말이죠. 살아 생전에 동시대인인 우리끼리 지구의 풍요와 아름다움을 몽땅 만끽하자는 거죠. 그게 아닌가요. 참으로 황망하고 부끄럽고 속상하고 눈물겹습니다.

분명히 말하죠. 우리는 욕심 사납게도 지구에서 미래를 앞당겨 쓰고 있어요. 아들딸과 손주들의 몫을 미리 빼돌려 사용하는 거죠. 지금처럼 인간들이 편리하고 풍족하게 살려면 지구가 한 개로는 부족하대요. 똑같은 조건의 지구가 2개가 있어야 잘 먹고 잘살 수가 있다네요. 후후후, 어쩌겠어요. 우리 보통 사람들은 선택의 여지가 없습니다. 자본가와 권력자와 과학기술자들이 지구 인근의 화성을 정복해서 그곳을 제2의 지구로 빨리 만들기를 기대해보는 수밖에 없어요. 꿈이 아닐 거예요. 가능하겠죠. 자본주의 인간들에게 불가능이란 절대로 없으니까요. 우리 미래 세대의 자손들은 마스크는커녕 청정 방독면을 쓰고 일상생활을 할 수도 있어요. 길거리마다 동네마다 유료 산소 흡입기가 설치되어 있고 기괴하기 짝이 없는 위생용 복장을 영화 장면처럼 챙겨 입고서 외출을 할 테죠.

백인 인간종이 지구를 착취하고 망가뜨리는 작업에 본격적으로 뛰어든 것은 18세기 후반입니다. 경제 성장을 목표로 하고 산업화를 내세우며 서구에서 자본주의 문명이 본격적으로 출발한 것이죠. 그로부터 맹렬했던 인간종의 지구 괴롭히기는 다음 3가지 측면에서 두드러져요. 첫째, 인간은 지구에서 생물 다양성을 감소시켰어요. 서양 신기원 2022년 현재의 생물 멸종 속도는 자연 상태보다 무려 1,000배 이상 빨라요. 둘째, 인간은 지구에서 기후를 변화시켰어요. 18세기 산업 혁명 이후 지구 평균 온도가 1도 넘게 올랐어요. 지구가 열 받았죠. 그래서 매일매일 아픕니다. 대기 중에 쌓인 이산화탄소 무게가 1조톤을 넘었다고 해요. 이것은 지구 전체를 1미터 두께로 덮는 양입니다. 셋째, 인간은 지구에 인공 시설을 쌓고 땅의 표면을 인공물로 뒤덮어 버렸어요. 높은 건축물과 아파트 숲, 게다가 시멘트와 아스팔트 도로가 지구 땅덩어리를 60만 개의 조각 피자로 만들었대죠.

지구가 인간의 못된 짓에 더는 참지 않고 분노를 터트린다면 인간은 지구에서 생존이 어려워요. 화성이나 목성을 식민지로 삼아서 우주 탐사선을 타고 그곳으로 집단 이주를 해야 할지도 몰라요. 진짜로 그 시기를 앞당기려고 미국과 소련과 중국이 오래전 화성 탐사에 뛰어들어 성공을 거둔 바 있어요. 예수 탄생 2100년쯤에는 화성이나 목성이나 달나라에서 귀족인 사람들이 화려하게 사는 일상 모습을 지구촌에 남은 빈민국 사람들이 실시간 중계방송으로 시청하게 될지도 몰라요.

지구가 완전히 망가져서 더는 이곳에 살기가 어렵다는 생각은 두 가지 방향으로 해결책을 찾아요. 하나는 고장 난 지구를 고치고 잘 돌보아 살아남는 것이고, 다른 하나는 우주로 시선을 돌려 또 하나의 지구 같은 걸 발견하고 정복하는 것이죠. 그 갈림길에서 인류는 지금 다양한 실험과 연구와 탐색을 하고 있어요. 그런데 말이죠, 그 혹독하고 황폐하며 위험하기 짝이 없는 화성에 인간은 왜 그토록 가려고 할까요. 물도 없고 중력도 없고 대기가 이산화탄소로 가득한 그곳, 45억 년 전의 원시 지구와 같은 행성을 탐험하려는 인간의 의지는 도대체 무엇일까요. 자본주의적 욕망의 폭발일까요, 아니면 과학 기술적 호기심의 단순 발동일까요.

미국항공우주국(나사)은 화성에 집을 짓는 프로젝트를 진행 중인데, 여기에 인공지능이 절대적인 역할을 하죠. 인공지능은 이곳에서 옥수수 재배에 도전합니다. 이런 식으로 해서 인공지능 로봇은 인간이 화성에 정식으로 도착하기 전에 집을 짓고 식량을 재배하여 창고에 저장하고서 인간종들을 기다릴 거예요. 하하하, 생각만 해도 짜릿하고 즐거운가요? 창조주에 버금가는 인간의 위대한 능력이 경이롭지 않은가요? 인공지능과 로봇이 지속 가능한 인류의 미래를 위해 노력하고 있어요. 창조주인 우리 인간종들은 마냥 행복해하기만 하면 될까요.

작금의 코로나 사태는 기후 위기의 하나의 간접적인 결과에 지나지 않아요. 결국 따져 보면 인간의 지구 파괴, 곧 인간의 기후 침략이 코로나 발생의 원인입니다. 서구 과학자들이 연구한 결과, 지구에서 내일 당장 인간종이 멸종된다 해도 현 지구의 자연이 자신을 원상태로 회복하는 데는 500만 년이 걸린다고 합니다. 기독교 원죄를 가진 백인 인간종은 하늘 법정에서 징역 500만 년을 받아도 억울해하면 절대 안 돼요. 그것은 명백한 자업자득이고 사필귀정이 맞다마다요.

6. 자연 파괴가
바로 인간 파괴다

현대 문명의 경이로운 생산력의 이면에는 자연에 대한 무자비한 파괴가 있었어요. 자연 파괴는 곧 생명 파괴로 이어져요. 결국 인간은 자연을 파괴하고 자연은 다시 인간을 파괴하는 문명화의 역설을 맞이하게 되죠. 누군가는 이를 '계몽의 변증법'이라고 이름 붙였어요. 계몽의 자기 파괴를 뜻하는 거죠. 현대 문명은 이렇게 역설의 기초 위에서 인공 건물을 계속 짓고 있어요. 이것은 철저히 역설적이라서 밝음이 곧 어두움이고 옛것이 곧 새것이고 전진이 곧 후퇴인 거죠. 그래요, 서구 자본주의 문명에서는 발전이 퇴보이고 생산이 파괴이며 성장이 몰락입니다.

지금은 코로나 시대. 코로나 시대가 곧 포스트휴먼 시대예요. 인간들은 과학기술에 통제된 채 비대면 세계에서 타자와 고립되어 생존만을 갈구하는 삶을 살고 있어요. 정신분석가 프로이트(서기1856~1936 오스트리아/ 정신분석학 창시)가 내담자와 오로지 비대면 상담을 진행한 것과 같은 상황이 오늘날은 비일비재해요. 코로나 시대는 이런 방식의 새로운 야만에 직면했어요. 한 끼 식사로 나오는 산더미 같은 플라스틱 용기에 가슴이 답답해집니다. 슬프고 참담해요. 웬만한 생필품 구입은 온라인에 의존하니 집안에 포장 상자가 쌓이고 가끔 냉동식품이라도 주문하면 스티로폼 상자에 아이스팩까지 쓰레기가 순식간에 평년의

한 달 치를 훌쩍 넘어요. 코로나를 대하는 자본주의 인간은 더 지독한 자연 파괴로 코로나 사태에 뻔뻔하게 응답합니다.

오늘날은 대면이 축소되고 비대면이 확장되면서 일상의 문법이 달라졌어요. 인터넷과 스마트폰 시대가 이전보다 한층 더 가속적으로 일상화되어 가요. 비대면의 지구촌 세상이 본격적으로 확장되고 있죠. 덕분에 온라인 공간이 한결 다채로워지고 사회적 네트워크 관리가 혁명적으로 달라졌습니다. 그러니까 코로나 시대가 사실은 언택트 시대가 아니에요. 디지털 기술이 위주가 되는 '디지택트' 시대라고 할 수 있지요. 과학기술의 놀라운 발전 속에 우리 삶이 존재하고 있는 거죠. 서구 유럽이 정복의 손길로 세계의 대문을 활짝 열기 이전, 그러니까 세계의 문이 꼭꼭 닫혀 있을 때가 순수하게 언택트 시대였어요.

오늘 같은 디지털 대면 시대는 시각이나 청각 같은 원격 감각에 과도하게 인류가 의지하게 되어요. 우리가 어린 시절처럼 오감을 통해 경험했던 세계가 축소되고, 시청각이라는 원격 감각만이 현실을 파악하는 도구가 되었죠. 그런데 문제는 원격 감각이라는 게 폭력에 대한 반응을 크게 둔화시킨다는 점이지요. 그런 까닭에 공동체 사회 속에서 인권 파괴와 생명 경시가 아주 빠르게 일상화되어 간다고 할 수 있어요.

하하하 언제까지 이럴 건가요. 우리나라 폐플라스틱 발생량이 하루 평균 800톤입니다. 코로나 이후로는 1,000톤을 훌쩍 넘어요. 플라스틱 제품은 공장 생산에 5초, 자연 분해에 500년이 걸려요. 이러면 우리가 플라스틱 금수강산을 후손들에게 물려주는 거죠. 경제 선진국 대한민국 시대를 맞이하여 배달겨레가 새 문명으로 가는 새길을 열어야 해요. 우리가 가는 길이 지구 문명의 새길이고 생명 사랑의 길이 되어야 해요. 코로나 비상시국에도 개인의 자유와 존엄을 주장하며 국가 방역 조치를 거부하고 반항하는 서구인의 태도는 백인종 특유의 에고가 바탕에 깔려 있어요. 서구의 에고는 '개인주의'이며 극단적인 양분법 사상입니다. 그것은 '약육강식'이라는 자본주의 법칙으로 지구상에 우뚝합니다.

우리는 배달 민족의 자부심과 사명감과 보람을 가지고 새길을 개척해야 해요. 지금 인류는 문명사적으로 전환점에 서 있습니다. 코로나 시대가 절호의 기회입니다. 오늘날 인류는 세계의 구조와 방향을 새롭게 사유하는 갈림길에 섰어요. 결단을 내려야 해요. 서양과 결별하고 우리 길을 우리가 고유하게 만들어가는 게 좋아요. 자본주의라는 틀 속에 갇혀 오로지 각자도생을 꾀할 뿐인 비참한 삶은 제발 그만두어야 합니다. '오징어 게임' 같은 미혹의 삶에서 탈출해야 합니다. 서양을 탈출해야 해요. 잔혹한 생존 자본주의 사태를 극복해야 해요. 인간다운 삶을 더불어 누리는 대동 세상의 큰 꿈을 우리가 함께 꾸어요. 전통의 홍익인간 이념을 사회적으로 국가적으로 제도화하여 공동체가 더불어 실천하는 삶을 살면 어떨까 합니다마는.

예수 탄생 2022년, 코로나 시대는 우리에게 서구중심주의 세상을 넘어설 기회를 가져다주었어요. 그동안 우리가 서구에 대해 상당한 정도의 열등감과 부러움을 동시에 가졌는데, 이제는 미국과 유럽을 중심에서 변두리로 밀어내고 우리가 주변국에서 중심국으로 우뚝 설 준비를 마쳤어요. 이것은 코로나 시대가 우리에게 주는 축복이자 경사입니다. 우리가 서구 문명의 빠른 추격자에서 새 문명의 선도국으로 전환할 시점이 왔어요. 자본주의가 강조하는 극단의 부와 성장의 이데올로기를 벗어던지고, 사람들이 저마다 행복한 삶을 추구하는 쪽으로 국가정책을 송두리째 바꾸면 어떨까요. 마음이 부자인 부탄이라는 행복 나라처럼 말이에요.

부탁합니다. 다시 보세요. 서구를 세계의 중심으로 여기지 말아야 해요. 그들의 보편종교라는 걸 비판적으로 보고 그들의 보편철학을 상대적으로 보고 그들의 극단적 양분 사상을 악마의 생각으로 여겨 물리쳐야 합니다. 80억 인류가 서구 자본 문명의 역사를 보편화하여 그것을 역사의 규범으로 우러러보면 절대 안 돼요. 모든 건 상대적입니다. 우리가 중심이면 저들은 주변이며, 우리가 선진국이면 저들은 후진국이죠. 우리끼리 그렇게 생각하기로 해요. 가능합니다. 우리가 일류 의식을 가지면 돼요. 우리 한민족이 새 지구 문명에서 일류입니다. 공동체 문화가 경탄할 만하게 발달한 우리가 진짜 선진국이 맞고말고요. 서구는 철저히 개인주의와 이익주의에 사로잡혀 지배와 정복의 역사를 살아왔거든요. 지나온 역사는 돌이킬 수가 없고 사람의 근본 인성은 바꾸기가 어렵죠. 인간의 역사는 오랜 세월 동안 문화와 습속에 거두어져 그것이 숙성하고 발현하여 그쪽의 인간성이 되고 국민성이 되고 말지요. 앞으로도 서양은 근본적으로 절대로 바뀌지 않을 겁니다. 그러면 우리가 어떻게 할까요. 하하하 서양을 탈출합시다.

7. 미국의 두 얼굴

서양 기원 1921년에 미국 오클라호마주에서 흑인 대학살극이 발생했어요. 원인은 엘리베이터에서 미끄러짐 사고로 구두닦이 흑인 청년이 백인 소녀의 어깨에 손을 짚은 거였죠. 당시 흑백 인종 분리 정책이 철저하던 미국 사회가 이 사건 때문에 발칵 뒤집혔어요. 더러운 흑인종이 백인을 공격한 걸로 지역 신문이 대대적으로 보도했겠죠. 우월주의 백인종들이 단박에 그곳으로 몰려가 흑인들을 참혹하게 학살하고 그곳의 집과 교회와 기업과 상점들을 닥치는 대로 파괴하고 불태웠어요. 이때 흑인 300명 이상이 숨지고 1만 명이 집과 직장을 잃었습니다. 당시 그곳 털사의 그린우드 지역은 '블랙 월스트리트'라고 불릴 만큼 흑인들이 가장 왕성한 경제 활동을 하는 중심지였지만 대학살 이후 이곳은 초토가 되었어요. 그 결과 아메리카 미국 땅에서 흑인들의 생활공동체가 성공적으로 자리 잡기까지는 다시 몇십 년이 늦추어지고 말았죠.

오늘날 미국은 대저택 넓은 땅에 개인 수영장이 있기로 유명하죠. 아닌 게 아니라 미국은 20세기에 들자마자 수영장의 나라가 되었어요. 유럽 백인 기독교가 만든 새 나라를 홍보하려고 그랬죠. 백색인들은 아메리칸드림의 상징으로 도시와 마을마다 경쟁적으로 공공수영장을 지었어요. 그것은 수천 년 인디언의 땅 아메리카가 완전히 백인 손에 넘어갔다는 역사적 선언이기도 했지요. 미합중국('아름다움을 몽땅 모은 중국'이라는 뉘앙스를 가진, 한국식 작명)은 백인종의 선진적 품위와 기독교의 위대성을 전 지구에 과시했습니다. 순식간에 미국 전역에 2,000개가 넘는 공공수영장이 생겼죠. 수영장은 지역 백인 공동체를 하나로 묶어주는 역할을 했어요. 미국에서 규모가 가장 컸다는 세인트루이스 공공수영장은 한 번에 1만 명을 수용할 수 있었다고 해요. 미합중국답습니다. 어마어마해요. 그런데 미국의 공공수영장에는 백인들만 출입할 수 있었어요. 그곳은 오로지 백인들만의 천국이었죠.

그러나 서기1950년~1960년대에 미국에서 흑인의 인구가 늘어나고 사회적 힘이 강해지면서 흑인들로부터 민권운동이 거세게 일어났어요. 인종 차별 폐지와 흑백 통합 정책이 미국 곳곳에서 시작되는 시점이 혁명적으로 찾아왔어요. 그 여파로 종래에 백인종 전용이던 공공수영장은 이제 모두에게 개방돼야만 했습니다. 이때 백인종들은 이 문제를 어떻게 해결했을까요? 놀랍게도 백인들은 공공수영장의 물을 모두 빼는 것으로 흑백 차별 폐지 정책에 대응했습니다. 흑인종들이 자신들과 함께 수영장에서 낭만을 즐기는 꼴을 차마 볼 수 없었던 거죠. 또 다른 방법으로는 가령 어느 도시의 수영장에는 수영장 바닥에 콘크리트더미를 아예 쏟아부어 버렸고, 또 어느 곳에서는 수영장이 들어선 공원 전체를 출입 금지 구역으로 만들어 폐쇄하기도 했지요. 가장 많게는 미국 전역에서 공공수영장을 민간 업체에 팔아버린 곳이 숱하게 많았겠죠. 백색 도시 미국 땅에서 20세기의 공공수영장은 이런저런 방식으로 확실하게 정리 정돈이 되었던 거지요. 하하하 그때나 지금이나 미국은 정복자 백인 땅이 틀림없군요.

찰랑이는 물속에서 반짝이는 햇볕과 담소를 즐기던 백인들의 낙원, 미국 공공 투자의 상징인 공공수영장은 그렇게 급속히 사라졌어요. 돈 많은 백인은 민간업체가 운영하는 멤버십 수영 클럽에 들어갔고 그렇지 못한 백인들은 흑인과 마찬가지로 수영할 곳을 잃었죠. 그야말로 미국 땅에서 자본주의적 자유와 평등이 명료하게 실천되었습니다. 서구 자본주의 사회의 발달 과정을 잘 보여주는 이 황당한 미국사를 '수영장 물빼기 정치'라고 명명한 책이 서기2021년에 미국에서 출간되었어요. 정말로 미합중국은 대단한 미국이고 대단한 백인 우월주의 인간종들의 집단이라고 아니할 수 없군요.

부자 나라 미국이 지금까지 왜 질 좋은 공교육과 보편적 건강보험, 사회적 안전망을 가질 수 없게 됐는지를 추적하는 게 꽤 흥미롭습니다. 미국에서 흑인 등 다른 인종이 무언가를 갖게 되면 백인종은 그걸 잃게 된다는 이상한 제로섬(승1에 패는 -1, 합이 0 : 승자독식) 믿음이 작동하고 있는 거죠. 수백 년 동안 지구를 착취하고 지구상에서 지배와 정복을 일삼던 서구 백인들의 인종적 특성이 여기서 확실하게 잘 드러납니다. 가령 수영장을 백인과 흑인과 인디언이 함께 사용했다면 기분 좋고 즐거운 한낮의 수영장을 아무도 잃지 않았을 것입니다. 백인들의 극단적 인종 차별 또는 인종주의는 결국 미국인 모두에게 그 비용을 지불하게끔 만드는 것이죠. 만물은 하나하나 소중하고 생명과 세계가 하나로 이어져 있음을 백인들은 정녕코 몰라요. 백인종은 공존을 싫어하고 투쟁과 독점을 좋아합니다. 오늘의 코로나 사태가 그것을 잘 보여 줍니다.

코로나바이러스 때문에 선진국 미국의 참모습이 보이기 시작했어요. 코로나의 폐허 속에서 서양의 본래 모습을 우리가 찬찬히 들여다보게 되었죠. 서양의 야만성과 흉측한 얼굴을 지구인이 남김없이 알아차렸어요. 저들 백인종은 '약육강식'을 철저하게 믿는 야생종 인간들입니다. 다윈의 진화론을 종교처럼 우상화하는 야만인들이죠. 그들이 믿는 종교 기독교야말로 진화의 정점에 이른 최고의 종교라는 자부심을 지구 곳곳에 전파할 때가 좋았겠죠. 지금은 백인종이 발명한 약육강식 자본주의의 폐해를 지구인들이 다 알아버렸어요. 극단의 인종 문제와 의료 행위와 방역 체계, 강자 민주주의 작동 방식과 허술한 공동체 의식, 그리고 에고이즘 시민 정신과 빈약한 사회보장 제도 등에서 추한 몰골을 한없이 드러내고 말았죠.

좋게 생각하면 세계적인 코로나 사태가 지구 문명에서 근본적인 변화의 출발점이 되었어요. 80억 지구인이 위험천만한 서양으로부터 탈출할 호기가 찾아온 거지요. 어쩌면 코로나는 인류와 지구 생명체의 수호신이라고 할 수도 있어요. '위기'는

'위험이 가져다주는 절호의 기회'입니다. 지구상에서 인간 문명의 방향성을 확장과 개발에서 보존과 돌봄으로 바꾸어야 합니다. 인류가 서양을 탈출해야 합니다. 황 입자를 대기에 무한대로 뿌려 뜨겁게 차오르는 지구의 열기를 인위적으로 식혀주려는 과학자의 노력까지 나오고 있어요. 인간의 마음이 바뀌어야 합니다. 인간의 과학기술이 여태껏 해온 대로 자본주의 수호신의 역할을 그만두어야 합니다. 이제 과학기술은 아픈 지구를 인간과 함께 공감의 마음으로 잘 돌보아야 합니다.

코로나의 혼돈 속에서 우리가 감동적으로 읽는 것은 따스한 인간의 마음입니다. 그것은 아시아의 공동체 정신 속에서 더욱 빛납니다. 특히 대한사람 한국인의 마음 바탕이 참으로 소중해요. 한국 사회의 전통인 공동체 대동 정신이 코로나 시대에 유독 눈부십니다. 이웃이 건강해야 내가 건강할 수 있고, 모두가 잘 살아야 나도 잘살 수 있다는 생각이 그것이죠. 지구가 건강해야 나와 너 우리도 더불어 건강할 수 있다는 생각이 중요해요. 모두가 행복하지 않으면 누구도 행복할 수 없다는 생각이 진정한 공동체 정신입니다.

지구가 건강해야 나도 건강합니다. 우리의 삶이 그간 얼마나 서구 추종적이었는지 소스라치게 전율하며 느껴야 해요. 서구 추종의 이면에는 무자비한 자연 파괴와 인간 파괴의 역사가 숨어 있음을 알아채야 해요. 오늘의 자본주의는 인류 문명의 돌연변이입니다. 어제오늘 자본주의 우리 사회는 낭떠러지 불안 사회입니다. 누구라도 아슬아슬한 벼랑의 삶을 살아가요.

아차 하면 추락하는 무한경쟁 시대를 살아가지요. 자살해서 죽고 노동 현장에서 죽고 사람들이 날마다 죽어가요. 언제부턴가 우리는 공동체 이익을 구하는 사회적 가치와 생태적 가치를 나 몰라라 팽개쳤어요. 남북분단 권력의 정체성이 국가 정체성이 된 우리나라에서는 이런 가치들이 사회주의나 공산주의들의 생각과 가까운 거라서 무조건 배격해요. 참 못났습니다.

한반도 남북의 적대감과 혐오 사상이 우리들의 정신세계를 못살게 수시로 짓눌러요. 이런 사회 환경에서 무한대의 상상력이나 통 큰 철학이 어떻게 나올 수 있을까요? 절대 나올 수 없어요. 그저 지금처럼 서구 문명을 추종하여 물질주의와 개발주의에 짓눌려 잘사는 체하며 지낼 뿐이죠. 새로운 한국이 필요합니다. 한국 사회가 서양 정신의 늪에서 빠져나와야 해요. 서양을 탈출해야 합니다. 배달겨레의 넉넉하고 아름다운 마음 바탕을 기적처럼 단숨에 되찾아야 합니다.

8. '억강부약'이라는 자연법칙

사회주의와 공산주의는 직접 사용하기 위해 상품을 생산합니다. 모든 것은 계획 경제, 생활경제의 틀 속에서 움직이죠. 그러나 자본주의는 이윤을 위해 상품을 생산합니다. 이윤이 보장되지 않으면 자본주의는 결코 생산하지 않아요. 과학적 발견이나 능숙한 기술력도 이윤을 보장하지 않으면 자본을 투자하지 않지요. 생산하지 않는 거죠. 서구 자본주의 경제는 계획 경제를 싫어합니다. 통제 경제를 아주 싫어해요. 자본주의 경제는 국민 경제 전체를 포괄하는 계획을 결코 세우지 않습니다. 그저 단편적인 것들, 가령 해운업 원조 계획이니 스마트 농업 지원 사업이니 청년 주택 사업 계획이니 하는 부분적인 것들을 내세울 뿐이죠. 나라 전체의 생활 방식을 관리하는 전체 큰틀을 잡아내는 맥락이 없어요. 철저한 사유 재산 제도에 인간의 영혼을 묶어둘 뿐입니다.

지금의 자본주의 사회에서는 분배의 정의를 소중히 여겨야 해요. 말하자면 혁명과도 같은 수정 자본주의를 채택해야 해요. 그것의 속성이 비록 공산주의나 사회주의 사상의 핵심이라 할지라도 말이죠. 우리가 그것을 거부하거나 백안시할 이유가 없어요. 사회 구성원들이 정의롭고 공정한 분위기에서 조화롭게 잘 살기만 한다면 모든 게 좋아요. 노동자는 노동하여 가치를 생산하고 자본가는 자본 투자로 가치를 창조하고 경영자는 경영술의 철학으로 가치를 생산하면 돼요. 이러면 '분배의 정의'가 실현될 조건이 만들어지죠. 분배의 법칙은 자연법칙입니다. 이것은 지구상에서 뭇 생명체들이 더불어 살아가는 보편 원리입니다(지구 생명들의 공생 공존 방식이나 식물과 동물의 관계 참조).

'억강부약'은 '분배의 정의'를 실천하는 방법입니다. 강한 것은 누르고 약한 것은 도와줘야 하죠. '억강부약'(강한 것은 누르고 약한 것은 도와줌)은 더불어 사는 삶의 원리입니다. 이것을 통해 정의로운 사회, 공정한 사회가 한결 가까워져요. 그러나 자본가와 사회의 기득권층들은 노동자 그룹과 사회적 약자들의 세력이 커질까 두려워하며 군사 독재나 파시즘 정권의 편을 노골적으로 들어요. 서양 기원 1930년대 독일의 나치즘과 이탈리아의 파시즘은 이런 배경에서 탄생하였죠.

서기1970년대~1980년대 한국의 군사 독재와 나치즘, 파시즘이 꿈꾸는 국가 원형은 민주주의 국가가 아니라 결국은 부르주아 자본가 독재 국가입니다. 기득권층이 국가 경영의 기본 틀이 되는 나라 – 이것이 현대 부르주아 국가입니다. 우리가 오래 꿈꾸던 현대 민주주의 국가의 정체가 바로 이것이죠. 한반도에서 대한민국의 파란만장한 80년 현대사가 이 사실을 잘 증거하고 있어요.

지금도 우리 사회 기득권 세력은 나라를 지키는 국혼으로 '공산주의 빨갱이 때려잡기'(반공, 멸공)를 절대 포기하지 않아요. 철저히 기득권층을 편드는 신문과 방송이 대한민국이 매일매일 이념 투쟁을 즐기는 것처럼 몰고 갑니다. 악마 언론은 대통령 선거 등에서도 육체파(보수, 독재주의, 우파)를 있는 힘껏 후원하고 지지합니다. 어제오늘을 한번 살펴보세요. 진보와 보수라는 노골적 이분법 – 이게 바로 한국 언론의 국민 이간질 수법입니다. 대한민국이 지금 필요로 하는 것은 억강부약 정책입니다. 부르주아 기득권 세력이 너무 교활하고 강하고 일상적이고 독재적이에요. 이를 제도적으로 누르고 약자층을 부추겨야 합니다. 가장 먼저는 언론 개혁이 절실합니다. 공정하고 상식적인 언론 환경이 절대 필요하죠. 언론의 도움 없이는 한국 사회가 분열과 갈등을 끝낼 수가 없어요(국민 통합의 핵심 역할은 언론임. 정치권 아님). 한국인 모두가 간절히 바라는 국민 대통합 시대는 대한민국 언론이 사명감과 자긍심을 갖고서 책임지고 해야 합니다. 언론의 책임이 하늘만큼 막중합니다. 언론의 공정 보도와 국민 통합 역할 - 우리 국민이 그 길을 열어야 해요. 우리는 할 수 있어요. 아니, 해야만 합니다. 국민 개개인이 먼저 바른 언론이 되어야 해요. 오직 그 길에서 대한민국이 진정한 선진국이 될 수 있어요. 오직 그 길에서 참다운 민주주의가 봄꽃처럼 활짝 피어날 테죠.

9. 현대 시대는 건설이 곧 파괴다

지구 온난화 속도가 빠르고 굉장해요. 비유하면 히로시마에 떨어진 원자폭탄이 날마다 40만 개가 동시 폭발하여 그 열이 더해지는 속도라고 합니다. 하루도 쉬지 않고 지구가 매일매일 이렇게 더워지고 있다는 거죠. 고통스러워 몸부림치는 지구는 지금 지진과 산불, 홍수와 폭염, 전대미문의 태풍과 가뭄을 통해 인간종들에게 간절히 호소하고 있군요. 우리 인간종들이 눈물 젖은 눈을 들어 자연을 바라보며 참회와 깨달음과 회한의 시간을 함께해야 하지 않을까요. 지구 온난화 결과로 적도지방 고향에서 밀려난 기후 이민자들의 눈물은 누가 닦아주나요? 어린 지구인들이, 세계의 미래 세대들이 기후 위기에 목소리를 높이고 있어요. 그러나 각국의 정치인들과 언론들과 자본가들은 그들 주장을 듣는 척 만척해요. 지구 세대, 미래 세대는 지구 위기의 심각성을 절실하게 느끼고 있거든요. 어린 청소년은 자신들의 삶터가 오염되고 쪼개지고 사막화되는 걸 그냥 두고 볼 수가 없어요. 명백하고 거대한 환경 재난에 짐승들이 위기를 본능적으로 알아채는 것처럼 말이죠.

오늘 같은 지구 위기 시대에 자본주의 문명은 소비도 극단, 위험도 극단, 편의성도 극단입니다. 사실은 극단 중독 현상이 서구 자본 문명의 특징이죠. 서양 철학의 근본이 극단주의거든요. 종교는 철학의 근본이며 따라서 서양 종교는 곧 극단주의 종교입니다. 서양 종교의 신은 극단적이기 때문에 오직 하나뿐인 유일신이고 게다가 전지전능한 절대자인 게지요. 오늘의 현대 자본주의 문명에서 뉴스 소비조차 더욱 극단이 되었어요. 자신의 입맛대로 골라보는 유튜브 시대에 뉴스도 골라봄으로써 사람들은 자신의 외골수 확증 편향을 더욱 극단적으로 키워나갈 뿐이죠.

그러나 자신의 이념 중독을 사회적으로 해석하고 의미화하는 순간 그 경험은 사회적인 것이 되어요. 한 개인의 알아챔과 성찰이 중요합니다. 그런 까닭에 개인의 경험이 사회적인 운동이 되기도 해요. 자본주의 세상의 소외 의식과 자신의 종교 경험이 독특한 사고 철학을 탄생시킬 수도 있거든요. 그러므로 우리가 더 나은 세상을 만드는 작업이라는 게 생각보다 거창하지 않을 수도 있어요. 개인이 시작하는 작고 느린 움직임이 사회 운동의 특징입니다(일회용 종이컵 사용하지 않기 등). 나부터의 작은 실천이 세상을 바꾸어가지요. 사회에 대한 불만과 분노를 무조건 긍정으로 봉합할 게 아니에요. 불평만 쏟아낼 것도 아니에요. 생각을 바꾸어서 이러한 것을 사회 운동의 밑천으로 전환하는 경험이 중요합니다. 저항적 문명 서사가 전국 방방곡곡 한층 많은 곳에서 생산될 때 우리가 꿈꾸는 사회가 기꺼이 다가올 게 아니겠어요. 자본주의 문명에 빼앗긴 삶을 되찾는 소박한 활동들이 지구촌 곳곳에서 일상적으로 전개될 때, 우리 인간들에게 새로운 삶이 가슴 벅차게 다가올 테죠.

서양의 극단주의, 절대주의는 종교와 과학에 국한되는 게 아니라 삶의 모든 영역과 지구의 모든 영역을 지배하고 다스립니다. 어제오늘 갈수록 또렷해지는 극단의 서구 자본주의 문명 현상과 극단의 환경 파괴가 가져오는 지구 위기가 그 증거이지요. 지금의 극단 기후는 서양 사상의 자본주의적 실천 결과입니다. 지구별 곳곳에서 일어나는 폭우와 폭염과 화재와 태풍 등은 극한의 기후 현상이지요. 우리나라도 벌써 세계 3위의 기후 깡패에 들어갔어요. 예수 탄생 2030년에는 대한민국이 온실가스 배출량에서 세계 1위에 도달할 전망입니다.

건설(construction) - 건설이 곧 파괴(해체)입니다. 영어 낱말을 잘 보세요. '구조, 조직하다'의 '스트럭처'와 반대의 뜻 '콘'을 결합한 단어 '콘스터럭션'이 '건설'입니다. 건설이 곧 파괴인 거죠. 낱말 하나를 보더라도 서구 자본주의 문명은 건설과 파괴를 동시에 저지르는데 아주 탁월한 재주를 보여줍니다.

현재 우리가 직면한 지구의 위기는 인간 자신이 만물과 서로 연결되어 있음을 깨닫지 못해서 그래요. 서구 문명의 특징인 극단의 분리주의 때문에 그렇습니다. '과학'을 따로 분리하여 숭배하는 서구 기독인들이 처음 그랬죠. 과학 숭배자들은 자연이나 타자를 자신과 분리 단절된 대상으로 보고 그를 지배하거나 정복하려고만 했습니다. 이게 에고이즘('에고'는 '나' 뜻의 라틴어)입니다. 백인종들의 미쳐 날뛰는 에고가 지구 위기를 가져왔어요. 서구인들의 극단적 자본주의 문명이 오늘 같은 지구 참상을 촉발하였죠. 만물을 분리 단절하여 소유하고 지배하려는 욕구가 서양 철학의 근본입니다. 그것이 극단의 분리주의입니다. 신과 인간의 분리, 인간과 자연의 분리, 남자와 여자의 분리 – 여기서 '분리'는 지배와 정복의 사고 틀입니다.

그러나 우리는 예로부터 만물이 하나로 연결되어 있음을 알고 있었죠. 자연 천지가 뭇 생명의 부모님인 걸 알고 있었어요. 친자연주의 동양의 마음으로 돌아올 때 지구가 미소 지을 수 있어요. 그때 우리 인간들은 진심으로 자연의 참상을 보고 슬픔과 분노를 절감하게 될 거예요. 후쿠시마 원자로 냉각수를 태평양 바다에 버리는 일본 측의 횡포에 대해 우리가 느끼는 절망과 비통, 분노를 통해 우리는 정녕코 우리 자신이 자연의 일부가 되어보는 순간을 맞게 되어요. 이것이 바로 인간이 누리는 자유의 최상태가 아닐까 하는데요.

'자유'(自由)란 모든 것이 '나로 말미암는다'라고 깨닫고 만물을 책임지는 마음의 상태를 말해요. 만물과 분리 독립된 개인적인 '나'가 있다는 생각(에고, 에고이즘)이 인간이라는 생물종, 특히 백인종의 가장 큰 잘못입니다. 인간이 신과 분리되어 있다는 생각도 마찬가지입니다. 인간이 곧 신입니다. 인간이 신의 일부이며 신의 일부가 인간이에요. 사람이 하느님입니다. 사람 사람이 하느님입니다(인내천 人乃天). 생명이 하느님입니다. 만물과 마찬가지로 인간 역시 자연이며 자연의 일부일 뿐이죠. 인간이 신이며 신은 인간의 일부예요. 이것을 알지 못하는 서구 기독 문명의 미숙한 의식과 이기적인 욕심이 백인종의 고질병입니다. 자연을 깊이 사랑하여 친근함과 고마움을 느끼며 갖은 종류의 동식물과 함께 삶을 누릴 수 있음에 감사할 때 인간이 자연 해방 운동의 선구자가 될 것입니다. 인간 해방에 헌신하던 지난 시대 아나키스트의 노력 같은 게 오늘날의 자연 해방에 이어질 때, 인간과 자연이 한 몸 하나가 되어 지구의 위기에 공동 대응할 수 있지 않을까요.

10. 자본주의는 기독교 사상의 결과이다

지구에서 아프리카와 아메리카 땅은 일만 년 전부터 그곳에서 살던 원주민(흑인종, 홍인종, 황인종)의 것이었는데, 서구의 기독교 자본주의 신앙인들이 침략한 이후로 그곳은 유럽인들의 신개척지가 되었죠. 왜냐하면 유럽 자본주의는 새로운 자본시장을 항상 가져야 했거든요. 산업 혁명과 생산의 기계화 방식 등으로 제품의 생산 능력이 소비 능력을 순식간에 앞질러서 그래요. 과잉 상품을 처리하는 게 커다란 문제였죠. 서구 백인종들은 이 문제를 해결하는 데 한동안 골머리를 썩였어요. 산업 문명국에서 사실상 그것은 위기이면서 동시에 엄청난 기회였죠. 그리하여 그것들은 가령 당시 유럽의 선두주자 영국의 대처 상황을 보면 이렇습니다.

19세기에 아프리카 콩고에는 약 4,000만 명의 원주민이 살고 있었는데, 영국의 방적업자들은 그곳에서 옷을 팔아먹고 싶어 했어요. 그리고 철제 공장은 각종 생활용품과 장신구 등을 팔기를 원하고 기독교 성직자들은 미개한 이교도들에게 문명화와 가톨릭 종교를 전하고 싶어 안달했지요. 그러니까 새로운 영토의 정복이나 합병 전략은 경제 동물인 백인종들의 심장을 펄펄 뛰게 만들었어요. 제국주의자들의 식민지 지배 욕심은 유럽 경제 동물들에게 활력의 원천이 되었죠.

이것을 백인종들의 전 지구 문명화의 신성한 임무라고 하면 될까요? '문명화 임무'는 지금도 지구 구석구석을 돌아다니고 있는 현재 진행형입니다. 우리나라가 아시아나 아프리카의 가나 등에 자선 구호 활동을 하는 게 일종의 문명화 임무 수행이라고 할 수 있겠군요. 오래전부터 지구 전체의 중심 흐름이 종교 산업 자본주의 시대를 실감하게 해줍니다. 연전에 한국군 구호 부대가 아프리카에 도착하니 어떤 흑인 부족장이 '가톨릭 환영'이라는 우리말 어깨띠를 두르고 환영 인파 속에서 걸어 나오더군요. 이런 방식은 지구 곳곳에서 지금도 참 흔하죠.

백인종들에 의한 지구 문명화와 지구 식민지 정책이 오래전부터 전 지구적으로 벌어졌어요. '세계는 모두 분배됐고 아직 남은 것은 분할되고 정복되고 식민지로 바뀌고 있다'라고 밝힌 19세기 유럽 제국주의자의 시선이 놀랍도록 서늘하게 느껴지는 오늘입니다. 서구 근대화 운동의 물결이 어제오늘 전 지구를 덮어버렸어요. 우리나라도 예외는 아니라서 서구 근대화 문명의 세례를 강제적으로 받게 되었죠. 예수 탄생 1905년부터 시작된 일본의 조선 식민지 지배가 그것인데요. 서양 기원 1907년에 벌어진 국채보상운동은 일본의 자본 침략 흉계에 대한 배달겨레의 민족적 저항이었죠. 당시의 일본 제국주의는 서구 유럽의 기독교 제국주의를 그대로 본떴어요. 일본은 자신들도 영국이나 독일이나 프랑스 같은 군국 자본주의를 감행할 능력을 갖추었다고 보고 우리나라를 1차 식민지로 삼았던 거죠. 과잉 생산되는 국내용 부의 출구를 마련하는 한편 산업 생산에 필요한 물적 인적 토대를 직접 장악하기 위해 인접국을 침략하고 정복한 것입니다. 이것은 서구 자본주의 문명의 발달 과정상 필수 코스라고 할 수 있어요.

대영제국이나 독일 나치즘 등 유럽 국가들이 그런 것처럼 일본은 대일본 제국을 구축하려고 조선에 이어 중국을 기습적으로 침략하고 기타 아시아 국가를 정복하여 일본 식민지를 확장하려 했어요. 이것이 바로 태평양전쟁과 2차 세계대전의 실상입니다. 그 실체는 세계대전이 아니라 사실은 서구 자본주의 문명국의 이권 쟁탈 전쟁이었죠. 그것은 한마디로 '서양 자본주의의 강탈 내전'입니다. 세계대전이 아니에요. 서양 내전이었죠. 19세기에 이르러 유럽의 선진 문명국들은 독점 자본으로 순식간에 거대 이윤을 쌓았어요. 과잉 축적된 자본은 다시 투자 시장을 찾아 나서는데, 식민지가 바로 그것이었죠. 자본과 돈은 다릅니다. 돈은 그냥 돈인 거고, 자본은 '내 돈으로 얼마나 벌 수 있을까'하는 거예요. 자본은 돈을 버는 돈이죠. 비유하면 '피 묻은 돈'이 자본입니다. 자본을 선점한 백인종 기독 국가들은 국내 과잉 자본을 해외로, 후진국으로, 그리고 식민지국으로 수출해서 다시금 이윤을 증대하는 데 투자를 하죠. 이것이 오늘날 지구를 석권하는 서구 자본주의 문명의 순환 방식이며 진행 시스템입니다.

일제 강점기 시절에 조선총독부와 일본 측 대기업들이 이윤을 극대화하던 방식을 떠올려 보세요. 식민지 백성들에게는 죽음과도 같은 가난의 고통과 억압이 주어지고 식민 지배자들은 안락한 삶이 보장되는 벼락부자가 되고 말죠. 자본주의 강자들에게 식민지는 철도, 도로, 가스, 전기 등이 필요한 곳이었고 농림 수산의 천연자원이 풍부하고 광산과 대농장 건립이 특혜로 주어진 기회의 땅이었죠. 식민 지배자가 소유한 광산이나 대농장에서 일하게 함으로써 원주민 식민지인들은 식민지 본부에 세금을 낼 수 있게 되었어요. 조선총독부에 세금을 내도록 하려고 조선인에게 노동 급여를 준 거라고 할 수 있을 정도죠. 그래서 급여는 정말 형편없어요. 일제 강점기에 나온 소설책이나 역사 기록을 한번 살펴보세요. 죽기보다 고통스러운 날들이 식민지 삶의 일상이었죠. 만주로, 봉천으로, 간도로, 러시아로 유리걸식하며 떠난 식민지 백성들을 기억하기 바랍니다.

　조선총독부는 한반도에서 일본판 자본주의를 위한 깡패 역할에 철저했고 충실했어요. 이것이 독점 자본주의의 정체입니다. 19세기에 서구에서 본격화된 독점 자본주의는 20세기를 넘어 21세기 오늘에 이르러 더욱 강력해졌습니다. 오늘날 지구 살림살이를 둘러보면 모든 게 독점입니다. 금융 독점, 산업 독점, 자본 독점뿐이죠. 서구의 자본주의 문명은 상품 생산이라는 게 사용을 목적으로 하는 게 아니라 소비하여 이윤을 남기는 게 목적이기 때문에 과잉 생산의 문제가 언제든 새로운 시장을 침략하고 정복해나가는 과정을 반복하게 되어 있어요. 까닭에 서구 자본주의 문명은 결코 스스로 멈추지 않습니다. 이것이 지금 지구 행성을 움직이게 하는 인류 문명의 영구 동력 장치라고 할 수 있어요. 지구 생명들에게 자본주의 체제는 공포 그 자체입니다. 얼마 전 한류 붐을 일으킨 자본주의 생생 드라마 '오징어 게임'을 떠올려 보기 바랍니다. 이것은 서기 2022년에 전 지구에 펼쳐지는 잔혹한 자본주의 경쟁 사회를 놀이문화로 도식화하여 보여주는데, 그 밑바닥에 깔린 서구 자본주의 문명 비판이 아주 통렬하고 눈물겹고 처절하고 고소합니다.

11. 미국 민주주의는
우상의 별일까

"우리들은 신의 영광을 위하여, 기독교 신앙의 증진을 위하여...버지니아 북부 지방에 최초의 식민지를 건설하고자... 우리들은 이 모든 것에 당연히 복종할 것을 서약한다."

메이플라워 서약 (서기1620년)

하버드 대학의 탄생 유래를 알고 있나요? 옛날에 영국에서 가톨릭에 반대해서 기독 신교도(퓨리턴)가 생겨났을 때 신앙의 자유를 찾아 아메리카 대륙에 도착한 청교도들이 약 16년에 걸쳐 삶의 터전을 마련하자마자(서기1636년) 미국 최초의 대학인 하버드 대학을 설립했어요. 그들 개신 기독교 신교도들이 하버드 대학을 통해서 기독교적 이상 국가에 부응하는 삶의 양식을 발명하고 연구하고 정리하고, 이를 유지 발전시키며 교육하여 오늘의 미국을 만들었다는 점에 주목하세요. 하버드는 처음 기독교 성직자 양성이 설립 목적이었고 하버드(서기1607~1638 영국/ 청교도 목사)는 개신 기독교 교회 목사 이름입니다.

우리는 미국을 민주, 인권, 선진의 표본처럼 생각해요. 예전부터 한국인들은 미국을 인간 사회가 만들 수 있는 가장 이상적인 국가라고 대체로 믿어왔어요. 백인, 흑인, 황인 등 모든 이질적인 것들을 아메리카 '용광로' 속에서 하나로 녹여내 신세계를 빚어낸 것처럼 보였죠. 미국 사회는 우리의 누추한 현실과는 동떨어진 낙원 같은 세계의 풍경으로 비추어졌어요. 그러나 실제 내용도 정말 그랬을까요? 지금 우리에게 미국은 민주주의의 최첨단 모범국가가 맞나요?

절대 그렇지 않아요. 미국의 민주주의라는 게 사실은 형편없습니다. 아메리카에서 인디언들의 땅을 빼앗으면서부터 시작된 미국식 삶은 오히려 반민주주의적 성격으로 가득합니다. 제도적 측면에서 지금 미국의 반민주주의를 한번 들여다볼까요? 첫째, 그들은 대통령 선거 제도에서 다수결 원칙을 위배하고 있어요. 주 단위 선거에서 단 1표라도 이기면 선거인단 전체를 장악하게 되죠. 둘째, 그들은 누구나 선거에 자유로이 참여할 수 없어요. 투표 행사자로 사전등록을 해야만 투표 자격이 주어져요. 이는 애초에 미국 사회가 아프리카 흑인들, 인디언 원주민, 외국계 이민자들, 사회적 약자 등을 철저히 배제할 목적이었던 거죠. 셋째, 선거 기부금 상한선이 없어 정치가 금권 자본에 마구 휘둘립니다. 자본주의의 대국 미국에서는 정경유착이 일상화되어 있죠. 미국은 이래저래 자본주의 천년왕국이 틀림없어요.

12. 민주주의와 자본주의

미국은 현재 서구 자본주의 1등국입니다. 자본주의는 사유 재산 제도를 기초로 하고 영리 추구를 목적으로 하는 사회 체제이지요. 이곳에서는 낡은 것, 느린 것, 돈이 되지 않는 것들은 자동으로 소멸해요. 빠르고 새롭고 돈이 되는 것들은 자동으로 발전합니다. 이에 더하여 자본주의는 끊임없이 개발이 개발을 부르고 발전이 발전을 부르는 방식이 거듭되죠. 그리하여 생산이 생산을 부르고 소비가 소비를 부릅니다. 그러면 삶의 방식에서 과잉 생산과 과잉 소비가 끝없이 이어지면서 지구의 자원과 에너지가 착취와 고갈의 파국으로 치닫게 되죠. 그러거나 말거나 간에 이곳에서는 공동체의 안녕보다 개인의 성공을 최우선으로 칩니다. 에고이즘 인간들이 이전투구를 벌이는 이곳은 약육강식의 규칙이 생활 규범이 되는 세상이니까요. 결국 이곳은 승자독식의 세상입니다.

인간의 착취와 강탈로 '울부짖는 어머니 지구 앞에서' 기독교 신앙인들은 오늘도 기도를 드리며 신을 찬미하는 걸로 용서를 구하고 있어요. 그러나 이러한 것들은 자본주의 문명의 지속적이고 극단적인 폭력과 악행을 보편 종교가 끼어들어 인간의 눈과 귀를 슬며시 가려주는 역할을 하는 거라고도 할 수 있습니다. 오늘날 위험에 처한 지구 환경과 기후 문제가 맨 처음 어디서부터 유래했을까요? 르네상스 시대를 거치며 힘차게 전진하던 서구 근대화 운동 시절에 기독교 종교가 인간들에게 최고 진리 바이블 사상을 제공하여 인간의 자연 정복과 관리의 방향을 제시하고 자연 착취의 면죄부를 주었던 게 아니었나요? 오늘날 서구 자본주의 문명으로 뒤덮인 지구는 어제도 오늘도 인간의 과도한 욕망과 쾌락을 끊임없이 불러내고 있습니다. 돈이 되는 일이라면 지옥까지라도 찾아간다고 했던 자본주의 초기 시절의 유럽 기독교인들의 머릿속을 한번 파헤쳐 보기 바랍니다.

지금의 지구 자본주의 환경은 500년 전, 300년 전의 서양인의 의식 구조를 100% 반영했어요. 착취 가능한 경제를 계속 개발하고 미개척의 분야를 발견하고 정복하는 프로젝트들이 기하급수적으로 자동 생산되고 있습니다. 지금은 지구를 넘어 우주 개발을 서두르고 있어요. 서구 자본주의 문명은 결단코 멈추지 않습니다. 욕망을 운전하는 자동 영구동력 장치라고 할 수 있어요. 그런 까닭에 자본주의 사회에서 돈은 돈을 낳고 돈은 또 자본을 낳고 자본은 또 자본을 낳고 자본은 착취를 낳고 착취는 또 사망을 낳고 사망은 부활을 낳고 부활은 돈을 낳고 돈은 또 돈을 낳고 돈은 자본을 낳고 자본은 또 자본을 낳고 ...하하하 미적분 수학 용어로 말하면 이것은 욕망의 '무한 리미트' 발산입니다.

자본의 이 흐름은 곧 인간 욕망의 흐름이며 권력과 부의 흐름이며 이것은 인간종이 멸종해야 온전히 끊어집니다. 이것이 현재를 살아가는 우리 인간종의 우주적 운명인 거죠. 화성이나 명왕성조차 인간종이 정복한다면 서구형 자본주의 흐름이 힘차게 다시 살아날 수 있어요. 인간종이 작금의 지구적 위기를 극복하고 우주적 운명을 새로 개척할 수 있다고 믿는 자들이 슬금슬금 나타나고 있음을 봅니다. 100년 뒤에 또 다른 태양계에 진출해서 또 하나의 지구를 정복한 후 그곳에서 살아가는 인간종들을 머릿속에 그려봅니다. 정말이지 인간종의 능력이 대단하지 않나요? 이 정도가 될 거라고는 지구 최초의 운전자인 기독교 유일신마저 애당초 상상조차 하지 못했을 것이라고 믿습니다마는. 오늘날 지구의 운명은 신의 손을 떠났습니다. 인간의 손도 떠났어요. 지구의 운명은 이제 인공지능이 인간종을 이어받는 것으로 새롭게 시작될 것입니다.

국회가 있고 대의 민주제를 시행한다고 해서 민주주의 사회가 되는 게 아니에요. 민주주의는 결과가 아닌 과정이에요. 과정이 중요해요. 민주 사회는 결코 완성이 없는 그저 현재인 진행형일 뿐이죠. 민주주의는 인생과 똑같아요. 삶에서 완성이 없듯이 민주주의 생활도 완성이 없어요. 인생을 규정할 수 없듯이 민주주의도 규정할 수 없어요. 3권분립이 되었다고 해서 민주주의가 잘 보장되었다고 할 수 있나요? 중요한 것은 제도와 법률과 형식이 아니라 그것이 실제로 행사되어 현실 속에서 영향을 끼치는 내용이 중요한 것입니다. 선거라는 형식이 민주주의의 핵심일까요? 아마 아닐 겁니다. 선거를 통해 입법부와 행정부가 구성되고, 또 거기서 사법부가 모양을 갖춘다고 해서 민주주의가 갖추어진 게 아니에요. 그것은 그야말로 '새 발의 피'와 같지요. 모양새는 그럴듯하나 실속이 하나도 없는 거예요. 사람을 존중하는 사회가 민주주의입니다. 사람을 사람답게 살리는 장치가 민주주의입니다.

서구식 민주주의라는 게 사실은 기득권층 부르주아가 지배하는 세상을 가리킵니다. 악당 능력자들의 세상이라고나 할까요(어제오늘 한국 사회에서 정치인, 경제인, 검찰과 사법부, 언론계와 종교인 등 기득권층의 숱한 부정의와 부패와 불공정을 확인 바람). '민주주의'라는 이름만 홀로 빛납니다. 실속은 없어요. 정치인과 언론인과 법률가와 재벌과 학자 등 엘리트 집단이 지배하는 사회 시스템에 '민주주의'라는 허명을 얹었을 뿐이죠. 민주주의라는 이름만 찬란할 뿐 속 알맹이가 아무것도 없어요. 그러나 참 민주주의는 정녕코 형식이 아니라 내용입니다. 북한의 국명이 '조선민주주의 인민공화국'임을 상기하세요. 남북 중에서 누가 진짜 민주주의를 시행하느냐 하는 거죠. 이것은 삶의 진정성이라는 게 형식이 아니라 내용에 매여 있는 것과 같아요. 민주주의도 딱 그렇습니다.

민주주의는 바람 같은 것입니다. 멈추면 사라져요. 계속 살아 움직여야 하죠. 민주주의는 끝이 없고 완성이 없어요. 현실 속에서 민주성이 늘 살아 있어야 해요. 민주주의를 제도와 절차로만 여기면 안 돼요. 민주주의는 사람의 인생과 같아요. 제도와 습속에도 생물과 같은 성장과 발달과 소멸이 있어요. 대한민국 민주화의 발걸음 속에서 삶의 희로애락이 물결칩니다. 민주주의는 규정할 수 없는 폭포수와 같아요. 겉으로 늘 같은 모습이지만 그 속에 역동성과 다양성을 감추고 있지요. 인생에 완성이 없듯이 민주주의도 완성이 없습니다. 우리가 반드시 명심할 것은 자본주의와 민주주의가 전혀 관계가 없으며 전혀 다른 것이라는 사실입니다.

13. 한국계 이주민 공동체의 꿈

인간은 지구를 벗어나 살 수 없어요. 맨몸으로 한데서 한번 살아볼까요? 영상 30도의 여름 날씨에 인간이 얼어 죽을 수도 있습니다. 우리가 망쳐버린 지구라 해도 인간에게 지구보다 안전한 곳은 없어요. 대기가 방사선을 막아주지 않았으면 인간종은 일찌감치 멸종했겠죠. 화성이나 금성 등 새 지구를 찾지 말고 이 지구를 고쳐 써야죠. 왜냐하면 그래도 인류가 여기까지 온 것은 새로움의 꿈을 좇았기 때문입니다. 그러나 제발 덕분에 이제 서구 자본주의 문명이 내거는 진보와 개발은 그만두어요. 사람들이 자기 땅에서 제각각 완전히 새롭게 살아야 해요. 지금까지의 꿈은 악몽이었죠. 지구공동체에서 사람들이 평화의 새 꿈을 꾸어 보는 게 좋겠어요.

미국 등의 한국계 이주민 공동체는 개신 기독교 교회를 중심으로 형성되어 있어요. 교회에 속하거나 교회와 가깝지 않고서는 그곳의 삶이 정착될 수 없고 일상생활조차 불가능할 정도죠. 그런데 이들 교회는 대체로 보수 한국 기독교의 복음주의와 반공주의가 강하게 결합한 쪽이에요. 그들이 가지고 있는 근본 생각은 대한민국은 예수 선교사들이 피땀으로 세운 기독교 나라라는 겁니다. 그런데 중요한 것은 생명파(진보) 계통의 민주 정부는 이들이 볼 때 기독교에 적대적인 친공산주의 정권이라는 거거든요. 그래서 그들은 사사건건 한국 정부와 그 상황을 비난하고 공격하는 게 일과예요. 그들의 정체성은 무엇일까요? 우파 독재주의 개신 기독교 강경파가 그들이죠. 반공정신과 기독교 종교 근본주의로 똘똘 뭉친 육체파(보수) 독재주의 무리들 말이에요.

이쯤에서 발상의 전환을 한번 해볼까요? 한반도에서 북한을 한국계 이주민 공동체라고 보면 어떨까요? 그러면 우리가 북한을 보는 눈이 전혀 새로워집니다. 한국 사회에서는 오래전부터 통일 포기론의 목소리가 큰 편인데, 얼추 이해가 갑니다. 일리가 영 없지는 않아요. 남북통일을 포기하고 남과 북이 그냥 남남처럼 사는 것이 좋다고 하는 생각들이 굉장히 많아요. 그런데 알고 보면 북한에서 노동은 상품이 아니라 기본권이며 국가는 인민에게 안정된 일자리를 제공하고 개인은 '생활비'라는 이름의 월급을 받으며 살죠. 한국과의 상황을 비교해 보세요. 정말 다릅니다. 우리와는 완전히 딴 세상을 살아요. 경천동지할 새로운 세상입니다.

그렇다면 한국은 지금처럼 자본주의 소비경제를 운영하고 북한은 사회주의 생활경제를 운영하면 된다는 거죠. 한국은 사유 재산제를 사회의 근본 토대로 삼고 북한은 공유 재산제를 사회의 근본 토대로 삼고 있어요. 지금처럼 서로가 그렇게 살면 되는 거죠. 그렇게 못할 게 없어요. 남북으로 분단되어 80년을 그렇게 살아왔는데 말이에요. 맞습니다. 그 어렵고 힘들고 위험한 남북통일은 안 해도 돼요. 그러나 남북통일 문제를 누구도 제대로 생각하지 않는 지금의 현실이 너무 서글픕니다. 남북 2체제를 허용하고 한반도 연방 체제를 만들면 그만일 텐데 말이죠. 남북이 상호 적대적인 관계만 없애면 한반도 연방국 체제가 가능합니다.

남북이 공동으로 6.25 한국전쟁 종전을 선언해야 합니다. 지금은 서기2022년, 휴전 상태를 너무 오래 끌었어요(서기1950년에 전쟁 개시, 1953년에 휴전 협정 체결 후 2022년 지금까지 남북한은 전쟁 중이면서 휴전 상태임). 남북이 만나서 평화 협정을 맺어야 해요(남북의 상호 적대 관계 청산이 굉장히 중요함). 오늘의 뉴스페이스 시대를 우주 개발에만 초점을 맞출 게 아니라, 남북이 연방국으로 통일된 한반도가 바로 뉴스페이스 공간이 아닐까 하는 생각을 해보는 건 어떨까 합니다. 남북의 화해와 자유로운 남북 교류야말로 한반도 우리 땅에서 우주 개발보다 더 중요하고 더 경제적인 엄청난 국가사업이 아닐까요.

14. 문자주의가
기독교 근본주의다

한국에서 개신 기독교(준말은 '개신교'가 아니라 '개독교'임/'개신교'는 종교 자체를 새롭게 개혁한 종교라는 뜻)의 최대 문제점은 성경 문자주의에 매달리는 거죠. 기독 성경에 있는 걸 문자 그대로 믿는 경향이지요. 성경 무오류설이 근본 바탕입니다. 이것은 아마도 조선 시대 유교 문화의 영향을 많이 받지 않았나 싶거든요. 조선 시대는 공부하는 선비들의 세상이고 그들은 유교 경전을 수만 번 되풀이 외우면서 공부했으니까요. 현대 시대 기독 신앙인들은 선조의 공부하는 전통을 유전적으로 물려받은 것이라고 볼 수도 있어요.

원산지 유럽에서는 오래전부터 문자주의를 벗어나서 탈종교화가 대세입니다. 그곳에서 명상 붐이 일어나는 것이 이와 무관하지 않아요. 미국에서는 아예 '종교 없는 삶'(경외주의)을 지향해요. 기독교라는 전통 종교를 경외주의와 명상이 대신할 듯이 그 확산 속도가 아주 무섭습니다. 종교 없는 삶이 더 인간적이고 예술적이고 더 경건하고 아름답다는 거죠.

그런데 종교 진리도 알고 보면 지식입니다. 절대 지식이죠. 그런데 지식은 시대에 따라 장소에 따라 바뀌죠. 모든 지식은 유통 기한이 있어요. 가변 지식이죠. 과학 지식도 그래요. 자꾸 변합니다. 뉴턴의 절대주의 고전물리학도 변했고요. 지구 역사 이래로 영원불변한 것은 없죠. 사람이든 우상이든 영웅이든 종교 교리든 물리학 이론이든 계속 변합니다. 확고한 것은 없어요. 길게 멀리 보면 무엇이나 다 변하죠. 날씨처럼 하루가 다르게 변하는 것도 있고 지질 상태처럼 무량수의 시간을 견디는 변화도 있어요. 포유류 동물이 고래가 되는 것처럼 뭍 생물이 물속 생물이 되는 데 걸리는 시간은 어마어마해요. 어쨌든 변해요. 변하죠. 변하지 않는 건 없어요.

그렇습니다. 종교 진리도 가변적이고 잠정적인 지식에 지나지 않아요. 절대 지식은 없어요. 절대 진리는 없습니다. 객관성은 중립의 대명사죠. 그래서 객관성이 진리처럼 여겨져요. 과학 지식이 현재 그런 대접을 받는 것처럼 말이죠. 그러나 객관성이 영원불멸의 진리를 보장하지는 않아요. 엄밀히 말해 객관성은 때와 장소, 사람이나 기타의 상황에 달려 있어요. 모든 지식은 특정의 상황에서 의미 있는 것이지 만사에 적용되는 완전한 지식은 없어요. 상황이 다르면 진리가 달라져요. 종교 지식이나 신앙 역시 마찬가지입니다. 완전 무결점의 지식이나 진리는 없어요. 기독교 바이블이 무오류 지식을 집대성한 책이라고 믿지 않아도 돼요. 변하지 않는다고 보면 안 돼요. 종교 바이블도 변합니다. 하다못해 의미 해석이나 전체 맥락이 변하죠. 지구가 형편없이 망가진 지금 상황에서 예수 기독교는 바이블 무오류설이나 교리 해석에서 얼마만큼 달라졌을까요.

자연을 통제하고 관리하려는 기독교의 자연관에서 인류가 이젠 벗어나야 해요. 인간을 우위에 두고 자연을 아래에 두는 수직적 사고를 깨뜨려야 해요. 놀라운 것은 수많은 생물 종들이 저마다 언어를 가지고 있으나 인간은 그것을 알려고 하지 않아요. 매우 많은 동물 종들이 우리 곁에서 늘 이야기를 하고 있어요. 사람들은 그것을 듣지 않죠. 가령 고양이가 야옹거리는 것은 자기들끼리 의사소통하는 게 아니라 인간에게 말하는 것이 아닐까요? 동물들은 예전부터 인간과 평등한 관계 맺기를 꿈꾸었죠. 옛적에 백인종들과 평화로운 관계를 꿈꿨던 아메리카 인디언이나 아프리카 흑인 사람들처럼 말이죠.

자연을 바라보는 인간의 시선이 바뀌어야 해요. 시선을 다르게 하면 절로 생각과 실천이 새로워져요. 일상을 바꾸면 문화가 바뀝니다. 문화가 바뀌면 문명이 달라져요. 문명이 바뀌면 운명이 달라져요. 이를테면 일요일에 교회 가는 대신에 가까운 산에 등산을 가세요. 그러면 문화가 달라져요. 운명이 달라집니다. 사람들이 생각을 고쳐 이걸 실천한다면 대한민국의 주류 문명이 썩 바뀝니다. 서구 문명의 겉보기 선진성에 미혹되어 끓는 물 속의 개구리로 살아가는 어리석음에서 벗어나야 해요. 일상에서 관습 삼아 하는 것들을 다른 눈으로 한번 살펴보세요. 거꾸로 보는 게 혁명입니다. 일상의 작은 변화가 문화의 변혁이며 문명의 전환입니다.

15. 자본은
돈을 만드는 돈이다

자본주의에서 자본과 돈은 달라요. 자본은 단순히 돈이 아니에요. 이윤을 목적으로 쓰는 돈이 자본이죠. 예로부터 있던 구매 행위의 화폐는 '자본'이 아니라 '돈'입니다. 여기서 중요한 것은 돈(화폐)이 자본의 유일한 형태가 아니라는 점에 주목해야 합니다. 그러니까 세계 어느 나라에서도 돈은 중요했어요. 돈이 중요한 사회라고 해서 자본주의 사회가 아니에요. 서구의 자본주의 문명이 전 지구를 석권하기 전에도 돈은 어느 곳에서나 귀한 대접을 받았죠. '돈이 있으면 개도 멍첨지'라거나 '돈이 있으면 귀신도 부린다'라는 한국 속담을 기억하기 바랍니다. 세계 구석구석 언제 어디서나 누구에게나 돈은 중요했었죠. 그렇다고 해서 이게 자본주의 사회는 절대 아니었어요. 그러나 서구 자본주의 문명은 평범한 '돈 중심주의' 생각을 근본적으로 뛰어넘는 치명적 혁명을 내장하고 있어요.

서구 자본주의 문명은 철저히 '자본'을 동력으로 삼았다는 점이 특별합니다. 우리가 현재 자본주의라고 말하는 것은 철저히 자본에 기초한 것입니다. 그러니만큼 축적된 자본이 없었다면 서구 자본주의 문명이 절대로 첫걸음조차 뗄 수 없었을 테죠. 우리가 흔히 하는 말로 뭉칫돈(자본)이 나올 곳이 없는데 자본주의 산업을 할 수 있을까요? 하다못해 은행에 대출을 받더라도 자본이 있어야 자본주의가 작동할 게 아니겠어요.

그렇다면 서구 자본주의 문명이 본격적으로 출발할 즈음에 맨 처음 종잣돈(자본)을 유럽인들은 어떻게 장만했을까요? 방법은 참으로 많았어요. 상품 교환의 무역 활동, 해외 땅의 침략과 정복, 해적질 등등이 있었지요. 사실 이런 것들은 세계 역사에서 어느 문명권이든지 어느 나라이든지 경험했던, 뻔한 이야기입니다.

그러나 자본주의 문명의 태동을 촉발한 자본의 축적 과정이 서구 유럽은 아예 특별했어요. 11세기에 유럽 기독교 연합 세력이 기독 십자군 전쟁을 일으켜서 200년 동안 치르면서 부의 흐름이 활발해졌거든요. 유럽 기독교 세력이 비록 십자군 전쟁에서 최종적으로 졌다지만 그들은 중세의 밀폐되고 고립된 기독교의 고인 물에서 벗어날 수 있었죠. 이슬람 종교 측과의 잦은 접촉 때문에 천 년 동안 은폐되고 날조된 고대 문화가 알려지고 또 화려하게 부활했어요. 열광 신앙의 유전자를 가진 서구 기독인들은 고대의 사상과 문화를 단박에 우상으로 떠받들었죠. 이런 분위기와 흐름이 바로 유럽의 르네상스 시대를 가져왔어요. 르네상스는 한마디로 기독교 이전 고대의 부활과 고대의 철저한 우상화입니다(우상화 중독 현상은 서양 인종의 특성).

이렇게 해서 기독교 문명권에서 지구 자본주의 문명의 초기 시대가 개막되었죠. 기독교 측은 지중해를 중심으로 해서 무역과 약탈을 통해 자본을 축적하게 되지요. 동방에서 흘러나온 부의 물결은 곧장 이탈리아 반도의 베네치아, 피사, 제노바 등의 도시 상인들과 은행가의 손으로 들어갔어요. 역사의 발걸음을 따라 13세기, 14세기의 이탈리아반도는 서구 자본주의 문명의 최초 발상지가 될 수밖에 없었던 거죠.

15세기에도 유럽에서 놀랄 만한 자본 축적의 기회가 계속 생겨나요. 서구 자본주의 문명이 본격화되어간다는 뜻이죠. 가령 스페인은 아메리카 땅에서 인디오 문명의 정복과 노략질로 단숨에 유럽 최강의 부자 나라가 되었어요. 뒤이어 포르투갈, 영국, 네덜란드, 프랑스, 독일, 벨기에 등이 미지의 땅을 정복하고 원주민을 학살하고 천연자원을 착취하면서 단숨에 지구 최강의 부국으로 상승합니다. 이 과정에서 유럽 기독교 대륙에는 엄청난 자본이 축적되었습니다.

16세기에 들어서자마자 포르투갈인들이 세계 최초로 흑인 노예무역을 시작했어요. 노예무역은 서구 자본주의 문명의 진행 과정상 필연의 노정이었을 테죠. 이게 돈(자본)이 되니까 유럽인들이 인간종 판매 사업을 시작했어요. 기독교 유럽의 여러 나라가 이걸 보고 가만히 있을 턱이 없죠. 기독 백인종들은 너도나도 다투어 아메리카, 아프리카, 아시아, 호주 등을 침략하고 정복하는 방법을 택했어요. 그곳 원주민 인간은 죽이거나 노예로 살게 했죠. 돈은 돈대로 벌고 모험도 즐기고 자본을 축적하는 방식으로 이만한 전략이 다시 있을까요. 이런 과정을 거치면서 유럽 백인종들은 그들만의 독특한 자본주의 생활 방식을 탄탄하게 다듬어 갔지요.

아프리카에서 원주민 흑인종들을 잡아다가 남미 아메리카 대농장에서 죽도록 일하는 원자재 기계 인간으로 팔아먹으면

큰돈이 될 것이라는 '인간 노예 산업'이 유럽 땅 곳곳에서 활발하게 일어났거든요. 그중에서 영국의 존 호킨스(서기1532~1595. 영국/ 최초의 노예 상인)가 역사적으로 특히 유명했죠. 당시 엘리자베스 영국 여왕은 다른 무역선에 그랬던 것처럼 노예무역선(배 이름: 예수호)을 호킨스에게 임대해주며 주식을 투자했지요. 흑인 노예들을 노략질로 잔뜩 싣고 그가 성공적으로 돌아왔을 때 여왕은 투자 금액의 수십 배에 달하는 배당금을 받았고 엘리자베스는 이 용감한 노예 사냥꾼에게 기사 작위를 수여했습니다. 호킨스는 천박한 노예 상인에서 일약 명문 귀족으로 신분이 상승하였죠. 그는 자기 가문을 상징하는 문장으로 '쇠사슬에 묶인 흑인' 부조를 곧장 새겨넣었어요. 자본주의 시대에 새로 태어난 유럽의 명문 귀족들은 대체로 이와 같은 길을 걸었을 테죠. 유럽에서 발생한 기독 자본주의 문명은 다른 문명권에서 좀체 볼 수 없던 이처럼 아주 독특한 자본 축적 방식을 택했습니다. 결과적으로 유럽 백인종들이 지구 전체를 대상으로 하여 약탈 자본을 폭발적으로 축적하는 시기가 바로 서구 근대화 시절이라고 잘라 말할 수 있습니다.

　미국 최초의 흑인 노예들은 어떻게 생겨났을까요. 예수 탄생 1616년에 네덜란드 배를 타고 아프리카 흑인종들이 미국 땅으로 끌려 왔어요(흑인들은 배의 짐칸에 잡은 생선처럼 눕힌 채 이송. 절반 이상 죽어 도착함). 그래요, 지금의 흑색 미국인들은 노예 인종의 후손들이죠. 신 유럽 땅을 개발하고 그곳에서 나라를 세운 미국이 참 대단하긴 해요. 그 넓은 아메리카 땅덩어리를 깡

그리 정복하여 자연 자원을 약탈하고 원주민 인디언들을 잔혹하게 내쫓고 몰살하고, 아프리카 대륙에서 잡아 온 흑인 인간 종들을 노예로 부려 먹고 막 그랬죠. 아메리카 미국 땅에서 이것들은 백인종을 대표하여 영국 출신 기독 청교도 집단이 지배할 때의 일들입니다. 서구 기독인들의 청교도 프런티어 개척 정신에 놀란 가슴이 섬찟하군요.

17세기에 이르도록 유럽 땅에서 정식 나라도 없던 미개한 기독교 세력들이 추악한 물질적 욕심으로 지구의 생명과 평화로움을 한순간에 갈아엎었어요. 종교화와 문명화의 이름으로 말이죠. 그들 기독 문명인들은 자본 축적의 기회를 잡고 이를 전쟁을 수행하듯이 또는 체육대회 육상 경기를 치르듯이 다투어 실현했어요. 지구 역사를 피눈물로 써 내려간 최악의 자본주의가 탄생할 준비를 마쳤습니다. 제 돈 한 푼 들이지 않고 남의 땅을 빼앗고 남의 금은보석을 빼앗고 남의 목숨을 빼앗기까지 했지요. 그들 파란 눈의 정복자들은 지하 광산물은 물론 식물 농산물과 가축 동물들까지 수탈하고 약탈하고 노략질했죠. 아니 평화로운 이교도 이국땅의 햇볕과 바람과 노을과 물안개까지도 자기들 것으로 만들었어요.

유럽 외 다른 대륙의 원주민 터는 기독 백인들의 땅따먹기 사냥터가 되었습니다. 바야흐로 피비린내 나는 생것의 자유 경쟁 무대가 열린 거죠. 그러나 자유 경쟁이 발전하면 그것이 절로 독점 체제가 될 수밖에 없어요. 오늘날 지구의 인류 문명은 독점 자본주의 체제로 정리되고 말았죠. 그럴 수밖에 없어요.

자유 경쟁의 혼돈을 독점의 질서로 바꾸려는 노력이 서구 자본주의 문명을 오늘의 모습으로 이끌어왔죠. 유럽 근대화 시대에 산업 독점은 저절로 금융 독점을 불러요. 왜냐하면 신용 대출은 자본의 집중을 돕는 특수한 도구이니까요. 그러므로 백인종들의 자유 경쟁 자본주의가 독점 자본주의로 변신하는 것은 예정된 길이 아니었을까요.

19세기 후반에 들어 유럽의 자본 문명국들은 과잉 생산된 상품을 처분하기 위한 시장 확보를 위해, 즉 식민지 쟁탈전에 다투어 뛰어듭니다. 그 때문에 아프리카 지도가 유럽 여러 나라들의 소유권을 표시하기 위해 총천연색으로 컬러풀하게 바뀌었죠('컬러풀 아프리카'의 탄생). 지구 생명체의 운명을 바꾸는 유럽 제국주의 시대가 난폭하게 열렸습니다. 아프리카 대륙이나 아시아 대륙이나 작은 섬나라 기타 미지의 신비한 땅에 깃발을 먼저 꽂는 나라가 임자가 되는 야만의 시대가 활짝 열렸어요. 아시아에서는 건방지게도 일본이 서양을 흉내 내며 제국주의 약탈 노정에 같이 뛰어들었죠. 그것 때문에 한반도 조선이 일본의 식민지가 되었고, 연이어 중국이 일제의 침략과 정복의 대상이 되고 말았어요. 20세기에 들어 일본이 '탈아입구'(脫亞入歐 - 아시아를 벗어나 유럽 문명으로 진입하자)를 부르짖으며 서구화와 문명화에 적극적으로 맹렬히 매달렸죠. 결과는 우리가 아는 상식 그대로입니다. 괴이쩍게도 일본은 유럽 제국주의 전성시대에 백인종 집단이 아님에도 불구하고 유일하게 신흥 자본주의 유럽 방식의 포식자 강국에 속했던 거죠.

16. 북한은
주체사상 종교 공화국이다

예수 탄생 1994년의 일입니다. 김일성이 사망했어요. 그 직후에 북한에서는 영생탑이 만들어지고 거기에 표어 말씀이 곧장 새겨졌죠.

"위대한 김일성 동지는 영원히 우리와 함께 계신다." 서기 2011년 김정일 사후에 영생탑 표어가 살짝 바뀝니다. "위대한 김일성 동지와 김정일 동지는 영원히 우리와 함께 계신다." 영생탑 외에 초상화도 있어요. 이걸 '태양상'이라고 하는데요. 김일성 부자는 태양신이며 북한판 예수라는 뜻이죠. 주체사상에서는 '영생'을 강조해요. 기독교의 영생과 같아요. 그러니까 '영생'은 지금 이 세상을 살아가는 '북한 인민이 북한판 기독 예수 하느님과 함께 영원히 산다'라는 뜻인 거예요.

해석이 이쯤에 이르면 광기 어린 북한 집단주의에서 어쩐지 기독교 종파의 느낌이 물씬 풍겨 나오는 듯도 해요. 그렇습니다. 기독교를 모르고서는 북한을 알 수 없어요. 이것은 마치 우리가 서양을 이해하기 위해서 기독교를 반드시 알아야 하는 것과 같죠. 북한은 '기독교 + 유교'로 만들어진 신정국가입니다. 제정일치 신앙사회인 거죠. 게다가 북한은 한반도 전통의 공동체 정신이 투철해요. 하나는 전부를 위하고 전부는 하나를 위한다는 공동체주의 대동 정신 말이에요. 이러구러 북한은 '주체사상' 종교 공화국이 아닐까 합니다마는.

17. 서구 자본주의 문명의
발달 순서

　서구 문명의 자본주의 발달 과정을 정리하면 다음과 같습니다.

　첫째, 가내 제도 또는 가족 제도가 있었어요. 자급자족을 위해 가족들이 노동 공동체가 된 형태로 이것은 전 지구 전 세계 공통입니다.

　둘째, 길드 제도가 있었어요. 상인 길드와 수공업 길드가 유명해요. 노동자가 원자재와 생산 도구를 모두 소유하고 자기 노동의 생산물을 팔았습니다.

　셋째, 가내공업 제도가 있었어요. 이것은 자본가 상인들이 돈을 주고 원자재와 노동 인력을 먼저 선점하는 제도지요. 노동 인력이 자영 생산자가 아니라 도급을 받는 임금 노동자가 되는 게 특징입니다.

　넷째, 공장 제도가 있어요. 노동 사용자가 지은 건물에서 엄격한 감독을 받으며 상품을 생산하는 제도입니다. 공장이나 기계 등의 생산 수단, 즉 자본이 가장 중요한 구실을 하며 노동자들은 자신의 노동력을 파는 것으로 임금을 받으며 살아가지요. 서구 자본주의 문명의 핵심축입니다.

　다섯째, 사회 전 분야에 자본주의 제도화가 있어요. 여기는 무한경쟁의 생존 논리가 기본 철칙이며, 사회 제도의 모든 것은 자본주의의 틀 안에서 작동합니다. 가령 가스·석탄 채굴이나 금속 채광은 거대 자본의 투자가 필요했기에 자본가들은 서로 연합해서 주식회사를 만들기도 했어요. 광범위한 자본주의 제도화는 이전에 해상 무역업에만 존재하던 주식회사 형태의 자본연합 세력들이 전 지구의 자원과 생명력을 하나하나 착취해 들어가기 좋게끔 했습니다.

서구 근대 자본주의 문명은 지구 전체를 식민지로 삼는 거대한 음모를 진행해 나갔어요. 이것은 예수 탄생 2022주년, 오늘에도 계속되고 있습니다. 서구 자본주의가 21세기 들어 전 지구촌에서 더욱 빛을 발하고 있어요. 문명화와 산업화의 이름으로, 또 건설과 개발주의의 구호로, 지구의 전 생명체를 못살게 아주 많이 괴롭히고 있어요. 오래전부터 서구 자본주의가 지구 구석구석을 파고들었죠. 이제는 지구상에서 서구 문명화의 세례를 받지 않은 곳이 거의 없을 지경입니다. 극지방까지 점령당했어요. 참 큰일입니다. 우리가 가장 먼저 서양을 탈출해야 해요.

18. 독재 언론
– 내러티브 말꽃

신조어를 '말꽃'이라고 부르기로 하죠. '새로 만든 말'을 '말꽃'이라고 표현해요. 말꽃은 아름다워요. 꽃은 꽃인데 말의 꽃이라서 말꽃입니다. 말로 만든 꽃이죠. '영끌'이라는 말꽃이 있어요. 영혼까지 끌어모아 은행 대출로 아파트를 산다는 사회 현상을 일러요. 이 신조어는 다시 그 곁에 '벼락 거지'라는 말꽃을 피워 올렸죠. 말꽃은 주로 한국의 독재 언론이 치밀한 전략으로 만들어요. '내로남불'이 대표적이죠. '내가 하면 로맨스. 남이 하면 불륜'이라는 뜻으로 이것은 적을 공격할 때 사용해요. 예로부터 한국 언론은 분단 권력을 이용하여 '진보와 보수'라는 말꽃을 만들었고, 이것이 지금도 가장 막강한 위력을 발휘하고 있죠. 까닭에 대한민국 국민은 누구든지 독재 언론 치하에서 '진보' 아니면 '보수'가 돼요. 꼼짝 못 해요. 빠져나갈 방법이 도무지 없어요.

'세금 폭탄'이라는 용어가 있어요. 예전 노무현(서기1946~2009 대한민국/ 대통령) 정부가 종합부동산세를 만들자 널리 회자 된 말이죠. 그런데 독재 언론이 만들어내는 이런 신조어에는 속에 비장의 무기가 감추어져 있어요. 말이 짧고 쉬운데다가 반복적으로 끝없이 되풀이되는 게 특징입니다. 신문 방송이 날마다 계속 틀어대는 거죠. 게다가 인위적으로 만든 말꽃 속에는 악의적 이야기가 숨어 있거든요. 이게 '내러티브'가 되는 거예요. 내러티브 말꽃(속이야기를 감춘 신조어)은 새말 속에서 내장된 이야기가, 즉 내러티브가 찰랑찰랑 유혹의 춤을 추어요.

'세금 폭탄'이라는 말꽃을 잘 들여다보세요. 여기서는 세금이 폭탄처럼 떨어진다는 비유법이 실제인 것처럼 사용되었어요. 종부세는커녕 소득세도 몇 푼 내지 않는 보통 사람들까지 세금 폭탄 공포에 시달리게 했어요. 이게 바로 내러티브 말꽃의 힘입니다. 낱말 하나를 교묘하게 만들어서 선전하고 선동해서 목적을 달성하는 거죠. 당시 노무현 정부가 의욕적으로 복지 국가로 가는 길을 열었는데, 세제를 비롯한 경제 정책이 '세금 폭탄'이라는 내러티브 말꽃의 공격 때문에 후퇴를 거듭했어요. 세금 폭탄 이야기는 10년 뒤 문재인(서기1953~ 대한민국/ 대통령) 정부에 들어서도 자주 부활을 시도했어요. '영끌'이나 '세금 폭탄' 이야기가 사실에 부합하는지 어떤지 그 여부는 사실상 중요하지 않아요. 내러티브 말꽃이 우리나라 현실 경제에 상당한 영향을 미쳤다는 것은 부인할 수 없는 사실입니다. 결국 이것이 뜻하는 바는 대중들에게는 합리적 의사 표현보다도 비합리적 의사결정이 더 중요하다는 거죠. 한국의 독재 언론이 편파적으로 계속해서 날조된 기사를 작성하는 힘과 배경이 바로 이곳에 있습니다. 대중들에게 신문 방송을 통해 자신들이 원하는 세뇌작업 실험을 계속한다는 거죠.

우리나라에서는 전체 인구의 97%가 종합부동산세와 아무 관련이 없고 더구나 전체 가구의 절반이 여전히 무주택 가구입니다. 그런데도 한국의 악마 언론은 '종부세'에다가 '중산층세'라는 별호까지 붙여서 반대의 여론을 내내 조작하곤 하지요. 사회 최저 빈곤층이 아니면 자신을 중산층이라고 착각하는 대다수의 국민 대중은 '종부세'에 발끈하고 격하게 반대하는 견해를 자연스레 갖게 되지요. 이것이야말로 내러티브 말꽃의 엄청난 위력을 보여줍니다.

내러티브 말꽃의 핵심 요소는 전염성입니다. 조작과 선동-독재 언론의 내러티브 말꽃은 코로나만큼이나 위험해요. 내러티브 말꽃은 다양한 경로를 통해 사람들에게 퍼져나가며 힘을 얻고 영향력을 발휘하죠. '비트코인'이라는 용어는 내러티브 말꽃의 전염성을 잘 보여줍니다. 새로운 내러티브 말꽃은 전염성 있는 새 내러티브를 창조하며 또 그 안에서 번창해요. 일상의 생활 영역 곳곳에서 비트코인을 화제로 대화를 나누고 토론을 하고 다투는 모습 등은 내러티브 말꽃의 작동 원리와 영향력을 잘 보여주지요. 내러티브 말꽃의 도달점은 결국은 전염성입니다. '영호남 지역감정'이라는 용어도 한국 독재 언론이 만든 '내러티브 말꽃'의 대표작이죠.

그러나 모든 내러티브 말꽃이 '영끌'이나 '세금 폭탄', '영호남 지역감정' 같은 힘을 갖는 것은 아니에요. 나타났다가 곧장 사라지는 것도 있어요. 내러티브 말꽃은 피는 즉시 전염도 되지만 1차, 2차, 3차 감염 등을 거치며 소멸하기도 하지요. 마치 감염병이 그런 것처럼 말이죠. 말꽃은 언어라는 화분에 담겨 있습니다. 그렇죠. 언어는 문화와 역사를 품은 그릇입니다. 낱말 표현은 인간 정신을 담아내는 그릇이라고 할 수 있어요. 이를테면 에스키모인에게 눈은 매우 중요한데 그러니까 분류 낱말만 해도 수십 종이 넘는다고 하지요. 그만큼 그쪽에서는 눈이 중요하다는 거죠. 인간은 낱말을 함부로 만들지는 않아요. 그렇습니다. 하나의 낱말에는, 하나의 말꽃에는 인간이 이룩한 문화의 흔적이 고스란히 새겨져 있어요. 말꽃은 꽃입니다. 말로 만든 꽃. 그러나 악마 언론이 만들어내는 내러티브 말꽃은 악의 꽃이 틀림없어요. 그 꽃은 사람들의 정신을 취하게 하고 마비시키는 역할을 합니다.

2장

**한국 사회 너머를
꿈꾸다**

1. 처음부터 끝까지
서양은 선진국이 아니다

100년 세월을 우리나라는 서양을 동경했어요. 이상 국가로 여기며 우상처럼 숭배했죠. 종교, 건축, 교육, 정치, 예술, 경제 - 서구 자본주의 문명의 모든 걸 다 받아들였죠. 기독교 사상을 그대로 따라 하고 이식하고 흉내 내고 재창조했어요. 자연스레 우리 사는 세상은 서양 중심이 되고 남자 중심이 되고 권력 중심이 되었죠. 이성이나 합리성 강조는 근대 서양의 가장 큰 특징입니다. 서양은 역사적으로 전쟁을 좋아해요. 일상에서는 경쟁을 좋아하고요. 전쟁의 광기는 이성의 예외 상태가 아니라 이성의 비이성적 실현일 뿐이죠. 그것은 절대 강자인 포식자가 사용하는 근대 이성의 권력 충동입니다. 극단의 양분법주의가 서양 사상의 근본이죠. 이것의 가장 직접적인 실험 정신 때문에 각종 전쟁이 자주 발생할 수밖에 없어요. 예수 탄생 1950주년에 한반도에서 벌어진 6.25 남북전쟁도 그런 성격의 것이 틀림없을 테죠.

일본 제국주의에서 해방된 후 한국에서 서양 자본주의 문명국 따라잡기는 불변의 국가 이데올로기였어요. 우리도 잘살기를 바랐고 우리나라도 지구를 지배하는 권력자 집단의 나라에 빨리 속하기를 바랐던 거죠. 예비 선진국이라는 강한 믿음을 가지고 전 국민이 하나 되어 국가 권력과 자본의 주문대로 숨가쁘게 살아왔지요. 서양 종교 숭배와 과도한 미국 따라하기는 이런 맥락 속에서 가능했습니다. 가령 한국 전통 종교는 촌스럽고 시대착오적인 걸로 매도되고 그리스도교 서양 종교는 현대적이고 고급스럽게 여기게 되죠. 한국은 서구 문명화와 개발주의를 극단적으로 추구하는 나라로 세계에 알려져 있어요. 극히 소수에서 출발한 서구 문명으로의 압도적 매몰에 지금은 다수 대중이 자발적으로 빠져버렸어요. 이 흐름이 오랜 세월 이어져 오면서 한국 사회의 주류 문화가 싹 바뀌었죠. 서양보다 더 서양 같은 서양 문화가 한국 사회의 주류가 되었습니다.

사실상 흐름에 맞추어 대중이 자발적으로 추종하면 세상에 바뀌지 않을 게 없어요. 다 바뀌죠. 무엇이든 다 바뀔 수 있어요. 한국 사회는 서양(미국)의 모든 것을 숭배하며 문명화와 개발주의를 극단적으로 추구하는 지구 대표 국가입니다. 외국에는 한국이 강력한 기독교 국가로 알려져 있어요. 그런데 한국 사회 구석구석에 만연한 극단의 서양 사대주의는 사회 구성원의 불평등과 차별화를 끊임없이 초래하게 되어요. 지금의 한국 사회는 교회 잘 다니고 지위 높고 돈 많고 영어 잘하는 사람이 귀족이고 양반이고 품위 있는 문화인으로 대접받습니다.

일찍이 서구 강대국들은 자국 문화의 이데올로기를 앞세워 세계를 정복하려 했어요. 과학기술과 종교, 그리고 교육과 예술 등으로 말이죠. 본디 문화 패권은 지배 집단의 문화를 피지배 집단이 수용하면서 시작돼요. 그것이 강요이든 자유 의지이든 결과는 같습니다. 어쨌든 지배 집단의 의도가 약자에게 관철되고 말죠. 가령 인구당 기독교 교회가 원작자 서양보다 압도적으로 더 많은 게 지금 대한민국의 현실입니다. 서양 음악 전공자 또한 클래식 음악 종주국보다 우리나라가 훨씬 더 많아요. 오래전부터 우리나라에 서양 음악과 서양 종교가 범람해 있어요. 우리 스스로가 자정 능력을 잃어버리고 서구 문화에 과도하게 몰입되었던 거죠. 우리나라 사람들이 외국의 남들보다 앞서서 우리의 전통문화를 업신여기고 깔보면서 말이죠.

지금과 같은 과도한 서구 사대주의는 한국을 서구 문명 패권의 식민지로 꼼짝없이 붙들어 맬 것입니다. 시선을 달리해서 보면 서양은 선진국이 정녕코 아닙니다. 코로나 사태에 대응하는 그들의 태도와 방식은 완전 후진국이에요. 철저히 개인적이고 이기적이죠. 공동체 정신이라는 게 도무지 없어요. 그렇기에 차라리 우리가 지구 일류라는 의식을 가져야 해요. 서양은 무조건 선진국이고 우리는 아류라고 하는 열등의식을 우리가 버려야 해요.

한국인이 우리의 정체성이 담긴 문화를 누리자면 먼저 우리 것에 대한 자긍심과 자신을 소중히 여기는 귀한 마음이 있어야 해요. 우리의 민족성은 서양과 같지 않고 같아질 수 없어요. 우리는 우리의 혼이 담긴 문화를 찾아내어 그것을 즐기고 누려야 합니다. 서구 문화를 열심히 수입해서 그것을 추종하고 전파하는 단계에서 냉큼 벗어나야 해요. 우리는 우리 고유의 것을 세계화할 명분이 있어요. 그럴 정도의 실력과 자신감이 넉넉해요. 우리가 일류입니다. 바야흐로 노래와 영화와 춤과 드라마 등의 한류 유행 – 오늘의 K 문명이 멋져요. 훌륭합니다. 자긍심을 가져야 해요. 대한사람들은 심기일전해야 합니다. 새로운 일류 의식이 간절해요. 애국가에 나오는 대로 '대한 사람을 대한으로 길이 보존'하는 올바른 길이 바로 이 길이 아닐까요.

2. 서양 기독 사상과 에고이즘

" 신의 완전성은 인간 영혼의 완전성이다. "

라이프니츠 (서기1646~1716 독일/ 수학자, 철학자)

서양 철학의 근원인 '에고'는 세계와 분리된 내가 존재한다고 생각하는 개념입니다. 에고이즘을 단순히 '이기주의'라고 번역해선 안 돼요. 에고이즘이란 말속에 서구 문명의 엄청난 비밀이 숨어 있어요. 그것은 '나 중심주의'이며 극단의 분리주의입니다. 신과 인간의 분리, 남자와 여자의 분리, 기독인과 비기독인의 분리, 인간과 자연의 분리, 문명과 원시의 분리 - 여기서 분리는 곧 지배와 정복을 뜻해요. 신은 인간을 지배하고 남자는 여자를 지배하고 기독인은 비 기독인을 지배하고 인간은 자연을 지배하고 문명은 원시를 지배한다는 사고방식 말이에요.

유럽 기독 문명국은 철저히 에고이즘으로 건설되었습니다. 경제 쪽을 한번 살펴볼까요. 경제학자들은 시장을 '주어진 것'

으로 봅니다. 시장은 언제 어디서나 존재하는 것이라는 뜻이죠. 보편적(가톨릭)이라고 보는 거예요. 인류 문명을 살펴볼 때 세계의 언제 어디서도 '시장'이라는 게 있었어요. 기독교에서는 신을 '스스로 존재함'으로 봅니다. 신은 '자존자'(自存者)이며, 언제 어디서나 존재한다는 뜻이죠. 그런 까닭에 18세기에 애덤 스미스(서기1723~1790 영국/ 철학자 경제학자)가 말한, 자원을 배분하는 '보이지 않는 손'은 서구식 '유일신'을 가리키는 게 틀림없어요. 이론 자체의 밑바탕이 자본주의 사회이며 기독교 사상이니까 더욱 그렇죠.

한번 따져 볼까요. 역사적으로 보아 시장은 교환 방식의 변화로부터 출발하지요. 물물 교환이라는 원시 경제에서 비롯되어 가격이라고 하는 교환 방식의 변화가 시장이라는 장소를 만들었어요. 서구 자본주의의 발전 과정을 한번 살펴보죠. 13세기에 시작되는 상업 중심의 중상주의 시기에서 18세기 산업혁명에 이르기까지의 자본주의 맹아 기간 500년이 가장 중요해요. 지구상에서 오직 서구 기독교 문명국에서 이런 변화와 발전이 생겨났으니까요. 현대 자본주의 문명을 기독교 사상의 결과라고 말하는 까닭도 이런 이유 때문입니다. 서구 기독교 사상의 특이점이 인류 자본주의 문명을 발생시켰습니다. 근대 자본주의 맹아 기간(13세기~18세기) 500년 동안에 유럽에서는 시장이 원활하게 작동하도록 하는 시장 제도가 인위적으로 정비됩니다. 자본주의 시장이라는 게 자연스럽게 꾸려진 게 결코 아니라는 거죠. 철저히 인공적이고 인위적입니다. 아시아나 아프리카, 아메리카 땅에도 존재하는 시장과는 전혀 그 성격이나 그 유래나 그 규모가 다른 거예요. 유럽 자본주의의 시장은 철저히 인공적으로 계획하고 설계하고 제도화한 것입니다.

그것들은 첫째, 시장 제도가 있어요. 가령, 화폐 단위와 발행량, 계량적 표준 정하기, 시간 기준 만들기, 어음이나 예금 등 각종 금융상품 발행하기, 개인이나 법인의 재산권의 기준과 관리 방법, 일상의 기독교적 관습이나 분쟁 해결법과 사무 처리의 법률적 정비와 제도화 등등.

둘째, 시장 인프라의 구축이 있어요. 그것들은 가령, 통화 발행과 관리와 통제, 자본시장 구축과 운영 시스템 정비, 금융 지원의 방안과 운영의 시스템 구축, 지급 결제의 방법과 원리 시스템 구축하기 등등.

셋째, 시장 조직이 있어요. 그것들은 가령 통화의 종류와 발행 및 관리 조직화, 간접 금융 방식의 관리와 조직화, 지급 결제 라인의 관리와 조직화, 공공 거래 관리와 조직화, 세무서와 검찰과 경찰 조직 만들기, 입법부와 사법부의 재산권 관리와 조직화 등등.

하하하 시장 제도가 이렇게 복잡하고 치밀합니다. 서양에서 자본주의 시장이 그냥 생겨난 게 아니에요. 지금의 서구 자본주의형 시장은 철저히 인위적이고 인공적인 장치와 노력으로 구축된 것입니다. '모든 건 시장에 맡긴다' 또는 '이제는 시장으로 권력이 넘어갔다'라는 식의 두리뭉실한 표현은 절대 해서는 안 되는 것이고 또한 이 발언을 곧이곧대로 받아들여서도 안 돼요. 자본주의 시장은 국가 정부와 시장 관리 시스템이 주도면밀하게 고안하고 설계하고 운영하는 것입니다. '저절로 형성된' 시장은 결단코 없습니다. 인간이 인위적인 조작으로 만든 거죠. 인류의 문명은 인위적이고 인공적인 게 가장 큰 특징입니다. 특히 서구 문명은 인위성과 인공성이 아주 노골적이고 아주 강한 게 특징 중의 특징이죠.

자본주의 시장은 위의 것들이 인공적으로 만들어지고 발달되어 온 것이지, 저절로 주어진 것이 결코 아닙니다. 이것은 수백 년 또는 천년의 세월이 소용되는 엄청난 작업입니다. 우리나라가 서구 문명을 따라가는 후발 주자로서 압축적 학습을 한다고 해도 조치와 실행에조차 몇십 년이 걸리는 정밀하고 복합적인 작업인 거죠. 시장 구축이나 시장 가동의 시스템에는 우리나라의 독특한 문화와 생활 방식이 녹아서 스며들어야 함은 물론이겠죠. 문제는 우리나라 사람들이 시장 제도에 관한 이해가 정말 짧아요. 독재 언론에서 떠드는 대로 시장을 그저 주어진 것이라고 다들 생각하게 되었죠. 그래서 우리는 툭하면 '이 문제는 그냥 시장에 맡기자'라는 말을 쉽게 하는 거예요. 도대체 '시장에 맡기자'라는 주장의 근본 생각은 무엇인가요? 시장이 도대체 무엇인가요? '시장에 온통 맡기자' - 이것은 일체를 알아채거나 비판하지 말고 우리의 일상을 서구 자본주의 문명의 흐름에 온통 내맡기자는 뜻이 아닌가 말이에요. 자본주의 시장은 언제까지라도 철저히 분석하고 분석하여 비판하고 비판받아 마땅합니다.

3. 청춘은
도도한 고양이다

　사람살이는 공동체 속에 있어요. 그 속에서 행복과 불행이 넘나들죠. 그래서 확실한 건 함께 행복해야 개인도 진정 행복할 수 있다는 거예요. 혼자만 잘 먹고 잘살면 무슨 재미가 있을까요? 사람은 서로에게 환경이 되고 배경이 되지요. 따지고 보면 나 외는 다들 남의 편입니다. 자연입니다. 그런데 우리가 진정으로 서로서로 남의 편이 되고 자연이 되어야 해요. 내가 남의 편 노릇을 잘하면 모든 이가 또 좋은 남의 편이 되어 주거든요. 그래요, 우리는 서로가 서로에게 남의 편입니다. 우리 서로는 자연입니다. 그러므로 공동체 생활에서는 남의 편이 곧 내 편입니다. 남이 모두 불행한데 나 혼자 행복할 수 있을까요? 그런 인생은 행복할 수 없어요. 서로가 서로를 위하는 사회, 그런 사회가 행복해요. 그런 공동체가 밝은 세상이에요. 밝은 사람들이 밝은 세상을 만드는 거죠. 밝은 사람이 건강한 사람입니다. 남 '탓'보다는 남 '덕'을 새기며 살아가는 사람들. 남이 있어 내가 있고 그것 때문에 우리가 있는 거거든요. 민주주의라는 게 고정된 틀이 아니에요. 지치지 않고 해밝은 공동체를 꿈꾸며 노력하는 삶의 원칙들이 민주주의 원칙이 아닐까요?

　오늘날 한국 사회의 청년층은 도도한 고양이 같아요. 홀로 생존하는 고양이. 각자도생의 길을 가는 고양이. 그러니 사실상 청년들은 남북문제 해결에 아무런 관심이 없어요. 치열한 경쟁 사회의 현실이 너무 힘들어서 그렇죠. 자본 계급의 정글에서 살아남기가 벅차거든요. 까닭에 도도한 고양이 같은 청년들을 설득하거나 가르치는 건 정말 어려워요. 한반도 남북 관계의 특별한 이익과 매력으로 청년들을 유혹하는 게 더 좋아요. 이를테면 도도한 고양이들을 남북 전자 상거래 마당으로 유혹한다든지 북한 탐험용 메타버스를 운영한다든지 하는 등의 새 아이템으로 유혹하면 어떨까 하는데요. 지구별에서 아무리 오지라도 지구 모든 나라를 다 갈 수 있는데, 우리가 왜 북한 땅은 못 가나요. 북한의 실생활 생생한 공부를 우리가 왜 못하나요? 대한민국 정부의 대범한 인식 전환이 필요합니다. 청년층의 톡톡 튀는 놀라운 아이디어를 신문이나 방송 등의 공론장에서 다루어야 해요. 자본주의 사상의 감옥에 갇힌 도도한 고양이들이 새로운 지구를 만나볼 수 있도록 기회의 문을 활짝 열어주는 게 좋습니다.

4. 내러티브 말꽃 전쟁

자본주의 문명은 코로나바이러스처럼 전염병 같은데요. 지금은 지구인들이 대부분 자본주의 바이러스에 걸렸어요. 문명화, 개발주의의 이름으로 나라 산천을 갈아엎고 도로를 만들고 고층 건물을 짓고 난리가 났죠. 지금 우리가 말하는 내러티브 말꽃 전염병도 이것과 같아요. 마음의 전염병 같은 것이죠.

서구 문물을 받아들이지 않으면 후진국으로 남아 두고두고 손해 본다는 욕심들이 전염병처럼 지구촌에 퍼진 거예요. 그것들은 가령 기독교, 반공주의, 문명화, 산업 혁명, 자본주의 등과 같은 용어로 먼저 등장해요. 내러티브 말꽃과 함께 지구상에는 돌림병이 떠돌죠. 모든 전염병은 소수의 최초 감염군에서 시작해요. 그러나 감염 속도가 엄청 빨라요. 서구 문화에 대한 부러움과 동경 때문이죠. 시간이 지나면서 전염병의 위력이 감소한 시점에서 변이가 발생한다면 새로운 개인이 새 변종 바이러스에 감염될 수 있어요.

이를테면 그것은 인류가 쉽사리 수정 자본주의나 수정 기독교에 포섭된다는 얘기죠. 후진국에서는 전염성이 더 강해져요. 내러티브 말꽃 바이러스가 그렇게 만들죠. 오늘날 한국 사회에서 '빚투'나 '동학 개미' 같은 다양한 내러티브 말꽃이 휘영청 피어나는 현실을 보세요. 한국 사회에서 사용하는 기독교 용어는 또 어떻고요. 그러므로 우리는 세상을 바르게 읽되 '내러티브 말꽃' 차원에서 세밀하고 주의 깊은 접근이 필요합니다. 하느님, 하나님, 목사, 성경, 기독교, 개신교, 천주교, 장로, 교회, 성당, 신부, 교황, 성도 – 이들 한국형 용어 내부에 오래전부터 '내러티브 말꽃'이 숨어서 몰래 피어 있음을 봅니다.

본디 언어 자체에 마술적 힘이 있어요. 종교 기도문은 주술적 신념에 뿌리를 두고 있지요. 주술적 신념이 곧 주술적 소망이에요. 이름을 짓는 행위의 심층에는 명명된 존재의 현재와 미래를 관장하려는 집요한 권력 의지가 있어요. 낯설고 강한 외부의 위력을 언어의 힘으로 제어해보겠다는 주술적 소망이 작동하는 거죠. 가령 융합을 지향하는 현재의 대학에서, 가르치는 사람은 그대로인데 다양한 학과 이름을 새로 만들어서 혁신을 지향하는 듯이 꾸미지요. 오늘날 대한민국에서 대학이나 검찰이나 재판정이나 간에 구조적으로 문화적으로 부패가 만연해요. 부르주아 기득권 세력이 지배하는 이런 곳이 어이없게도 한국 사회의 평균보다 민주주의 수준이 훨씬 더 낮은 곳이 되었어요. 한국 사회를 지배하는 부르주아 기득권자가 극도로 타락했다고나 할까요. 그것의 증거가 뚜렷합니다. 기득권을 누리겠다는 권력 의지가 갑질 문화가 되어 그곳에 가득해요. 부르주아 기득권층들이 서로를 변호하고 서로를 후원하고 서로를 응원하고 서로를 보호하는 자본주의 기득권 세상이 민주공화국 대한민국의 정체성입니다. 이를테면 한국 사회에서 육체파(보수, 우파, 독재주의)를 대표하는 검찰과 사법부와 언론이 서로를 보호하고 끌어주고 돌보고 챙겨주죠.

이름은 운명을 바꾸지 못합니다. 작명은 작명으로 그쳐요. 주술이 과학을 대신할 수 없는 것과 마찬가지죠. 내러티브 말꽃은 보기에는 아름다우나 독성을 머금은 꽃이라고 할 수 있습니다. 사람들의 열망과 심리 지형을 정밀하게 읽어내는 고도의 집중된 노동이 빚어낸 악의 꽃이 바로 한국 사회를 지배하고 이끌어가는 '내러티브 말꽃'입니다.

한번 따져봅시다. 왜 기독교 성경은 이름이 '기독경'이 아닌가요? 불교의 성경은 '불경'인데 말이에요. 기독경이 유치한 이름이라서 싫다면 예수경은 어떤가요? 기독교 경전을 꼭 성경이라고 한다면 기독교 이름을 '성교'라고 하면 어떨까요? 어감이 좋지 않다면 '예수성교'는 또 어떤가요. 크리스트교(그리스도교)는 한국식으로 명명해서 왜 '기도교'가 아니라 '기독교'일까요. 우리는 알고 있습니다. 한국 기독교 세력의 주류는 지구에서 가장 강한 선악 이분법을 가진 근본주의 경향이라는 것을. 악마적 흑백논리의 신봉자가 그들입니다. 기독교 세력이 강대한 만큼 한국 사회에서 예수교의 약점을 찌르거나 비판하는 것은 절대 권력자의 역린을 건드리는 것과 같아요. 한국 사회에서 기독교 바깥에서 기독교에 대한 비판이나 도전은 국가보안법을 폐지하자는 주장과 맞먹는 만큼의 위험성과 강렬함을 갖고 있습니다.

우리나라 어느 기독교 목사이자 신학 박사가 인생 말년에 종교에 대해 사색한 걸 책으로 펴냈죠. 거기서 그는 기독교의 원죄론과 선악 이분법을 모두 오류라고 하며 자신의 견해를 또렷이 밝혔어요. 기독교 본래의 배타적 이분법을 벗어나면 모든 게 하나의 진리로 모인다는 깨달음은 자신이 불경과 기독경을 여럿이서 모여 함께 꼼꼼히 공부하면서 불현듯 찾아온 선물 같은 것이라고 밝혔습니다.

말의 맥락을 알지 못하면 어떤 지식이나 진리도 쉬이 보편화가 되어요. 이때 보편화는 권력입니다. 보편화가 곧 권력인 거지요. 보편화라는 게 힘을 가진 쪽이 그런 상황을 만들어 낼 수 있기 때문입니다. 우리는 세상을 단 하나의 화면에 담을 수가 없어요. 그러니 우리는 결국 특정한 프레임으로 세상을 보는 겁니다. 지식의 권력은 그것으로 누가 이익을 얻는가에 달려 있어요. 한국 기독교에서 자신들의 유일신을 '하느님'으로 명명했을 때 그것은 진리의 독점이며 권력의 독점이 되는 거지요. 현실은 각양각색인데 여기에 누가 어떤 이름을 붙이느냐가 권력 장악이 되는 거예요. 이 점에서 현실 상황은 곧 권력이 실현된 상태라고 할 수 있어요. 당파성과 보편성은 모순되지 않아요. 강한 당파성이 강력한 보편성을 보장합니다. 하나이면서 둘이고 둘이면서 하나이지요. 이것은 현재가 곧 영원이라는 철학적 깨달음과 맥락이 일치합니다.

5. 지구 전체를 식민지로 삼다

"(유럽인은) 아름답고 다혈질, 건강함. 눈빛은 청색.
점잖고 예민하고 발명적임. 의복을 입고 있음. 법에 의해 통치됨
(아시아인은) 그을음 빛깔이고 우울하고 강직함. 눈빛은 흑색.
엄격하고 오만하고 탐욕스러움. 헐렁한 옷을 걸침. 의견에 의해 통치됨."

린네 (서기1707~1778 스웨덴/ 생물 분류 창시자, 동식물학자) 1735년

⟨자연의 체계⟩에서

서구 자본주의 문명이 본격화할 무렵에 유럽 각국은 지구 전체를 식민지로 만들어 수탈하고 약탈하고 비기독교 인간종과 여타 생물 종들을 학살하고 수탈하는 꿈을 꿨어요. 이것이 서구 자본주의 문명의 첫째 특징입니다.

서구 문명이 발명해낸 근대 자본의 이러한 축적 방법은 오늘날 지구 자본주의 문명의 가장 튼튼한 뿌리 철학으로 자리 잡았죠. 그런데 자본 문명이 대외적으로 수탈과 약탈을 일상화했다면 국내적으로 또한 이와 같거나 비슷했겠지요. '약육강식'이라는 서구 자본주의 문명의 규칙은 그들만의 것입니다. 백인종들의 삶의 법칙이지요. 유럽 기독 문명권은 포식자가 피식자를 잡아먹는 게 자연의 법칙이라고 굳게 믿었어요. 가톨릭을 당연하게 믿듯이 자연의 법칙을 믿는 거죠. 그들은 경험적으로 자연법칙이 바로 가톨릭이고 가톨릭이 유니버설이라고 당연시 믿는 거예요.

자본주의 문명인들은 힘센 쪽이 보편을 장악하며 강한 인간이 법을 만드는 주체라고 믿습니다. 영국을 예로 들어볼까요. 영국에서는 16세기부터 다수 대중인 농민들로부터 토지를 박탈하는 일들이 자본주의 생리상 필연적으로 발생하죠. 하하하 약자의 것을 빼앗아 강자가 가지는 것 – 이것이 유럽 자본주의 문명국의 핵심 철학이고 필수 전략입니다. 자본의 축적을 바다 건너 외국에서는 물론 영국 국내에서도 양껏 달성해야 하겠지요. 자본가들은 인클로저 운동을 벌여 농민들을 땅에서 쫓아내서 도시 비렁뱅이로 만들었고, 한편으로는 기계의 도움으로 공장제 생산 방식으로 전환해서 가난한 노동력이 절대적으로 필요했던 거지요. 이렇게 하여 영국인들은 서구 자본주의 문명의 토대를 유럽 사회 최초로 굳게 다질 수 있었습니다.

서구 자본주의 문명의 유난한 특징은 가난한 노동자와 공장제 생산 구조의 결합입니다. 유럽 말고 다른 문명권에서는 이 같은 사회 현상이 전혀 발생하지 않았어요. 오늘의 자본주의 문명을 유럽인들 말고는 지구상에서 다른 나라 다른 인종들은 상상조차 할 수 없었어요. 그러나 유럽에서는 노동자와 공장의 결합이 가능했어요. 왜냐하면 당시 유럽 대륙에서 무산(無産) 노동자는 생산 수단이 박탈된, 사료를 주며 키우는 가축과 같은 존재라고 할 수 있거든요. 17세기 유럽의 노동자는 자기가 살던 땅에서 쫓겨난 불쌍한 생명체들이었죠. 아프리카 흑인들과 같은 비참한 신세라고 할 수 있어요. 영국이나 유럽의 자본가들과 기득권 세력, 즉 사회적 강자들은 자국 영토를 식민지화하고 자국민을 순식간에 노예로 만들었습니다. 서구 기독인들은 국외에서 이민족 이교도들에게 저지른 것과 똑같은 원칙과 방법을 국내에도 적용한 거죠. 그들은 지구 살림은 약육강식의 원칙이 지배하는 것이며 따라서 현실 사회는 언제나 기득권의 세상이 도맡는다고 믿었어요. 백인종 우월주의 사상이 국내의 동족들, 곧 사회적 약자에게도 난폭하게 적용되는 거였죠. 이럴 때의 국내의 사회적 약자들이나 무산 노동자들은 이교도 원주민이나 흑인 노예들과 조금도 다름없는 피식자이며 강자들이 일용하는 먹이일 뿐입니다(서기1970년대 이후 2022년 지금까지 한국 자본주의 사회도 이 원칙과 방법이 동일 적용되고 있음).

16세기 이후부터 유럽 대륙에서 종교 혁명의 기운이 날카롭게 터져 나와요. 왜냐하면 경제적 사회 구조 변화가 이러한데도 시대의 독재자인 가톨릭교회 측은 역사 흐름에 걸맞게 자신의 종교관과 교리를 변신하지 못했어요. 까닭에 가톨릭 반대 운동이 농민 반란과 함께 터져 나올 수밖에 없었죠. 바야흐로 유럽 사회 곳곳은 개신 가톨릭이 출생할 수밖에 없게끔 사회 변혁 분위기가 무르익어갔어요. 개신 가톨릭이 바로 개신 기독교이며 이것이 소위 개신교(바른 이름 = 개독교/ 개신 기독교)입니다. 서구인들의 종교의식으로는 '가톨릭' 자체가 결코 개혁의 대상이 될 수 없어요. 그래서 그들은 '개신 가톨릭'이라는 용어는 처음부터 없었죠. 대외적 명칭으로 '안티 그리스도교' 혹은 '프로테스탄트 기독교' 정도에 그쳤어요. '프로테스탄트'는 '저항, 반항'의 뜻을 가지고 있지요. '개신 기독교'는 종교 자체가 아니라 고작 가톨릭을 반대하고 가톨릭에 저항하고 가톨릭에 반항한다는 뜻으로 만들어졌습니다.

자본주의 초기 시대에 새로운 기독교를 표방한 청교도를 예로 들어볼까요? 청교도 목사는 부를 얻을 기회를 적극적으로 활용하는 게 신을 섬기는 것이라고 설교합니다. 새로 등장한 자본주의 사회를 교회권에서 옹호하는 것으로 교세를 확장해가는 전략이었죠. 감리교 개신 기독교를 창시한 존 웨슬리(서기1703~1791 영국/ 프로테스탄트 기독교 목사)는 기독교인이 얻을 수 있는 모든 이익을 얻고 부자가 되는 것이 기독교 생활의 올바른 신앙이라고 가르쳤습니다. 장로교를 열게 한 장 칼뱅(서기 1509~1564 프랑스/ 가톨릭 개혁 목사)은 자본주의 기업 정신을 교회에서 직접 가르쳤지요. 칼뱅은 날마다 설교했어요. '사업으로 얻은 이윤이 토지 소유로 얻은 소득보다 많아서 안 되는 이유가 무엇인가?'라고요. 칼뱅 등의 새 기독교 종교 목사들이 유럽 자본주의 사회 제작을 노골적으로 주문하는 열풍이 유럽 전역에서 일어났습니다. 서구 자본주의 문명은 이렇게 새 기독교의 도움을 전폭적으로 받으며, 또 개신 기독교는 자본주의 체제를 공고히 해주면서 자본주의 문명이 유럽 사회의 상식으로 우뚝 서게 하였죠.

오늘날 보편화된 자본주의 문명은 유럽 기독인들 특유의 사고방식과 종교와 관습과 생활 철학을 기본 토양으로 하고 있음을 명심하기 바랍니다. 자본 문명은 인류가 보편적으로 받아들일 수 있는 사회 제도가 아니고 또 삶의 방식이 아니에요. 지금과 같은 자본주의 삶의 체제라는 게 모든 인간이 시대를 막론하고 무조건 따라가야만 하는 자연법칙이 결코 아니에요. 서구식 자본주의는 삶의 절대 진리가 아니라 허깨비 같은 욕망의 놀음일 뿐입니다. 서양 자본주의는 욕망의 덫입니다. 그것은 돈을 좇는 이념과 사상의 광풍입니다. 자본의 광기에 인간성과 생명성은 희미한 흔적만 남기고 사라지고 말지요. 현재의 지구인들이 자본주의적 생활 태도를 반성하고 이를 고치는 데 힘을 모아야 다시금 지구가 살아나고 생명이 살아나고 인간성이 살아날 것입니다.

미국의 18세기 개척자인 벤저민 프랭클린(서기1706~1790 미국/ 미국 건국의 아버지)은 맹렬한 부의 축적과 꾸준한 노동 습관을 가르치는, 즉 전혀 새로운 자본주의 문명에 꼭 들어맞는 실천을 한 개신 기독교인으로 유명합니다. 한마디로 그는 서구 자본주의 문명의 근본 교리를 시대 정신으로 찬양하고 자본주의 사상 일상화에 헌신한 사람이죠. 신을 찬양하고 예수를 숭배하는 기독교인들의 인생 목표를 자본주의 세계관으로 고상하게 잘 포장한 대표적인 인물이었다고 할까요. 오직 예수의 이름으로, 오직 신의 영광을 위하여 - 돈벌이와 부의 축적에 이 구호를 뛰어넘는 고급스럽고 숭고한 가르침이 있을 수 있을까요? 이것이 바로 서구 백인종들의 자본주의 정신입니다. 유럽 기독교인 외 다른 문명권이나 봉건제 사회에서는 전혀 알지도 못하고 발생하지도 않았던 저축과 투자라는 경제 관념이 있어요. 그런데 지구촌 곳곳에 서구 자본주의가 유입되고 정착되면서 서구식 자본주의 경제 원리가 보편화되고 일상화되고 말았죠. 알다시피 우리 한국 사회도 서구 문명권이 관장하는 자본주의 국가가 되어 시나브로 지구상에서 황소의 뿔처럼 우뚝 서게 되었습니다.

6. 조국 사태와
조국 민주화 운동

　지금의 20대는 공정성에 부쩍 예민해요. 오늘날 한국은 부도 신분도 대물림에 갇힌 세대라서 더욱 그래요. 청년 혼자 힘으로는 사회 속에서 원하는 자리에 가 닿을 수가 없어요. 그래서 그들은 정직한 경쟁을 간절히 원하고 있죠. 수긍할 수 있는 전투에는 자신이 용감하게 뛰어들겠다는 거예요. 그들은 '공정'을 화두로 가진 세대입니다. 여기에는 젠체하기 좋아하고 대립과 갈등 문제를 만들기 좋아하는 우리나라 언론들이 계층 격차를 과도하게 지적하고 금수저와 흙수저의 차이에 주목하면서부터 젊은 층들이 불평등한 현실을 더 뚜렷이 자각하게 되었죠. 현대 한국 사회에 세습 자본주의가 굳게 자리 잡았다고 할까요? 한국형 자본주의 역사 70년 만에 타고난 계층의 격차가 생겼고 그 때문에 오늘날은 불행과 결핍이 한층 심화되었어요. 게다가 지금은 계층이 거의 고정되기까지 했어요. 그런 까닭에 너무나 비좁은 취업의 문 앞에서 청춘들은 전쟁과도 같은 경쟁을 일상적으로 치르면서 불만과 분노를 차곡차곡 쌓아가는 거예요.

　그래요, 그러니까 지금 20대 청춘들은 '공정성'을 최고의 화두로 삼아요. '공정성'에 대한 예민함은 도도한 고양이를 설명하는 핵심 키워드죠. 풋 청춘들은 개인이나 또래 외에 조직을 싫어하고 세력화를 내남없이 싫어해요. '나는 내가 좋아하는 것을 한다' - 이게 도도한 고양이의 삶의 지표입니다. '기회는 평등하고 과정은 공정하고 결과는 정의롭게'라는 멋진 구호가 있어요. 그런데 이렇게 멋진 민주주의 가치를 외면하고 조국(서기1965~ 대한민국/ 전 법무부 장관) 뉴스의 쓰나미 현상 때문에 한국 사회에 엄청난 부정의와 불공정 논의 사태가 폭발되었죠. 어제 오늘 20대 청춘들은 한국 사회를 주도하는 언론 독재자의 시선을 자신도 모르게 내면화한 세대라고 할 수 있어요. 현대 한국에서는 전두환(서기1931~2021 대한민국/ 대통령) 군사 독재 이후 언론 자체가 독재자가 되어서 그래요. 전두환 정권과 손을 잡고 무소불위의 권력자가 된 한국 언론이 지금은 스스로 독재자가 되었습니다. 그들은 여론을 조작하는데 아주 능해요.

마침가락으로 오늘의 한국 사회는 빠른 산업화가 추동한 고도 경제 성장이 끝난 직후라서 천천히 저성장의 길목에 접어들었죠. 까닭에 청춘들의 분노와 위기감이 더욱 커졌어요. 왜냐하면 지금의 현대 한국 사회에서 신분제는 진작 없어졌으나 자본주의 계층의 자리가 확실하게 고정되었거든요. 신분제는 없어졌는데 엉뚱하게도 계급제가 또렷해졌어요. 그런 만큼 사회적으로 대물림을 못 받은 청춘들에게 선택지가 너무 빈약해요. 높은 자리, 좋은 자리로 옮겨가기가 쉽지 않아요. 그래 20대 청춘은 단지 살아남기 위해 우리 사회에 공정한 룰을 강력히 요구하는 거예요. 꽃 같은 우리 청춘들이 주식이나 코인에 매달리는 게 불로소득이나 노리는 못난 짓이 정녕코 아니에요. 상부 계층으로 올라가는 계단이 몽땅 다 끊어져서 그래요. 심지어 그들이 부동산에 매달리는 것도 어찌 보면 집단적 분노를 표출하는 하나의 방법일 뿐입니다. 인생은 한방이라며 도박에 몸을 던지듯 일확천금을 노리는 게 절대 아니거든요. 다만 이런 것들이 아니면 자신이 상위 계층으로 올라가서 지금과 같은 힘겹고 고된 경쟁에서 해방되는 길은 없다고 생각할 뿐이죠.

사회적 분위기가 이러할 때 '조중동'의 국내 유력 언론이 앞다투어 청년층의 분노와 증오와 결핍을 소재로 기사를 쏟아내며 '공정성' 문제를 핵심 이슈로 띄웠습니다. 이때 큰 폭발음으로 터져 나온 게 있었죠. '조국 뉴스'입니다. 한국 독재 언론은 정의와 공정성을 망친 주범으로 그를 지목했죠. 언론은 검찰 권력과 동맹을 맺어 100만 건이 넘는 기사로 조국을 두들겼어요. 마침내 '조국 사건'은 '조국 사태'가 되고 말았죠. 독재 언론이 냉큼 이런 이름표를 달았던 거예요. '조국 문제'라고 하면 될 것을, 날마다 달마다 조국 관련 뉴스를 양산하며 국민 전체가 조국의 불공정과 부패에 분노하고 적대하고 원망하도록 충동질했죠. 사실이 전혀 그렇지 않은데도 말이에요. 조국은 대한민국의 지배 그룹 기득권층에 있으면서 그들 기득권 세력을 개혁하려고 했다가 기득권 세력들에게 공공의 적이 된 거죠. 학계, 검찰, 경찰, 언론계, 사법부, 교육계 등 부르주아 지배 세력권 전부가 조국을 적으로 삼아 마구잡이 공격하는 게 '조국 사태'의 본질입니다. 한국 사회의 기득권 세력들이 자신들의 오랜 이익을 지키기 위해 그리고 자신들의 추악한 민낯을 숨길 목적으로 말이죠.

조국 선생은 영남 선비의 전형과 같은 존재예요. 학식과 인품이 딱 그렇죠. 그러나 부르주아 기득권 지배 국가 대한민국에서 조국은 그들의 가장 분명한 적이 되고 말았어요. 검찰과 악마 언론의 충동질 때문이죠. 수백만 건의 '조국 뉴스' 공격이 곧장 '조국 사태'를 몰고 올 수 밖에요. 산사태도 아니고 눈사태도 아니고 꽃 사태는 더더욱 아니고 조국 사태라니요? 사람 멀미 대신에 뉴스 멀미를 콕 집어 '조국 사태'로 명명했군요. 뉴스가 너무 많이 쏟아져서 뉴스 멀미가 났어요. 옛날 제주도 '4.3 사태'가 생각납니다. 서기1980년 5월 광주민주화운동도 악마 언론은 이것을 처음부터 '광주 폭동', '광주 사태'라고 명명했지요. 이름이 사건의 성격을 명확히 드러냅니다. 광주 사태와 광주 민주화 운동 - 이 둘을 한번 비교해 보세요. 조국 사태와 조국 민주화 운동. 이름 짓는 게 이렇게 중요합니다. '조국 사태'라는 표현이야말로 어제오늘 우리나라 악마 언론의 독재성을 가장 잘 보여주는 사건이라고 말하고 싶군요.

　무차별 언론 보도로 불공정과 부정의의 대명사로 낙인찍힌 조국. 악마 언론에 의해 명명된 '조국 사태'. 대한민국이라는 민주주의 나라를 불공정과 불의로 결딴내었다는 '조국 사태'. 내 사랑 자유 대한민국 '조국'이 무너지는 분노를 표현한 '조국 사태'. 하하하 이것은 언론 권력과 기득권층 권력자들이 총궐기하여 '괴물 조국'을 허위로 만들어놓고 이를 공개적으로 처단한 사건이 아닐까 해요. 옛날에 권력층 부르주아 기득권의 '노무현 죽이기'와 판박이라는 생각이 들어요. 생각해보세요.

독재 언론과 부르주아 지배 세력들이 극구 애를 써서 '사태'를 만들었지 '조국' 개인이 무슨 사태를 만들었나요. 혼자 힘으로는 사태를 절대 못 만들어요. 사건이 될 뿐이죠. 그런데도 악마 언론이 앞장서서 조국 사태를 만들고 한 인간의 생명권과 사회권을 잔인하게 도륙했어요. 가족 공동체를 귀하게 여기는 한국 사회에서 그 일가족까지 만신창이를 만들었죠(자녀의 고교 표창장 문제). 한국의 철옹성이던 부르주아 지배 권력층들에게 감히 도전한다는 죄목이 사건의 밑바탕에 도도히 깔려 있어요. 한국 사회에서 잘 나간다는 권력 집단이 하나같이 조국의 조리돌림 학대에 동참하였죠. 그리하여 끝내 가족 공동체마저 풍비박산을 만들고 말았어요. 이것은 마치 조폭들 세계에서 조폭들이 배신자를 처단하는 방식과 비슷하다는 생각이 듭니다. 이모저모 살펴보아도 이것은 '조국 사태'가 아니라 '조국 민주화 운동'이 분명합니다. '조국 선생의 민주화 운동' 때문에 대한민국 기득권 세력의 정체가 백일하에 탄로 나고 만 거죠.

한국에서 딴에는 잘 나간다는 부르주아들, 권력자들, 한국 지배 세력들은 혼자 싸우고 혼자 잘난체하는 조국을 혐오하고 미워한 게 틀림없어요. 자기들처럼 그저 지배권력의 일원이 되어 한국 사회에서 젠체하며 어험스럽게 살면 그만인데 말이죠. 개혁가 조국은 조선 시대 허균(서기1569~1618 조선/ '홍길동전' 지음)과 똑같아요. 허균 선생이 양반 지배 세력들에게 괴물로 찍혀 따돌림당한 것과 똑같습니다. 부르주아 권력자 자본주의 한국 사회에서 언론 시류의 소용돌이에 빠져버린 조국 사건이고 조국 문제입니다. 인민재판식으로 독재 언론이 선동하여 이 문제를 망국의 '사태'로 몰고 갔어요. 공자의 '정명론'에 따라 이름을 바르게 짓자면, 이것은 악마 언론이 일으킨 '조국 사건' 또는 '언론 사태'가 적당해요. 우리나라에서 언론 분야야말로 '공정성'의 시각에서 한참을 벗어났어요. 아니 한국 언론은 아예 한쪽 편만 들기로 작정한 소위 '기울어진 운동장'이죠. 그런즉슨 이것은 '조국 사태'가 아니라 '언론 사태'입니다. 독재 언론이 야합하여 전략적 선택을 구사한 결과 기어코 조국 사건을 사태로 만들었지요. 모든 언론이 하나같이 의제를 장악하고 그것 하나로 온 국민을 이리저리 끌고 다녔어요. 공개적으로 모욕하고 상처 주고 조리돌림하고 ─ 이런 게 바로 대한민국 언론 독재의 참모습입니다.

그러면 이럴 때 우리는 어떻게 하는 게 좋을까요? 그렇죠. 언론을 믿으면 안 돼요. 안 믿으면 돼요. 차라리 경멸하고 불신하는 게 좋아요. 언론의 권위를 절대 인정하면 안 돼요. 문제 하나 내어 볼까요. 오늘의 한국 사회에서 가장 중요한 지식은 무엇일까요. 한국인들이 도대체 어떤 지식을 갖추어야 할까요. 답은 '가치관'입니다. 바른 인성이죠. '가치관'이야말로 한국 사회에서 가장 중요한 지식입니다. 올바른 가치관이 확립된 곳에는 극단주의나 혐오 논리가 절대 발붙일 수가 없는 까닭이지요.

이제는 우리가 능히 알아채야 해요. 한국 사회에서 가장 불공정한 세계가 바로 언론 분야라는 것을. 한국의 악마 언론은 극히 편향된 시각으로 기삿거리를 사냥하고 보도를 하고 그리하여 일방적으로 여론을 조작하고 기사를 날조한다고 보면 돼요. 분단 권력(보수, 우파/ 육체파)의 반대편에 있는 민주당 쪽(진보, 좌파/ 생명파)을 일방적으로 비난하고 공격하고 혐오하는 일에 여념이 없죠. 생명파를 막무가내 조롱하고 험담하고, 모욕감과 망신살을 듬뿍 안겨줍니다(논두렁 뇌물 시계 = '뇌물현'으로 조작/ 명품 브로치와 사치 옷값 = '한국 김멜다'로 조작). 한반도 분단 권력의 특징인 극단주의가 그 밑바닥에 깔려 있어요. 극단적 반공주의, 극단적 흑백논리, 극단적 서양 추종, 극단적 편 가르기가 그것입니다. 그런데 지금 우리의 청춘들이 독재 언론의 '불공정'을 전혀 문제 삼지 않는 것 – 이것이 우리 시대의 가장 큰 문제입니다. 한국 사회의 극단주의와 불공정이 대부분 이곳 언론에서 생산되고 유통되는 것을 젊은이들이 왜 모를까요?

요즘 청년층은 자기 앞가림만 해도 힘겹고 고단하기에, 더구나 그들은 세력화 집단화 조직화를 무척이나 싫어하기 때문에 더욱 그렇기는 해요. 그리고 청춘들은 디지털 세대로 뭐든지 비대면 사이버상으로 하는 데 익숙하죠. 청년들이 실제로 연합해서 군사 독재 시대에 민주화 운동을 집단 조직의 힘으로 실행한 것처럼 독재 언론을 비판하고 공격할 만한 여유나 마음가짐이 없으며, 또한 한국 사회의 전체 분위기도 경쟁주의에 휩쓸려 악마 언론을 견제할 힘도 세력도 전혀 없기 때문이에요. 이해합니다. 그래도 한국 언론은 결단코 믿지 마세요. 주목하지 마세요. 악마 언론입니다.

7. 경상도가 왜 이래

경상도에서 투표나 정치 이야기를 하면 대뜸 날 선 공격이 들어옵니다. 가톨릭 정통 교리를 비난하는 이단을 편든다면서 말이죠. 전라도 광주는 대한민국 이단 교리에만 투표한다고 반발하면서요. 경상도의 정치 편향 정서를 건드리면 미친 정치병 걸린 게 아니냐고 사뭇 뭇매질입니다. 대한민국 정통파는 우파 보수인데 이를 반대하면 왜 때 없이 정치 얘기를 하는 거냐며 호통치고는 하죠. 정치 얘기는 꺼내지도 말라는 경고입니다. 기분 좋은 술자리에서 왜 밉상 사납게 정치 얘기를 들고나오냐는 거죠. 듣고 싶지 않은 얘기가 나오는 걸 강하게 미리 입막음하는 거예요. 여러 가지 면에서 경상도 대구 사람들에게 정치는 곧 종교가 아닐까 합니다. 박정희(서기1917~1979 대한민국/ 대통령)가 구축해놓은 대한민국 정통 교리(보수, 우파, 독재주의/ 육체파)에 반항하거나 도전하는 자는 빨갱이가 되거나 대역죄인이 될 팔자 외에 다른 길이 없습니다. 반공산주의가 최고 가치인 자유 대한민국에서 '말 많으면 공산당'이고 '딴말하면 빨갱이'라는 지역 관습이 참 무섭습니다.

경상도에서 잘 살려면 눈물의 파도로 번뇌와 집착을 모두 삼켜버려야 해요. 세뇌의 무서움을 목격하고 전율하죠. 경상도에서 그저 오래 살려면 제 마음의 날씨를 잘 다스려야 하지요. 마음을 지나치다 싶게 온통 비워야 하죠. 그런 후에야 태풍이 지나고 간 하늘처럼 제 마음이 맑고 깨끗해져요. 경상도에서 홀로이 눈물의 파도로 번뇌를 삼켜버린 적이 많아야 건강하게 살 수 있어요.

대구에서 경상도 당을 편들지 않고 '조중동' 독재 언론을 비판하면 욕설 더미가 말 폭탄이 되어 쏟아집니다. 뻔뻔하거나 강심장이 아니고선 웬만해선 견딜 수 없어요. 같은 대구 경상도 사람에게 이럴진대 전라도 광주 사람이 그랬다면 아마도 패 죽이겠죠. 무서워요. 이런 게 한국 패거리 문화의 정수가 아닐까 하는데요. 지역 차별 감정 말이에요. 정치와 언론 쪽으로부터 사람들이 한참 동안 중독되었죠. 영호남 지역 차별은 전두환 정권이 본격적으로 만들었음을 알아야 해요(서기1980년 5월 전국 비상계엄 상태에서 신군부는 김대중 - 서기1924~2009 대한민국/ 대통령 - 과 광주를 연계하여 유독 그곳을 콕 찍어 작전 지역으로 선택함). 정권 강탈과 유지를 위한 정치 권력의 악마적 농간이죠. 여기에다가 군부의 언론 강제 통폐합 정책에 잔뜩 겁먹은 언론들을 마구 끌어들여 5.18 왜곡 뉴스를 만들어서 40년 이상을 두고두고 사회적으로 확장한 결과가 오늘의 '지역감정'입니다.

대구 경상도에서 누가 전라도 편들기에 나서면 난리도 그런 난리가 없어요. 가령 이런 것들입니다 - 여기서 진보니 보수니 하는 얘기 그만해라. 정치 편향 얘기 그만해라. 여기서 선거 얘기는 왜 하냐. 인성이 드러난다, 너 쓰레기구나. 밥맛 없고 못 된 놈이네. 반대 좀 그만해라. 종교도 정치도 다 자기 자유다. 미친놈아, 니가 뭔데 옳다 그르다 말해. 니가 하느님이냐, 재수 없어. 시건방 떨지 마라, 가소롭다. 여기서 니만큼 안 배운 사람 누구 있는데. 주제 파악도 못 하고 와 그라노. 니깟게 판단할 사항이 아니다. 정통파라는 말도 함부로 말라. 전라도 **빨갱**이들한테 선거에서 지면 니가 책임질래. 미친 듯이 몰표하는 전라도 광주를 봐라. 니는 고향이 어디고. 미친놈아, 니는 조상이 전라도 깽깽이 맞지...

서기2021년 대구에서 열린 광복절 경축식 행사장에서 잠시 소동이 일어났어요. 광복회장의 8.15 기념사를 고의로 방영하지 않았죠. 시청 관계자가 광복회장의 기념사가 이승만과 박정희 등을 친일에 뿌리를 둔 독재정권이었다고, 그리고 이제 참 민주주의를 실현해서 친일 잔재를 청산할 때라고 발언한 것을 문제 삼았던 거예요. 대구 경상도에서는 이승만(서기1875~1965 대한민국/ 대통령)과 박정희(서기1917~1979 대한민국/ 대통령)가 자유 대한민국을 만든 우상이고 영웅(보수, 우파, 독재주의/ 육체파)인데 그를 비난하고 비판한 걸 받아들이지 못하고 폭발한 거죠. 이것은 어떻게 생각하면 대구 경상도가 가뜩이나 극구 부정하던 친일 빨갱이 프레임에 스스로 끼어든 한심한 처사가 아닐 수 없습니다. 전국에서 자신들한테 쏟아지는 '토종 왜구'라는 혐오 표현을 경상도 사람들이 스스로 인정하고 소환한 거라고도 할 수 있어요.

왜 이렇게 경상도가 옹졸하고 유치해졌는지요. 박정희 우상화(전라도의 한결같은 김대중 영웅주의에 맞대응함 - 질투심과 대결 의식) 이후로 대구 경상도에서는 전통의 대범하고 호쾌한 기상이 일제히 삭 사라졌어요. 옛날에 대구 경상도 사람들은 참 멋있었는데 말이죠. 대한민국에서 독립운동가가 제일 많은 1등 지역에서 친일 빨갱이를 대놓고 두둔하고 찬양하다니요. 매국노 짓을 하더라도 무조건 영남 지역 정당만을 사랑한다는 게(영남지역 정당 - 빨갱이 전라도와 맞대결 - 에 몰표) 말이 되나요. 아아 의리와 충절을 목숨보다 귀하게 여기던 영남 지방 특유의 고매한 선비 정신이 그립습니다.

8. 사형 제도가 왜 나쁘다는 거지

서기1997년 12월 30일에 마지막으로 22명에게 사형을 집행하고 한국에서 사형이 중단되었어요. 지금은 감옥에 사형수는 넘치는데 사형 집행은 되지 않고 있어요. 우리나라가 본의 아니게 사형 제도가 없는 열렬 휴머니즘 국가가 되어 버렸죠. 오늘날 많은 한국인들이 사형 제도의 실행을 맘속으로 청원합니다. 우리가 서양의 눈치를 볼 게 아니에요. 인권의 경중을 따질 게 아니에요. 가톨릭 등 종교의 눈치를 볼 필요가 없어요. 우리는 우리식으로 살아야 합니다. 고조선 시대부터 이 땅에는 사형 제도가 있었어요. 일벌백계가 필요합니다. 서양 종교와 서양 휴머니즘의 최신예 흐름을 우리나라가 사상적으로 따를 필요가 있나요. 사형 제도가 왜 나쁜가요. 인간 사회에 있을 수 있는 일이 아닌가요. 좋은 제도를 왜 써먹지 않나요. 날로 포악

해지는 한국 사회의 분위기를 보건대 '사형 집행'을 실질적으로 행사해야 해요. 그럼으로써 대한민국이 오히려 지구 문명을 선도하는 새 지도자 반열에 당당히 오를 것입니다.

9. '조중동'을 동조 중인 사람들

자본주의 시대에 순한 맛은 인기가 없어요. 밍밍한 맛은 다들 싫어해요. 달고 맵고 독해야 좋아하죠. 빠르게 굴러가는 현대 시대에 참을성과 여유가 있어야 사람이나 사물의 진가를 알게 됩니다. 그러나 느리게 사는 걸 용납하지 않는 우리네 삶에서 순한 맛은 생존이 어렵죠. 사회 전체가 더 맵고 더 달고 더 자극적인 경쟁에 매달려요. 순한 사람이나 착한 사람은 버티기조차 힘든 자본주의 세상입니다.

조선일보와 동아일보와 중앙일보. 우리나라 언론을 지배하는 언론사들이죠. 약칭해서 '조중동'이라고 해요. 순서는 보수 독재주의 지원 세력의 공로 서열 순위라고 보면 돼요. 대한민국에서 보수 우파를 대변해서 국민 분열을 끝없이 조장하는 언론들이죠. 조선일보와 동아일보는 서양 기원(서기) 2020년에 창간 100돌을 기념했어요. 그에 비해 중앙일보는 한참 어려요. 그런데도 보수 독재주의 기득권을 위한 언론 공헌도는 중앙일보가 당당히 2위예요. '조중동 순서'를 잘 보세요. 이름에서 밝한 대로 독재주의 보수 1위는 조선일보, 2위는 중앙일보, 3위는 동아일보예요. 약칭해서 '조중동'이라고 하죠. 사실을 말하면 이들 독재 언론을 '동조중'이라고 말하면 좋겠어요. 왜냐하면 이들은 '보수 우파/ 육체파' 쪽은 무조건 옹호하고 동조하는 반면에 그 반대편에 선 '진보 좌파/ 생명파' 정부나 인물을 공격하는 데는 아주 악랄하고 편파적이고 집요해요. 더구나 언론의 위력은 사측 못지않게 구매자와 독자와 시청자의 지원과 연대가 중요한데, 한국 독재 언론에 '동조중'인 사람들이 너무 많은 게 오늘의 제일가는 문제예요. 그런 까닭에 여기서 '동조중'이란 내러티브 말꽃을 만들어 보는 것도 꽤 괜찮아요.

'동조중' 사람들은 '보수 우파/ 육체파'가 무슨 짓을 해도 막무가내로 동조하는 사람들이니까요.

한국 보수 언론의 문제점은 강한 정파성입니다. 언론의 시선이 정치적으로 너무 편향되었어요. 지독하게 편파적입니다(종편 방송도 있음 - 종일 편파 방송을 함 - 이명박: 서기1941~ 대한민국/ 대통령 정부 때 만듦). 적어도 한국에서는 언론의 객관성 또는 중립성이라는 신화가 오래전에 깨졌어요. 물론 언론의 정파성이 중요한 건 세계적인 추세가 맞아요. 서구에서도 언론사에 따라 정파성이나 계급성이 강하게 묻어나죠. 그러나 언론의 정파성을 인정하되 최대한 객관적인 시각으로 사실을 정확하게 전달하려고 노력해야 한다는 게 세계 언론과 언론학계의 주요 흐름임을 우리가 알고 있어야 합니다.

우리나라 독재 언론은 정치적 편향성을 아예 노골적으로 드러냅니다. 스스로 악마 언론이 되는 거죠. 자신들의 정파적 목적을 위해 사실을 왜곡하거나 거짓 선동을 일삼아 '사실 전달'이라는 언론의 가장 기본적인 사명조차 내팽개쳐요. 가짜 뉴스를 거리낌 없이 제작해요. 안 할 말로 이런 식이면 이건 언론이 아니죠. 가짜 뉴스를 제작하고 유포해서 세상을 자기 입맛대로 만들어가려는 독재자의 언어 마술과 다르지 않아요. 엄격하게 말한다면 언론에 정파성이 없을 수 없어요. 언론사에서 무엇을 취재하고 제목을 어떻게 달까 하는 것도 사실은 언론의 정파성이 크게 작용하는 거죠. 언론사가 추구하는 가치에 따라 기사화되는 방향이 달라져요.

그래요, 언론의 당파성이 없을 수 없어요. 문제는 한국 언론은 그 정도가 극히 지나치다는 거죠. 그게 바로 왜곡과 날조와 선동을 불러일으켜요. 그럴 때의 언론을 가리켜 '기레기'라고 하는데, 그런 정도의 비난은 너무 약해요. '기레기'라는 비난 정도는 사실 왜곡을 예사로 저지르는 독재 언론을 감싸주는 역할에 그칠 수 있어요. '기레기'(기자 = 쓰레기)라는 표현으로는 안 돼요. 독재 언론을 아주 독하게 '마약' 또는 '독약'이라고 표현해야 합니다. 왜곡하고 날조하는 기사를 계속 유포하면서 사람들의 정신을 마비시키고 눈을 멀게 하고 영혼을 죽게 하는 건 사회적 테러입니다. 이것은 살아 있는 사람을 '장기 적출'하는 것과 같은 '영혼 적출'의 역사적 중대 범죄라고 할 수 있습니다. 대한민국 사람들에게 시종일관 조선총독부 영혼을 주입하는 것과 같은 친일 빨갱이 역사 범죄가 맞아요.

예수 탄생 2020년에 조선과 동아는 자신들의 언론 역사 100년을 평하여 '일제에 항거하고 독재에 저항한 역사'였다고 자랑합니다. 후후후 정말 그럴까요, 국민들이 그렇게 믿을까요? 일제 식민지 시절인 서기1937년 1월 1일 자 조선일보는 새해 기념으로 일왕 부부 사진을 대문짝만하게 실어요. 동아일보도 이에 뒤질세라 1938년 1월 1일에 일왕 부부 사진을 1면에 실었죠. 태평양전쟁이 한창인 1940년대에는 일본 신문보다 더한 충성 경쟁이 국내 언론사에서 쏟아집니다. 조선일보는 심지어 신문 제호 위에 일장기를 내걸었죠. 흑백 신문 시절인데도 놀랍게도 일장기는 붉은색으로 컬러 인쇄했어요. '일장기 = 붉은 해' 하하하 이걸 보면 친일파가 진짜 빨갱이가 맞아요. 친일파들은 일장기를 좋아하고 일본을 좋아하고 빨간색을 좋아하니까요. 그래요, 우리 현대사에서 이제부터 친일파를 빨갱이로 부르면 어떨까요. '한국인들이 서양의 양분법 흑백논리' 때문에 공산주의 '빨갱이'를 다들 혐오하고 저주하는 걸 역으로 이용하는 거죠. 어때요? '친일파 빨갱이'라는 이름. 그럴듯하지 않나요. 분단 권력의 지배자인 우파 독재주의자들이 만든 '빨갱이'라는 혐오 표현을, 원래의 빨갱이이자 원조 빨갱이인 '친일파'들에게 되돌려주면 어떨까 합니다마는.

조선과 동아는 해방 이후에는 군사 독재정권을 노골적으로 찬양하고 지지하며 언론사 사세를 불려갔죠. 언론의 자유와 역할을 지키려는 자들은 언론사에서 쫓겨나고 감옥에 잡혀갔죠. 예수 탄생 1980년에 전두환 신군부가 정권을 잡자 독재 부역 언론은 약삭빠르게 광주 시민을 폭도로 몰고 군부 실세들에게 찬양가를 줄곧 불러댔죠. 그렇게 해서 조선과 동아는 군부 세력들에게 협력한 대가로 매출이 급증합니다. 바로 그때 군부 독재자에게 더 노골적으로 충성을 바친 조선일보가 드디어 만년 2위 자리를 벗어나 1등 신문이 되어버렸어요. 독재자 충성도에서 조선일보가 동아일보를 훨씬 능가했던 거죠. 군사 정권 시절에 군부 충성도는 바로 매출 성장세에 즉각 연결되었어요.

그 후 한국의 독재 부역 언론은 막대한 부의 축적으로 재벌이 되었고, 나중에는 스스로 최고 권력의 자리에 올라 '밤의 대통령'으로까지 군림합니다. 지금은 재벌급 독재 언론이 되어 자본주의 한국사회의 독재자로 행세해요. 현대 한국 사회에서 대통령과 국회의원, 정부 각료들의 당선 가능성이나 생살여탈권이 이들 막강한 언론 권력자들의 손에 매여 있음을 봅니다. 언론 재벌은 지금 전국에 막대한 부동산 자산까지 갖고 있어요. 가령 조선일보는 현재 부동산 자산이 2조 5천억 원에 달한다고 알려졌어요. 대한민국에서 부와 권력을 다 가진 셈이죠. 정녕코 오늘날에는 독재 언론이 대한민국 권력의 최고 정점에 도달했다고 평가할 수 있습니다.

"언론은 강한 힘을 갖고 습니다. 경우에 따라서는 스스로 권력이 될 수도 있지 않습니까? 언론은 날이 잘 드는 양날의 칼과 같아서 그것이 정의를 위해서 쓰일 때에는 그야말로 역사를 전진하게 하는 훌륭한 힘이지만, 그것이 잘못 쓰일 때 그것이 권력과 결탁했을 때 그 폐해는 엄청날 수 있습니다."

대통령 노무현

10. 메이지유신 찬양자 박정희

대구 사람들은 박정희에 우호적이지 않은 사람은 단호히 적으로 간주합니다. 심하게는 빨갱이라고 하지요. 그런데 사실 우리나라에서 빨갱이는 친일파가 원조입니다. 일본 국기가 온통 빨개요. 그러니까 '빨갱이'라는 표현이 일본 놈한테 딱 적격입니다. 앞으로 '빨갱이'라는 혐오 표현은 오직 하나, '친일 빨갱이' 용어로만 사용하면 어떨까 하는데요. 연전에 국회의원 선거 유세 중에 빨간 자전거와 빨간 잠바를 선거용으로 내세운 보수 우파 정치인이 있었어요. 그는 자신이 뼛속까지 박정희교 열성 신자에 '친일 빨갱이' 계열의 족보라고 선언이라도 하고 싶었던 걸까요.

박정희는 일본 군국주의 세례를 집중적으로 받아 스스로 일본 사람이 된 한국인이라고 할 수 있습니다. 일본 사람 박정희 – 이것은 대한민국의 오랜 지배자이자 경상도 영웅인 박정희의 또 다른 모습입니다. 이 사실을 처음 받아들이는 데는 굉장히 큰 고통이 따르죠. 박정희는 일제 강점기 시대부터 출세주의에 매달린 전형적인 인물이었죠. 신생 대한민국에서 출세의 정점은 당연히 '대통령'이었어요. 5.16 군사 반란이라는 구체적 행동을 통해 그는 출세의 정점을 찍었죠. 가난한 시골 출신 식민지 백성으로서 출세에 대한 집념이 남달랐다는 점에서도 박정희는 경상도 사람들의 우상이 되었어요. 박정희는 명백히 출세지상주의자이며 독재자입니다. 하하하 이런 생각을 표현할 수 있어야 역사관의 새 지평이 열립니다. 박정희는 자신의 조국 대한국을 버리고 새로운 조국 일본을 탐했습니다. 그리고 그는 결국 일본인으로 변신해버렸죠. 일본의 근대화를 이룩한 메이지 유신을 찬양하면서 말이에요. 한국의 대통령이 되어 그는 메이지유신을 한국 땅에 재현했어요. 그게 바로 유신 혁명이며 10월 유신이었습니다. 5.16과 10월 유신, 2번의 쿠데타를 통해 박정희는 18년 동안 대한민국을 친일 빨갱이 군부 독재가 지배하는 땅으로 만들었죠.

> "이 모든 악의 창고 같은 우리 역사는 차라리 불살라버려야 옳은 것이다."

박정희 서기1963년 〈국가와 혁명과 나〉

경상도 사람들은 보수적입니다. 안정 지향이고 변화를 싫어합니다. 한번 맘속에 정한 걸 바꾸지 않아요. 코앞의 이익보다 대의와 명분을 중히 여기죠. 기개 있는 양반 문화를 지향해요.

그러나 전두환 정권 이래 수십 년에 걸친 악마 언론의 편파 보도와 묻지마 투표 결과 경상도는 여당, 야당 모두에게 푸대접을 받아요. 박정희 쪽 육체파(보수 우파/ 독재주의)는 보수 깃대만 꽂으면 뽑아주니 남 탓할 것이 일절 없습니다. 보수 육체파 측에게는 대구 경상도가 집토끼요 그 반대 측 진보 생명파에게는 제 편이 절대 될 수 없는 남의 토끼인 까닭이죠.

11. 북한에는 일력日曆이 있다

북한에는 일력이 있어요. 날마다 달라지는 일력. 하루하루 새겨보는 일력. 여기에는 하루도 빠짐없이 김일성의 유훈이 적혀 있어요. 그래서 북한에서는 일력이 곧 바이블 성경이지요. 일력이 무오류설의 근원인 게지요. 북한 사회의 모든 진리가 그곳에 있다마다요. 일력에는 진리의 말씀 잔치가 오롯합니다. 북한의 일력은 종교 경전입니다. 북한 종교의 바이블이죠. 그것은 우리가 생각하는 단순한 달력이 아니에요. 저녁 6시에 시작하는 북한 방송을 틀면 김일성을 찬송하는 노래와 김일성의 유훈을 설교하는 게 반복적으로 나옵니다. 이게 매일매일 반복되어요. 이것은 일상의 세뇌작업인 동시에 경건한 종교 예배 의식이지요.

북한의 절대 진리인 주체사상은 기독교 교회 계통의 신종교

운동이 아닐까 합니다. 어쩌면 북한의 주체사상은 한국형 개신 기독교의 최첨단 기독교 운동이 아닐까 하는 의구심을 떨칠 수 없어요. 조직과 관리와 예배 형식이 안성맞춤으로 딱 일치하거든요. 그런 까닭에 조선 시대가 이씨가 왕인 조선(이조 = 일제 용어)이었다면 북한은 김씨 조선(김조 = 한국 용어)이라고 해도 좋아요. 북한의 정식 국명이 '조선 민주주의 인민공화국'이니까 더욱 그럴듯하군요. 북한은 기독교 형식으로 변형되고 강화된 한민족 생활공동체라고 해도 좋을 것 같다는 생각이 문득 들기도 합니다마는.

12. 대종교와 독립운동

일제 식민지 시대에 독립운동의 정신적 지주이던 '대종교'가 아직도 중국 땅 간도를 떠돌고 있어요. 김좌진, 홍범도, 이회영, 신채호, 박은식, 이상룡, 이은상, 안창남, 손기정, 이동휘, 정인보, 지청천, 이동녕, 김규식, 신익희... 이들은 모두 대종교인들이었죠. 나철(서기1863~1916 대한국인/ 대종교 창시자) 선생이 단군교를 중광(우리 민족이 믿었던 옛 종교를 되살린다는 뜻)하여 '대종교'라고 했어요. 10만여 명의 대종교인들이 독립운동의 제단에 몸을 바쳤죠. 조선총독부에서는 기독교, 불교, 유교만 공인 종교로 인정하고 대종교는 '유사 종교단체'로 분리해서 경찰 경무국에서 감시하게 했어요. 독립운동의 본거지가 대종교임을 일본 제국주의자들이 재빠르게 눈치챘던 거죠.

예수 탄생 1945년 8월 15일에 제국주의 일본이 앞세대 제국주의자 미합중국에게 항복했습니다. 그해 9월 9일 조선총독부 건물에서 일장기가 내려지고 미국 성조기가 올라가는 걸로 우리나라는 광복이 되었죠. 그로부터 3년 후 서기1948년 8월 15일에 대한민국 정부가 조선총독부 본관에서 태극기를 휘날리며 수립되었고, 1948년 9월 9일에는 북쪽에서 '조선민주주의 인민공화국'이 인공기를 펄럭이며 들어섰습니다.

서구 문명의 근본 바탕인 이분법적 흑백 사상의 바다에 우리 한반도가 풍덩 빠져버렸어요. 어제도 오늘도 남북분단 80년의 세월이 배달겨레의 피눈물인 양 흘러 흘러갑니다.

13. 우리 사회가
바라는 참성장

경쟁은 우리 사회 곳곳에서 발견되는 참으로 익숙한 풍경입니다. 학업도 취업도 승진도 모든 것이 경쟁의 연속이지요. 지나친 경쟁이 우리 사회의 건강성을 소모적으로 갉아먹고 있어요. 그렇다고 해서 자본주의 경쟁 사회에서 모든 경쟁을 일시에 그만둘 수도 없어요. 그렇죠. 적당한 경쟁은 꼭 필요합니다. '적당한'에서 '적당'이 참 어려워요. 그러나 '과유불급'이 해답입니다. 과도하게 넘치는 경쟁보다는 모자라고 부족한 경쟁이 훨씬 낮다는 거죠. 경쟁의 최소화가 '과유불급'을 실현하는 셈이 되지요. 적당한 경쟁, 멈출 줄 아는 경쟁이 중요합니다. 어떤 사회 형태이든지 간에 일체 경쟁이 없는 무풍지대가 될 수는 없는 노릇이죠. 다만 지금처럼 경쟁 일변도로 사회가 굴러가서는 절대 안 된다는 것일 뿐.

경쟁은 필요하지만 지나친 경쟁은 안 돼요. 이게 경쟁의 딜레마입니다. 적당한 경쟁 사회가 건강 사회입니다. 이럴 때 사람들은 활기가 넘치고 저마다 발전 가능성이 풍부해지죠. 그러나 경쟁이 필연적인 상황에서 사회 구성원들이 경쟁의 희생자가 아니라 경쟁을 잘 활용해서 성장하는, 말하자면 경쟁 사회의 수혜자가 될 수 있도록 하는 사회적 장치와 관리가 매우 중요합니다. 자기 성장에 도움이 되는 경쟁은 삶을 윤택하게 하고 빛나게 해 주거든요.

'공정성'이라는 화두가 내내 우리 사회를 뜨겁게 달구고 있어요. 그것의 핵심은 사실 '능력주의'인데요. 무능한 사람들이 비켜나게 하고 능력 있는 사람들이 그 자리를 차지하게 하자는 이야기입니다. '능력주의'라는 게 말은 참 좋아요. '능력'만으로 모든 사람을 평가한다면 능력이 없는 사람들은 혹은 능력은 있지만 지금 당장은 입증할 수 없는 사람들은 생존의 근거를 잃어버리고 마는 게 아닐까요? 그리고 그 '능력'이란 게 꼭 공부 능력이나 업무 처리 능력을 말하는 것인가도 의문입니다. 조국 사건 때문에 공정이 찾아온 지금의 한국 사회는 고도의 경제 성장이 막 멈춰가는 시점이에요. 그래서 어쩌면 공정성 시비가 한층 당연한 건지도 모르죠. 공동체 사회가 경제 성장이나 일자리가 닫혔을 때 사람들은 나눠 갖는 규칙에 더 민감해지거든요. 사회 전체가 민감 사회가 되고말고요. 그러면서 오늘의 청춘들이 왜 '공정'에 매달리는지 알 것도 같아요. 충분히 이해합니다.

옛날에는 지금과 달랐어요. 경제가 고속으로 성장하는 시대에 능력 있는 사람들은 그래도 포용과 분배를 이야기했죠. 그들이 특별히 선해서 그런 게 아니에요. 자신들의 남은 몫을 능력이 부족한 이들에게 나누어주어도, 더 많이 더 새롭게 생기는 몫을 더 차지하면 된다는 생각이 있었기 때문이지요. 그래서 그때는 경제 양극화와 분배가 중요한 정치적 의제가 되었어요. 그러나 지금처럼 성장이 멈추는 시대에는 능력 있는 사람들에게도 이런 여유가 없어요. 넉넉함이 없죠. 왜냐하면 다른 사람의 몫을 가져와야 자신의 몫이 생긴다는 조급증이 드니까 그런 거예요. 오늘날 '결과를 나누는 규칙으로서의 공정성 담론'이 기세를 높이는 것도 이 때문입니다.

그러나 능력주의자들이 말하는 대로 '시험'이라는 제도가 정말 완벽하게 '공정한 경쟁'일까요? 성장이 멈춰선 제로섬 시대에 능력만을 중시하는 공정성은 역으로 불평등을 잔뜩 낳습니다. 그 끝에는 가장 공정하지만 가장 불평등한 사회가 있지요. 가장 공정했기 때문에 가장 불평등한 결과가 나오는 거예요. 현실은 역설의 진리가 숨 쉬는 시공간입니다. 기계적 공정성은 삶의 다양성을 해쳐요. 공동체 사람들을 하나의 단일 기준으로, 한 줄로 능력별로 줄 세우려 하기 때문이지요. 이럴 때 사람들은 자기만의 색깔을 버리고 사회가 요구하는 단일한 기준에 맞춰 경쟁하면서 획일화 흐름을 곧잘 잡아타죠. 이럴 때 '명문대 졸업장'이라고 하는 기득권층의 자산은 공정성 담론의 옷을 입고 자신의 특권을 키우는 무기로 사용하고 있음을 봅니다.

그리고 따져 보면 사회 공동체에서 저 홀로 성장한 사람은 없어요. 사람은 누군가의 도움을 받고 기대고 의존해서 살아가지요. '요람에서 무덤까지'라는 표현이 이것을 요약해서 보여주죠. 사람은 누구나 특별한 성장의 배경이 있으며, 그것의 차원이 달라요. 부잣집에서 자랄 수도 있고 가난한 집에서 성장할 수도 있어요. 생애 출발부터가 다르나 결국 누군가에게 의지하지 않고 존재할 수 있는 사람은 없죠. 성장 과정에서 가족간의 지원이라든지 금수저 흙수저라는 사회적 신분 같은 것이 개인의 인생에 엄청난 영향을 미치거든요.

그런데 '능력주의'는 한 개인의 성장 역사를 도외시하고 개인 개인을 스스로 완성된 인간이라고 보자는 속임수가 들어있어요. 한마디로 인생은 사회 출발부터가 결코 공정할 수가 없는 건데 말이죠. 요즘은 이것을 '비공식 복지'라는 개념으로 정리하고 있더군요. 개개인을 독립적인 인간이며 능력의 원천으로 간주하려면 바로 이 비공식 복지가 탄탄해야 합니다. 그렇고말고요, 집안의 배경 차이를 국가에서 사회적으로 보완해줄 필요가 있어요. 그렇죠. 정부의 조치로 기본 소득제나 토지 공공재 같은 사회적 뒷받침이 꼭 필요한 까닭입니다. 다른 하나의 방법은 '새로운 성장'을 만들어내는 것이죠. 전혀 새로운 가치를 통해 새로운 기회가 창조된다면, 기존의 분배 규칙에 모두가 예민하게 반응할 이유가 줄어들어요.

과거와 같은 양적 성장은 이제 가능하지도 않고 바람직하지도 않아요. 미세 먼지와 탄소를 배출하고 쓰레기를 만들며 과로에 시달리는 경제 성장은 이제 더는 성장이 아니에요. 차라리 몰락이라고 하는 게 좋겠죠. 지금부터의 국가적 성장은 환경을, 인권을, 행복을, 이 모든 것을 통해 우리 삶의 다양성을 키우는 참성장이어야 합니다. 참성장이 진짜 성장이죠. 동네 아주머니가 어느 날 어린아이에게 건넨 따뜻한 미소와 인사가 소중하고 가치 있는 활동으로 인정되는 사회, 그곳 세상으로 다가가는 바른 성장이 바로 우리 사회가 바라는 참성장이 아닐까요.

14. 진영 논리는
남북분단의 현재다

해괴하게도 세계에서 문해력이 가장 낮은 사회가 한국입니다. 사람들 간에 서로 말이 통하지 않아요. 자기 말만 하고 상대방 말은 알려고 하지 않아요. 문해력이 없으면 배려심이 없어요. 그런데 문해력은 삶의 조건이고 상식 사회의 초석이 아닌가요. 말이 안 통하는 사회를 대신할 사회는 없습니다. 우리나라가 분단국인데 분단 체제의 기반은 강력한 이분법이고 그런데 이분법은 문해를 불가능하게 하는 가장 쉬운 논리이지요. 말할 것도 없어요. 한국의 낮은 문해력의 원인은 남북분단과 식민주의 정책 때문이에요.

우리나라에서 사회 문해력의 기준은 내부가 아니라 외부였어요. 우리 자신이 아니라 외국에서 프레임을 짜서 전달하는 것들로 해석을 일삼았죠. 그리하여 보수 진영, 진보 진영, 반미, 반북, 친일, 반중... 이와 같은 내러티브 말꽃이 한국 사회를 뒤덮었어요. 분단 권력이 그 자체로 생명줄인 사회에서 무슨 문해력을 논의할까요. 국가보안법은 국가가 개인에게 행사하는 폭력이라는 점에서 인간과 지식 모두를 압살해왔어요. 그러나 색깔론도 국가보안법도 한국 사회에서 여전히 활발히 작동하고 있어요. 부드러운 생명파(진보 좌파) 민주 정부에서조차 그토록 진영 논리가 독판칠 줄 몰랐어요. 그간 대한민국 사회에 내재하고 있던 무지의 힘이 악마 언론을 통해 개인의 이해와 맞물려 폭발한 탓이죠. 지금은 개인이 스스로 남의 말에 대한 이해를 거부해요. 문해력은 지식의 정도보다는 가치관과 태도의 영향이 큽니다. 초등 교육의 문제가 아니라는 거죠. 마르크스가 죽기 전에 했다는 말이 생각나는군요.

"나는 마르크스주의자가 아니다."

문해력 최하위 사회에서 소통 불가능성은 일상이 되었어요. 극단의 이분법 사회가 평범한 의사소통을 강력히 가로막죠. 사람들의 문해력이 제로에 가까울 수 밖에요. 반대편과는 숫제 마주 보는 것조차 거부해요. 명절 때 집안 가족 간에도 정치 애기를 하면 꼭 싸움이 나요. 이것들은 대한민국의 분단 권력이 교활한 힘으로 조장해서 빚어낸 시대의 살풍경한 정경이 아닐 수 없어요.

그러나 문해력 향상의 첫걸음은 놀랍게도 '판단 정지'입니다. 상대를 공경하거나 상대의 말 경청하기가 아니에요. 상대를 설득하려 하면 안 돼요. '나는 모른다'라는 마음으로 새로 시작하는 게 좋아요. 물론 우리 몸에는 이미 많은 의미들이 축적되어 있기 때문에 '무지'라는 가정을 위해서는 굉장한 노력이 필요해요. 공부한다는 게 중노동인 이유입니다. 잠깐의 판단 중지가 중요해요. 앎은 자기 진화의 과정이지 시비를 판단하는 행위가 아니에요. 지식을 정보로 아는 이들은 남을 가르치려 들어요. 설득하려고 하지요. 그러면 안 돼요. '판단 중지. 지금 멈춰' - 이게 가장 중요합니다. 소통 가능한 사회가 행복한 세상이지요. 판단 중지의 방법으로 자신의 선입견을 한쪽으로 치워 두세요. 그러면 새로운 세상이 옵니다. 맑고 깨끗한 세상이 눈앞에 휘영청 밝아오지요.

15. 기독교와 숫자 상징

기독교의 정통 교리에 대한 의문은 정당합니다. 지구가 기독 유일신에 의해 6천 년 전에 만들어졌다는 바이블 설명도 믿기 어렵고요. 어쨌든 현실의 제도 종교가 교조의 사상과 실천을 그대로 계승하기란 불가능해요. 지금의 기독교 역시 예수의 삶과 사상을 그대로 계승한다고 보기가 어렵죠. 예수 기독교는 예수 탄생 이전의 수백 년 유대교 전통을 포함하며 예수 당대의 헬레니즘 문화를 안고 있으며 가톨릭 제도 종교가 설립된 이후 2000년이 넘는 세월 동안 현지 전략화된 기독 교리가 또 있어요. 한마디로 정통 교리라는 걸 또렷하게 내세우기가 어렵죠. 그런 까닭에 현실적으로 힘이 센 쪽이 정통 교리를 장악하는 거라고 보면 돼요. 실제로 역사 속의 예수는 건물 형태의 교회와 사유재산을 부정했고 성직자들의 권위와 그 체제를 혹독하게 부정했어요.

한국 기독교에서 12지파는 고대 이스라엘의 12파 민족을 본떴어요. 예수와 열두 제자 역시 그 흐름이죠. 신천지 교회에서 말하는 14만 4천 명의 신도는 어떻게 나왔을까요. 12×12×1000년의 계산에서 나와요. 인간의 죄 지음(원죄)으로 지구에 종말이 오면 이들이 부활하여 예수의 천년왕국을 다스린다고 하죠. 예수 기독교는 알고 보면 참 쉬워요. 바이블을 그대로 믿으면 된다니까요. 기독교 바이블은 무오류의 완전한 책이고 그리스도 하느님은 무오류의 완전한 존재라고 해요. 그런데 예수는 신이면서 또 인간이니까 다른 신들보다 훨씬 더 위대하다고 믿는 거죠.

한국 사회는 그동안 그리스도교 예수 기독교에서 재림예수가 20여 명 나오고 자칭 하나님이 30여 명 등장했어요. 앞으로 몇 명이 더 등장할지 아무도 몰라요. 대한민국에 기독교발 신종교가 범람합니다. 언제쯤 끝이 날까 예측할 수가 차마 없어요.

16. 국가보안법 악마 이야기

다음 신문 기사를 같이 읽어 볼까요.

"경북 문경시 산북면 석봉리 석달 마을은 세상 시름 잊고 전원 생활하기에 잘 어울리는 곳이다. (중략)

한겨울인 1949년 12월 24일 정오쯤 국군 복장에 중무장한 괴한 80여 명이 마을을 포위 하고 주민 모두 마을 앞논으로 나오라고 했다. 하지만 추운 날씨에 주민들이 잘 응하지 않자 집에 불을 지르고 뛰쳐나온 주민들을 논에 모이게 한 뒤 어떤 확인이나 조사도 없이 무차별 사격해 그 자리에 모인 주민 대부분을 숨지게 했다.

이들은 살아 있는 사람들은 살려줄 테니 일어서라고 한 뒤 다시 모이자 또다시 총격을 가 했다. 두 번째 만행을 저지른 것이다. 이웃 동네에 갔다가 마을에 연기가 솟아오르자 급히 돌아온 주민들과 겨울방학을 맞아 일찍 귀가하던 초등학생들을 마을 뒤 산모퉁이에 모아놓고 사격하는 세 번째 학살을 했다.

세 차례의 무차별 사격으로 전체 주민 128명 가운데 86명이 희생됐다. 여자가 41명, 첫돌 전 유아 5명 포함 12세 이하 어린이가 26명, 65세 이상 노인이 13명이었다.

...

대한민국 정부는 이 사건을 1950년 공비 출현에 의한 총살로 호적을 정리했다. 국군이 아니라 공비에 의해 마을 주민이 희생됐다고 결론을 내린 것이다. 심지어 '희생자들이 빨갱이였다'라고 왜곡되기도 했다."

『영남일보』 서기 2021년 8월 24일

누군가의 희생으로 유지되는 체제는 오래 갈 수 없어요. 대한민국에 국가보안법(서기 1948.12.1. 제정)이라는 게 있어요. 헌법보다 힘이 더 세지요. 예전에 남북 이산가족 상봉 때 100세 가까운 남측 할머니가 북에서 온 외동딸을 만나며 금강산에서 꽃다발을 사서 딸에게 주었죠. 홀로 북에 남은 딸을 이렇게 살 수 있게 해준 김정일 장군에게 꽃을 선물하라고 전하면서 말이에요. 사실 이것은 국가보안법상 고무 찬양죄에 해당하는 큰 사건이었어요. 반공 국가 대한민국의 근간을 뒤흔드는 아주 무서운 행위였죠. 그래요, 분단 시대를 살아가는 한국 사회에서 반공사상은 절대 종교입니다. 중세 유럽에서 가톨릭 종교를 믿지 않으면 이단자나 사탄이 되는 격이죠. 때려잡자 공산당 – 후후후 반공 교리를 의심하는 순간 그는 빨갱이가 되고 국가 반역죄인이 되어 버립니다.

사상의 자유, 표현의 자유가 국가보안법 치하의 분단 한반도에서 일체 작동 멈춤입니다. 대한민국 권력 집단의 서양 이분법에 대한 이념 편집증이 대단해요. 국가보안법의 존폐를 결정짓는 유일한 권력자는 조중동 언론입니다. 최고 권력자 대통령이 아니에요. 대통령조차도 국가보안법 폐지를 국민 앞에서 결코 선언할 수 없어요. 독재언론의 눈치를 보게 돼요. 그런데 악마 언론이 자기들의 밥줄이자 철밥통 그 자체인 국가보안법의 종말을 곱게 내버려 두지 않을 테죠.

이념 편향은 영혼의 병입니다. 한국에는 '빨갱이 사냥'이라는 악마주의에 사로잡혀 스스로 악마가 되는 현대병이 있어요. 이것은 열성 종교와 같아요. 코로나바이러스처럼 감염이 빠르죠. 비유하자면 우리는 한반도라는 유리병 속에 갇힌 채 살아가는 흑백의 개미들이죠. 누군가가 한반도 유리병을 지켜보다가 한 번씩 세차게 흔들어댑니다. 우리 남북의 분단된 개미 떼는 자지러지듯 놀라며 한바탕 국지전 전쟁을 홍역 치르듯 하지요. 배달겨레의 운명을 움켜쥐고 가끔 한반도 유리병을 흔들어대는 그는 누구일까요?

6.25 한국전쟁을 전후해서 수십만 명의 민간인들이 대한

민국 군경에 의해 학살당했어요. 전라도 경상도 충청도 제주도, 장소를 가리지 않고 '국가보안법'이 빨갱이 악마 소탕법이 되어 기세를 떨쳤지요. 수많은 양민들이 지옥 같은 공포 속에서 무참히 죽었어요. 전국 방방곡곡에서 집단 학살과 같은 국가 폭력이 공공연했죠. 마을을 불 지르고 동네 남녀노소 모두를 깡그리 다 죽이기도 했어요. 근래에 발굴된 대전 골령골 7,000여 명 집단 학살 현장은 어린이와 여성까지 포함되어 충격을 던져주었지요. '경주의 염라대왕'이라 불린 누구는 민간인 학살의 죄상이 드러나서 법정에서 사형 선고를 받았으나 5.16 군사쿠데타가 발생하자 곧 풀려나 세 차례나 경주에서 국회의원을 지냈다고 하지요. 참 대단합니다. 반공 제일 국가 대한민국이 틀림없군요(한국인이 오천 년 역사에서 이토록 잔인한 인간이 된 것은 서양의 흑백 선악 논리 '빨갱이 박멸' 이데올로기 중독 때문임 - 순박하고 똑똑하고 강인한 배달겨레가 돌연변이 현상으로 악마가 됨).

빨갱이 혐오증은 해방 직후 혼란기와 6.25 한국전쟁에서 지옥도와 같은 참혹한 비극을 낳았어요. 그 아비규환의 비참과 악마성은 인간의 상상을 불허합니다. 빨갱이 때려잡기 이데올로기는 예수 탄생 1980년도 5.18 광주항쟁에까지 참혹한 비극을 드리웠죠. 이승만 1공화국 때부터 반공정신과 빨갱이 증오 사상은 신생 독립 국가 대한민국의 정체성이자 국시로 군림해왔습니다. 한국의 지배자인 기득권 부르주아들은 자신들의 반공사상을 아주 멋지게 '자유 민주주의'라고 포장하는 걸 결코 잊지 않았겠죠. 민주공화국으로 출발한 신생 독립국 대한민국의 정체성 혼란과 이념 갈등의 역사가 여기서부터 비롯됩니다. 서구 흑백 이분법 사상이 우리 한반도에서 악의 꽃을 활짝 피웠어요.

양분법 흑백논리의 생산지인 악마의 서양 사상을 우리가 하루바삐 갈아엎어야 해요. 이것은 지금의 우리 한국인에게 기후 위기, 인성 위기보다 근본적으로 더 해롭고 더 무서운 거거든요. 서양의 주술에서 벗어나야 합니다. 악마의 논리를 버려야 해요. 우리는 우리끼리 우리답게 살아야 해요. 서양 사상의 근본은 극단의 양분법입니다. 서양 철학과 서양 종교에 또렷해요. 그것은 흑백논리를 일상으로 삼는 악마의 논리입니다. 배달겨레의 순박한 민족성을 회복해야 합니다. 넉넉한 마음가짐을 되살려야 합니다. 서양의 틀에서 벗어나요. 서양을 부러워하지 마세요. 서양을 믿지 마세요. 코로나 시국이 기회입니다. 서양을 탈출합시다. 하느님이 보우하사 대한 사람 대한으로 길이 보전해요.

17. 흥부와 놀부
– 생명파와 육체파

사람 판정의 기준은 사실상 기득권의 유무가 아니라 삶의 태도에 달려 있어요. 삶의 태도를 놓고 볼 때 사람은 2종류가 있어요. 생명파와 육체파. 오직 이 둘 뿐. 이것은 이데올로기를 떠나고 정치성도 종교성도 다 떠나요. 애오라지 인성만으로 판정하지요('진보와 보수'라는 이분법 용어를 이것으로 대체함).

생명파 인간은 생명을 목적의 존재로 대해요. 생명을 존중하죠. 그러나 육체파 인간은 생명을 도구의 존재로 대해요. 생명을 수단으로 여기죠. 생명파 인간이 보는 목적의 존재는 스스로 말미암아요. 자유죠. 생명은 자유예요. 존재는 자유입니다. 그러나 육체파 인간이 보는 도구의 존재는 누군가의 수단이 되어요. 부림을 받죠. 존재는 종이고 노예입니다.

생명파와 육체파. 어때요? 지구인들 모두를 국적 불문하고 생명파와 육체파로 가를 수 있어요. 생명파 인간은 생명을 소중히 여겨요. 생명파는 작은 것을 아끼고 사랑해요. 생명파는 약자를 돕고 응원해요. 생명파는 자연주의자예요. 자연을 사랑하죠. 생명파의 반대쪽에 육체파가 있어요. 육체파는 생명을 소중히 여기지 않아요. 겉보기(육체)를 좋아해요. 힘을 숭상해요. 육체파는 물질을 좋아해요. 육체파는 개발주의자예요. 경제 성장을 좋아하고 자연을 파괴하죠. 자연을 학대하고 착취해요. 사회적 약자를 학대하고 착취해요. 흥부는 생명파이고 놀부는 육체파입니다.

결국 생명파는 생명을 사랑하고 육체파는 육체를 사랑해요. 생명파는 이타적이고 육체파는 이기적입니다. 생명파는 공동체를 중히 여기고 육체파는 오직 자신을 귀하게 여깁니다. 생명파는 생기(마음)를 중요시하고 육체파는 물질(돈)을 중요시해요. 지구에서 생명파는 여자를 가리키고 육체파는 남자를 가리켜요. 단도직입으로 말할게요. 생명파는 '진보'를 일러 '생명파'라고 하고 육체파는 '보수'를 일러 '육체파'라고 합니다.

그러나 지구에서 인간종은 단 하나입니다. 흑인, 백인, 황인, 홍인 구별 없이 하나입니다. 인간은 인간종이죠. 동물이 우리에게 구분 없이 동물이듯이 말이에요. 더 구체적으로는 양 떼를 보며 수많은 양들 속에서 한 마리 한 마리의 양이 우리에게는 똑같은 걸로 보이는 것과 같지요. 양들이 우리를 볼 때도 인간종은 구별 없이 똑같을 것입니다. 다만 정이 들고 관심이 있다면 존재가 달리 보여 그는 독특하고 개성이 빛나는 생명이 되지요.

자본주의 인간은 돈을 낸 것에 따라 비행기에서도 다른 대접을 받아요. 학교에서도 그렇고요. 가령 학력 보통 반은 선풍기를 틀고 학력 우수 반은 에어컨을 틀어요. 자본주의 세상은 그렇게 굴러갑니다. 사람들의 맑고 투명한 마음자리를 깨뜨리면서 일상생활 곳곳에 자본주의 사회의 법칙들이 불쑥 들이닥쳐요.

우리나라 독재 언론은 육체파입니다(친일파는 육체파임). 힘을 숭상하지요. 독재자를 추종해요. 돈을 좋아해요. 그는 명확히 개발주의 인간형입니다. 신문 방송이 먼저 내러티브 말꽃 프레임을 짜서 대중들에게 보여줍니다. 그러면 아무것도 모르던 대중들이 거기에 몰입하고 추종하면서 여론을 힘껏 만들어갑니다. 우리나라 신문 방송은 독재주의 성향의 특정 세력(보수 = 육체파)을 아예 드러내놓고 성원합니다. 정파성이 아주 노골적이죠. 이런 것이 우리가 흔히 보는 우리나라 육체파 보수 쪽의 풍경입니다.

18. 가톨릭은
종교가 아니라 과학이다

"어딘가 다른 곳에서 우리의 이성과는 다른 이성이 존재한다고 하는 것이 있을 수 있을 까. 그리고 우리에게는 정의이며 칭찬의 대상으로 인정되던 것이 목성이나 화성 위에서는 부정이며 저주할 만한 것으로 인정하는 일이 있을 수 있을까. 참으로 그와 같은 일은 있을 법하지도 않고 절대 불가능하다."

크리스챤 호이겐스 (서기1629~1695 네덜란드/ 수학자, 기독교 천문학자)

가톨릭은 '보편적'이라는 뜻입니다. 언제나 그렇다는 것이고 누구나 그렇다는 것이고 어디서나 그렇다는 뜻이죠. 그래서 지구 종교를 하나로 통일할 목적을 갖고서 신생 종교 기독교는 '가톨릭'이라는 이름으로 출발하죠. 신은 전지전능하며 우주 만물을 창조하고 지배하는 절대자라는 광고 말을 잊지 않고서 말이죠. 그래서 인간 사회에서는 예수 '가톨릭'만이 '가톨릭'이 되는 거예요. 인간이 선악과를 따먹어 원죄를 짓고 구세주 예수가 인간의 죄를 대속하고 구원한다는 종교 교리가 '가톨릭'이라는 이름표를 달고서 인간 사회의 절대 진리가 되었죠. 이것은 다만 기독교의 눈으로 세상을 본다면 그렇다는 거예요. 특정한 시기에 특정한 곳에서 특정한 인간의 종교성을 정리하면 그렇게 돼요. 때와 장소와 사람을 바꾸면 이게 전혀 그렇지가 않아요. 보편적이 아닌 거예요. 가톨릭이 될 수 없는 거죠. 문화가 다르면 진리가 달라집니다. 나라가 다르면 표준 시간조차 달라집니다. 해 뜨는 시간이 달라지고 해 지는 시간도 달라져요. 이게 진리입니다. 자연의 진리입니다. 이게 보편적 진리죠. 생생한 현실이 참 진리입니다.

그리스도 기독교에서 가톨릭이니 침례교니 여호와의 증인이니 하는 등 온갖 유파의 기독 신학이 있지만 '익명의 그리스도인 사상'이라는 게 하나 있거든요. 이게 뭐냐 하면 역사적 상황 때문에 기독교를 믿지 않았지만 그를 기독교인으로 인정해주는, 그러니까 기독교 외연 확장의 논리와 비슷한 건데요. 가령 '이순신 장군은 기독교 교회에 안 다니고 예수를 믿지도 않았는데, 죽어서 과연 천국에 갔을까'하는 질문에 익명의 그리스도인 사상이 대뜸 '그렇다'라고 긍정 답변을 해주는 거죠. 이것은 기독교에서 교회 바깥에서도 신의 구원이 있다고 보는 입장이지요. 한국 가톨릭 쪽에서는 이 견해를 오래전에 채택했어요. 그러나 한국 개신 기독교 종파는 이 같은 신학 사상을 교리 파괴로 간주하고 이단시합니다.

근본주의 개신 기독교 쪽은 불교나 기타 기독교 외 다른 종교와 대화하거나 그를 인정하거나 수용하는 일조차 거부합니다. 실제로 한국 사회에서 기독교 신학 대학의 교수와 학장이 다른 종교를 용인하고 화해하려고 시도한 적이 자주 있었겠죠. 결과가 어떻게 되었을까요. 하하하 다른 종교와의 공생과 화해를 바랐던 그들은 하나같이 교회 지도부의 종교 재판을 받고 교회 목회 자리와 대학 교수직에서 강제적으로 쫓겨났어요. 이것이 어제오늘 한국 기독교와 한국 교회의 현실입니다.

지금 세상은 정답 만능의 시대가 아닙니다. 물론 우리 사회가 정해준 정답이 있어서 누구나 정답을 알죠. 중요한 것은 정답을 알고 정답을 외우는 게 아니라 정답의 가치와 의미를 살펴보는 거예요. 현실로 주어진 외부 대상이나 상황을 보고 새로운 관점을 찾아내고 이를 언어로 표현하여 사람들에게 알리고 설득할 수 있는 능력이 더 필요한 시대가 되었어요. 정답 외우기는 제발 그만두어요. 주어진 삶이 아니라 자신이 만드는 삶을 살아가는 게 좋아요. 그게 진정 행복한 세상입니다.

단 하나의 진리로 모든 것을 설명하는 거대 이론은 없어요. 종교가 처음 그 역할을 하려 했고 근대 이후 과학이 그 역할을 하려 했죠. 그러나 '오직 예수', '오직 과학' - 그런 건 없어요. 다 틀렸습니다. 잘못되었어요. 괜한 인간의 욕심일 뿐이죠. 가톨릭 종교 역시 단독 유일의 것이 아닙니다. 단독 유일의 것이 가톨릭이 될 수 없어요. 절대자가 가톨릭이 되면 안 돼요. 기독교 탄생 이전의 지구별 상황이나 예수나 기독교를 알기 전의 아시아나 아프리카 문명에서는 가톨릭이 절대 가톨릭이 아닌 거예요. '가톨릭' 종교는 백색 유럽인의 소망과 욕심이 잔뜩 들어간 개념이에요. 신은 전지전능하며 하늘 가운데 태양에 거주한다는 사실과 지구가 우주의 중심이며 지구의 중심은 가톨릭 교회라는 서양인의 오래된 엉터리 미신은 오늘날 철저히 부정됩니다. 어제오늘의 인류 문명에서 제대로 된 '가톨릭' 교리는 오직 하나, 매일같이 해가 빛나고 바람이 불고 사람이 살아간다는 사실 단 하나뿐입니다.

3장

빼앗긴 하느님과
잃어버린 자연

1. 백인종은
인간 코로나바이러스다

근대화의 횃불을 치켜들고 유럽의 경제 동물들이 지구 구석 구석으로 사납게 뛰쳐나왔어요. 유럽 기독 문명국의 산업 자본 가들은 쉬지 않고 제품을 생산해서 언제나처럼 과잉 생산이 되죠. 곳곳에서 산업 혁명이 폭발적으로 일어나고 기계 장비와 제도의 도움을 한껏 받으니까 말이에요. 그러면 자본주의자들은 그것을 소비할 시장을 찾아요. 365일을 공장이 쉬는 날 없이 계속 돌아가게 만들죠. 기계를 계속 가동하고 노동자들이 계속 일하고 생산해야 자본의 이윤이 계속 불어날 테니까요.

제국주의 자본 침략자들은 지구 전체를 대상으로 하여 다음과 같은 일을 꾸며요. 첫째, 과잉 생산하는 상품을 처분할 시장을 확보할 것. 둘째, 원자재 산지를 독점할 것. 셋째, 누적된 과잉 자본을 투자할 곳을 찾을 것. 이상 3가지의 이유로 서구 자본주의 제국은 약소국들을 침략하고 이를 약탈하고 강간하고 식민화했습니다. 이렇게 함으로써 독점 자본의 지배자들은 막대한 이윤을 얻었죠. 또한 소액 투자자들은 은행이나 보험회사나 신탁회사에 돈을 맡겨 자본을 계속 공급해 주면서 이득을 노리지요. 그러면 이런 게 쌓여서 바로 과잉 자본이 되는 거예요. 그들은 곧 자본을 투자할 곳을 또 찾게 되죠. 오늘날에도 서구 자본주의 문명국의 시스템 공식이 바로 이것입니다.

어제오늘 인간의 지구 살림 전체가 서구 자본주의 양식으로 고정되었어요. 과잉 자본은 미개발 국가와 후진국으로 흘러들어 극도의 이윤을 보장해 주고 있어요. 지구에서 인간의 개발주의 열풍이 절대로 줄어들지 않는 까닭이죠. 후진국들은 철도, 전기, 가스, 도로 등이 필요한 곳이고 천연자원이 풍부하고 광산 개발이나 대농장 설립의 특혜를 쉽게 딸 수 있는 곳이거든요. 선진 자본 문명국들은 직접 투자로 얻는 막대한 이익 외에도 철도, 건설 등의 차관을 제공하여 얻는 이익이 엄청나요. 가령 프랑스가 과테말라에 철도 건설 차관을 제공한다면 철도 레일이나 차량 등을 프랑스에서 구입하게 함으로써 프랑스 정부와 자본 사업자들에게 막대한 이익을 안겨주는 식이죠.

그런 이유로 투자가와 사업가는 후진국이나 개발도상국을 지배하거나 조종하는 정책에 협력하는 것이 이윤을 극대화하는 방법이라는 걸 깨닫게 됩니다. 가령 이런 게 지구상 여러 나라에서 악질 친미파가 득세하는 까닭이지요. 친미 정권일수록 정치 경제에 미국의 입김이 세지고 또한 미국의 도움을 더 많이 받게 되는 그런 식이죠. 그래서 미국은 전 세계에 친미 정권을 세우는 데 공을 들여요. 미국이 그 나라 정부를 맘껏 조종하기 좋거든요. 이런 것들이 바로 서구 자본주의의 가장 중요한 특징이 되고 말았어요. 자본을 지배하는 금융과 그 자본을 활용하는 산업이 결합한 금융 산업 결합체가 오늘날 지구의 세계 경제를 단단하게 지배하고 있습니다. 이러니 지구 위 가난한 나라와 종족들도 서구 자본주의 문명에 차츰차츰 매몰되어 들어갈 수 밖에요.

2. 기후 변화가
왜 위험하지

날씨는 날마다 계속해서 변해야 하고 반대로 기후는 지속성이 있어야 해요. 그런데 오늘에 지구 날씨와 기후가 예전 같지 않아요. 인간의 모든 문명과 생존 기반은 사실상 날씨의 가변성과 기후의 지속성에 초점이 맞추어져 있다고 해도 과언이 아니에요. 그만큼 날씨와 기후가 중요하다는 거죠. 아침에 눈을 떠서 하루를 시작해보면 알잖아요. 햇살이 환하면 기분이 좋고 비가 오면 좀 우울해지죠. 날씨나 기후가 얼마만큼 중요한지 지구인들은 모두 알아요. 그런데 지난 100년 동안 지구 평균 기온이 1도 이상 올라간 지금은 기후의 지속성이 사라졌어요. 특히 우리나라는 경제의 고속성장을 추구하면서 빠른 근대화와 서구 문명 따라하기에 매달리는 동안에 무려 1.5도가 올랐어요(바다 역시 1.5도 상승, 동해에서 명태가 사라짐). 서울과 울산은 도시열섬 현상 때문에 평균 3도가 올랐습니다. 그러니 한국의 도시 생활에서는 이제 에어컨 없이는 정말 못 살아요.

지구 전체의 급속한 문명화 탓에 기후의 예측성과 안정성이 완전히 무너졌습니다. 가뭄과 폭염과 홍수가 난데없이 찾아와요. 인간종들이 다투어 전 지구적으로 물질 산업 문명을 추구하고 살아가는 이 시대에 지구 평균 온도가 앞으로 0.5도 정도 더 오른다면 기후 위기가 일상이 되고 말 것입니다. 지금의 몇몇 기후 위기는 계속해서 극단적인 홍수나 폭염, 극단적인 가뭄이나 태풍이 몰아치는 나날을 예고하고 있습니다. 우리들의 생명 지킴이 지구가 인간들 때문에 몸살을 앓고 있어요.

기후 변화는 사실상 인간의 통제가 불가능합니다. 회복도 불가능하죠. 기후 파괴가 10년 이내에 인류 문명을 뿌리부터 흔들 것입니다. 지난 100년 동안 온실가스를 대량으로 배출하고 이산화탄소 농도를 지구적으로 단 0.01% 증가시켰을 뿐인데, 지구 생명의 살림터가 지금 근본적으로 무너지고 있습니다. 기후 위기가 임계점을 넘으면 지구 자체의 작용 때문에 위기 상황이 더욱 걷잡을 수 없게 되지요. 여러 곳에서 위기가 기하급수적으로 커지면 이것이 기후 파괴, 지구 파괴로 급속히 이어지게 됩니다.

말이 나온 김에 우리가 용어도 한번 따져 보죠. '지구 온난화'라는 말을 많이들 해요. 익숙합니다. 그러나 이거 잘못 붙여진 이름이에요. '온난화'라는 표현이 무언가 따스하고 포근한 느낌을 전해줘요. 정체를 잘 모를 때는 의인화 표현으로 확실하게 정체를 밝히는 게 좋아요. 바른 이름 짓기가 바른 생각이지요. 공자(서양 기원전 551년~479년 중국/ 유교 창시) 선생의 '정명론'은 정말 멋진 철학입니다. '지구 온난화' 대신에 '지구 열받게 하기'. 하하하 이게 어떤가요? 맞잖아요. 지금 지구가 인간들 때문에 열 받았잖아요. 단단히 열을 받았죠. 지구에서 태풍이 점차 더 세지고 있어요. 바다는 태풍의 에너지원이에요. 바닷물에서 나온 수증기가 태풍을 발생시켜요. 뜨거워진 바다에서 나오는 수증기를 받은 태풍은 미친 듯이 더 격렬해지고 더욱 자주 발생할 테죠.

지구 온난화라고 할 때 땅의 온난화는 5%에 불과해요. 91%는 바다 온난화, 3%는 얼음 손실, 1%는 대기 온난화예요. 그러니까 지구 온난화는 곧 바다 온난화입니다. 바다 온난화가 위험한 이유는 바다가 지구에서 가장 중요한 이산화탄소 흡수원이기 때문이죠. 수온이 낮을수록 이산화탄소가 더 많이 흡수돼요. 그런데 수온이 높아지면 수증기로 인해 태풍이 생기고 강수량이 늘어나요. 강수량이 많으면 바다 염분이 낮아지고 저염분수가 늘어나지요. 그러면 조금만 햇볕을 받아도 쉽게 수온이 상승하면서 더욱 빠르게 전체 수온 상승이 반복됩니다.

지구의 분노가 폭발하기 일보 직전입니다. 지구가 열 받았어요. 인간이 기후 악당 노릇을 해서 그래요. 우리 같은 기후 깡패들의 횡포 때문에 그렇죠. 그런데 놀라운 점은 돈 많고 점잖은 부자 나라가 깡패 짓을 더 많이 했어요(마치 국내에서 기득권 많고 권력 높은 인간들이 불법과 부정의를 대놓고 저지르는 것과 같음). 지구를 사사건건 더 괴롭혔죠. 지구의 에너지와 자원을 그들이 오래전부터 깡그리 장악하고 있어서 그래요. 돈이 많고 풍요롭게 잘 사는 만큼 온실가스 배출 등 자연 파괴가 정말 대단하죠. 가난한 빈국들은 상대적으로 지구에 죄를 덜 지었습니다. 기독교 경전에 '부자가 천국에 들어가기가 힘들다' 했는데 기독 예수가 아마도 선견지명이 있었나 봅니다.

기후 위기가 전 지구적 문명 위기로 인해 가속화됩니다. 슬프게도 개발과 성장주의 이데올로기가 지금 이 시간에도 한국 사회를 뒤덮고 있습니다.

3. 이성의 광신
- 과학주의

18세기 유럽에서는 이신론(理神論)이 등장합니다. 신이 신이 아니라 이성이 신이라는 거죠. 종교의 신이 신이 아니라 합리적 이성이 신이라는 거예요. 이성의 밝은 빛으로 세상을 계몽하자는 운동이 솟구쳐 나왔어요. 특히 프랑스에서 아주 지독하게 계몽사상이 불타올랐죠. 가톨릭교회와 전제 왕권의 독재적 횡포를 고발하고 비판하는 사상 흐름이 폭풍처럼 몰아쳤어요. 유럽에서 근대 계몽 시대가 열린 겁니다. 맹렬한 활동가 볼테르(서기1694~1778 프랑스/ 이신론 사상가)는 뉴턴의 기계론적 세계관을 인간 사회의 전 분야에 심으려고 애썼어요. 기계론 철학(세계는 기계다)은 가톨릭 스콜라 철학이 견지한 '자연신학'을 '자연철학'으로 바꾸었어요. 이것이 뜻하는 바는 자연에서 신비성과 신성성을 몰아내고 자연을 수학적 원리로 움직이는 기계 장치로 보았다는 거죠. 자연철학이 결국 자연 과학이 되었어요. 이 자연 과학이 바로 서양의 근대과학입니다. 인간과 자연의 완전하고도 절대적인 분리 – 이것이 서양 근대과학의 정체입니다.

자연은 신의 피조물로서 '수학이라는 언어로 적힌 바이블'

이라는 생각이 갈릴레이(서기1564~1642 이탈리아/ 수리과학자) 등의 근대 과학자들이 가진 기본 생각이었죠. 자연은 수학으로 기록된 가톨릭 성경책이라는 생각 - 이것이 근대 과학자들을 하나의 열정, 하나의 생각, 하나의 혁명으로 묶었어요. 그들은 열렬한 종교적 신앙심에 사로잡혀 자연법칙 속에서 신의 영광을 찬미하고 고양하려 다투어 과학의 발견과 발명에 매달렸어요. 단 하나의 보편적이고 절대적인 원리가 있다는 가톨릭 믿음이 과학에서 '절대성 원리'를 찾게 했죠.

근대과학의 성과를 집대성한 뉴턴(서기1642~1727 영국/ 절대성 원리 발견)이 라틴어로 저술한 책 '프린키피아'를 기억하기 바랍니다. 그것은 근대인들에게 과학 혁명의 바이블이 되었어요. 뉴턴의 책명은 '자연철학의 수학적 원리'(이 책명의 약칭이 '프린키피아')입니다. 그것은 서구 근대과학이 발견한 '절대성 원리' 그 자체였습니다(아인슈타인은 '상대성 원리'/ 뉴턴은 '절대성 원리'임). 볼테르(서기1694~1778 프랑스/ 이신론 사상가) 등의 이신론자들은 뉴턴의 법칙을 '사회철학의 과학적 원리'로 높이 받들었습니다. 경제학이나 사회학에서 자연 과학의 원리가 그러하듯이 그곳에서 절대불변의 영원한 자연법칙을 찾으려고 했지요. 그들은 자신들의 그것을 절대 법칙으로 삼았죠. 자신들이 발견하고 발명한 경제와 사회의 자연법칙이 보편적이며 불변의 절대적인 거라고 믿었어요. 그러나 사실상 그들은 특정 시간대에 특정한 장소에서 살았던 특정한 현실의 인간이었죠. 자신들의 이익과 사상에 맞추어 절대 법칙을 만들고 그것을 교조화했을 뿐입니다. 이후로 그것들은 수정 경제학, 수정 사회학, 수정 물리학, 수정 생물학 등으로 끝없이 이어져요. 그것은 마치 예수 가톨릭 종교가 지금에 이르도록 수정 기독교로 계속해서 변신해나가는 것과 같은 패턴이지요.

18세기 서구 자본주의 문명에서 경제학 바이블로 등록하여 맨 처음 경제 교리를 작성한 애덤 스미스의 당대 생각을 들여다볼까요.

"개인은 누구나 자기가 지배하는 자본을 가장 유리하게 사용하는 방법을 찾으려고 노력한다. 그가 염두에 두는 것은 진정 자기자신의 이익이지 사회의 이익이 아니다. 그러나 자기자신의 이익에 관해 연구하면 자연히, 더 정확히 말해 필연적으로 사회에 가장 유리한 방법을 택하게 된다."

애덤 스미스 (서기1723~1790 영국/ 경제학자 철학자)

서기1776년 〈국부의 성질과 원인에 관한 연구〉

이 같은 사상은 토마스 홉스(서기1588~1679 영국/ 정치사상가), 존 로크(서기1632~1704 영국/ 정치사상가), 장 자크 루소(서기1712~1778 프랑스/ 사회철학자) 등과 같은 기계론적 사회 제작자들과 성격이나 분위기가 비슷합니다. 홉스의 괴물 리바이어던 국가의 탄생이 이것을 잘 보여줘요. 국가를 커다란 생체 동물로 간주한 정치적 시각은 당대의 현실을 충실히 반영하여 근대 국가를 구성했던 거예요. 만인의 만인에 대한 투쟁, 곧 약육강식의 동물 세계를 골자로 하는 근대 자본 문명이 세워졌습니다. 서구 기독교사회의 근대화 노력이라는 게 마지막에는 결국 전 지구의 식민화 정책이었고 백인종 경제 동물은 최상위 포식자로서 같은 인간종인 유색 인종까지 잡아먹는 만행을 저질렀던 거죠.

유럽 근대화 운동은 전 지구의 식민지 정책에서 절정을 맞습니다. 서구 열강의 19세기 제국주의 사태가 바로 그것이지요. 식민지는 노예 인구를 대량 확보하게 했으며 또 유럽의 과잉 생산 상품을 위한 시장이 되어 주었어요. 게다가 서구 자본주의 발전상 대량 생산에는 막대한 원자재가 필요했는데, 전 지구 식민지는 그것을 가장 손쉽게 해결해주는 방법이었죠. 석유, 석탄, 금, 은, 기름, 설탕, 면화, 담배 등의 원자재를 무역에 의존하는 게 아니라 유럽 문명인들은 이 같은 원자재 산지를 직접 소유하거나 지배하고 싶어 했습니다. 이것이 바로 유럽 서구인들이 아시아, 아프리카, 아메리카 등 전 지구를 식민지로 삼으려 했던 가장 큰 이유였죠, 전 지구 식민지화의 최종 결과는 우리가 지금 똑똑히 확인할 수 있습니다. 심각한 기후 위기와 인종 청소 등 내전 속출, 그리고 코로나 사태를 불러온 오늘의 지구 환경 파괴가 그것을 잘 말해주고 있어요.

4. 바이러스가 살아야
인간도 산다

인간이 사는 곳에 바이러스도 산다는 게 맞는 말이죠. 그러나 코로나를 생각하면 바이러스가 사는 곳에 인간도 산다는 게 더 맞는 표현 같아요. 사실 바이러스는 인간이 꼭 물리쳐야 할 나쁜 병균이 아니에요. 인간의 지구 생태계 파괴를 경고하기 위해 하느님이 보낸 사자라고 생각할 수 있어요. 지구에서 인간이라는 절대 지배계급을 혼내주러 하늘에서 왔다고 생각하면 돼요. 하늘에서 온 것은 우리에게 다들 신과 같은 존재잖아요. 그러니까 코로나 역시 인간에게 신인 거죠. 인간종들에게 숭배받지 못할 뿐이지 다른 생명체들은 코로나를 다들 좋아해요. 아마도 유일신으로 떠받들기까지 하겠죠. 그래요, 코로나가 지구 생명체들에게는 신이에요. 인간종들에게는 마귀나 사탄이겠지만 말이죠.

'바이오 커뮤니케이션'이라는 게 있어요. 지구에서 생명이 시작된 이래 살아 있는 모든 것은 정보를 주고받아요. 생명들은 서로 정보를 주고받아요. 코로나바이러스와 지구 생물 종들도 많은 정보를 주고받을 게 틀림없어요. 어쩌면 지금도 조용히 지구 생명체들이 연합하여 인간 독재자로부터의 탈출을 꿈꾸는 혁명을 준비하고 있을지도 모를 일입니다. 자연 해방 운동 말이에요.

5. 지구 온난화 시대에 웬 한파

사는 게 만만찮아요. 건강은 하나인데 병은 부지기수로 많은 것과 같은 이치죠. 잘 사는 게 정말 어려워요. 건강하게 사는 게 어렵죠. 행복하게 살기가 쉽지 않아요. 그래도 슬며시 미소를 머금으며 그렇게 또 하루를 살지요.

온난화 시대에 지구가 매일 더워진다는데 한파가 웬일? 이렇게 생각하는 사람이 많아요. 극지방의 빙하가 녹으며 깨지는 소리가 지구가 무너지는 듯하고 시나브로 얼음이 녹으면서 찬 기운이 계절 없이 마구 밀어닥쳐 지구 곳곳에 한파가 속출하는데 지구 기후는 그야말로 예측불허가 되었습니다.

오늘날 지구가 위기에 빠졌어요. 석탄, 석유, 디젤 등은 탄소와 온실가스를 마구 배출해요. 이것이 초미세먼지 즉 발암물질로 전환되어 인체의 혈관에까지 침투한다고 하지요. 게다가 지난 100년 동안에 지구에서 인간이 사는 땅이 10% 몫이던 게 지금은 80%를 차지하게 되었습니다. 그 바람에 야생동물의 서식지인 원시 자연이 파괴되면서 코로나 등의 신종 바이러스 돌림병이나 암 등의 각종 질환이 많이 생겨날 수밖에 없어요.

어떻게 생각하면 오늘날은 인간이 지구에 고스란히 갇힌 채 각종 질병과 원시 바이러스에게 된통 당하고 있는 꼴입니다. 미래 세대를 배려하지 않고 욕심 사납게 지구 자원을 마구 쓴 죗값을 받는 게 아닐까 하는 생각도 들어요. 오늘날 기후 비상

시대는 '대량 생산 - 대량 소비 - 대량 폐기' 패턴으로 이어지는 종전의 삶과는 완전히 다른 삶의 방식을 요구하고 있습니다. 지구의 자원을 어떻게 아껴 쓰고 어떻게 절약할 수 있는지, 인간들이 지구의 뭇 생명체들과 어떻게 공존하며 기후 비상 시대에 얼마나 잘 적응해나갈 수 있을지 고민해야 합니다. 우리가 지구 자원을 함부로 약탈하고 상품화해서 우리 세대만 잘먹고 잘살면 그만인가요? 종이 한 장이 내 손에 들어오기까지 얼마나 많은 지구 자원이 소모되었고, 그것이 지구에 미치는 영향을 제대로 의식할 수 있어야 하죠.

대체 에너지를 개발하고 신재생 자연 에너지를 찾아내는 한편 우주 개발로 눈을 돌려 지구의 현 위기를 탈출하려는 건 부차적인 문제예요. 우리 인간들이 떳떳한 지구인으로 살면서 마음가짐을 바꾸어야 합니다. 자연을 아끼고 지구를 사랑하고 생명을 존중해야 하죠. 우리 후손들의 미래와 지구에서 살아가고 있는 뭇 생명의 현재를 상호 연결해서 사고하는 게 뻔한 습관이 되고 상식이 될 수 있어야 합니다.

코로나 사태 이후의 세계는 어쩌면 강자의 약자 지배가 한층 노골화될 수도 있어요. 침략과 전쟁에 유혹되어 함부로 뛰어드는 야만의 사회가 될지도 몰라요. 인간종들은 살기 좋은 환경을 독차지하기 위해 전쟁이 빈번하게 발발할지도 몰라요. 화성이나 목성 등을 탐사하고 개발하여 차근차근 식민지로 만들어가는 우주 개발의 거대한 꿈이 현재 진행되고 있습니다. 미국과 중국 등 강대국이 오래전에 우주 전쟁에 뛰어들었죠.

약탈 자본주의 시대를 새롭게 선도하는 대단한 인간종들의 깜짝 출현이라고 아니할 수 없어요.

6. 자본주의는 끝이 어디일까

　유럽의 기독 문명국들은 영국을 본받아서 그들의 산업 자본주의를 전 지구적 식민지 개척으로 확장하고 공고화하려 했지요. 18세기에 영국을 선두로 해서 프랑스, 벨기에, 이탈리아, 독일 등이 전 지구를 대상으로 하여 식민지 쟁탈전에 뛰어들었고, 그 자신 식민지 독립 국가인 미국은 가장 늦게 19세기 말에 그 차례가 돌아왔지요.

　예수 탄생 1898년에 미합중국의 앨버트 배버리지(서기 1862~1927 미국/ 정치가 - '타 인종 지배는 미국의 신성한 의무' 주장) 상원 의원은 보스턴 경제인들에게 이렇게 연설했습니다.

"미국의 공장은 미국 국민이 사용할 수 있는 것보다 더 많이 만들고 있습니다. 미국의 토지는 그들이 소비할 수 있는 것보다 더 많이 생산하고 있습니다. 우리는 운명적으로 다음과 같은 정책을 취할 수밖에 없습니다… (중략)

세계 무역을 우리 것으로 만들어야 한다는 것입니다. 그리고 우리는 모국(영국)이 가르쳐 준 방법으로 그렇게 할 것입니다.

우리는 전 세계에 미국 상품을 팔기 위한 교역소를 설립할 것입니다. 미국의 상선으로 대양을 뒤덮을 것입니다. 우리는 우리의 위대함에 걸맞은 해군을 육성할 것입니다. 성조기를 펄럭이며 우리와 거래한 거대한 자치 식민지들이 우리 교역소 주위에서 성장하게 할 것입니다."

그런데 놀라운 것은 마르크스(서기1818~1883 독일/ 공산주의 창시자)와 엥겔스(서기1820~1895 독일/ 유물론 철학자)는 역사 연구에서 자본주의가 봉건제처럼 역사의 무대에서 사라질 거라고 말했던 거죠. 그들은 무슨 근거로 왜 그랬을까요? 역사를 한번 돌아볼까요. 숱한 반기독교 계몽자들이 기독교를 공격하고 기독교 멸망을 예고했는데도 예수 기독교는 지금도 건재하죠. 모르긴 해도 그것은 현지 적응과 현실 적응에 맞추어 자본주의와 기독교를 끝없이 수정해왔기 때문이지요. 한국 기독교의 '하느님' 사용법과 같은 사례가 대표적입니다. 자본주의도 기독교와 마찬가지로 계속 수정하고 수정하며 인류의 삶 속에서 끝까지 살아남을 것 같아요. 이걸 어떡하죠.

7. 신종교 마르크스교

18세기에 새로 등장한 계몽 지식인들은 기존의 가톨릭 절대 신을 거부하든 말든 '합리적 이성'을 유일한 신적 존재로 삼앉아요. 유럽 사회에서 드디어 기독교의 예수 절대자를 대신하는 최고 가치가 출현합니다. 이것이 '이성을 신'으로 삼는 이른바 '이신론'이죠. 이것은 당대에 움트기 시작하던 기계론적 세계관에 힘입었으며 이제 막 찬양받는 근대 화학과 생물학에 의지하는 바가 많았어요. 유럽의 근대화 운동 계몽사상은 전적으로 근대과학으로부터 발생하였음을 알아야 합니다. 과학 지식의 신성화 또는 교조화된 과학 원리의 사회 적용이 계몽사상의 핵심입니다. 계몽 철학자들은 과학적 원리로 기계화된 사회를 꿈꾸었어요. 당대의 자본주의 원리로 건설되는 유토피아 사회가 사회사상가들의 공통된 꿈이었죠. 오늘날 우리가 누리고 있는 서구 민주주의 혜택(?)은 유럽의 계몽사상과 실천적 행동에 크게 빚지고 있다고 해도 좋아요.

자본 문명이 유럽 사회에서 절정을 구가하던 19세기에 일련의 사상가들은 전혀 새로운 세상을 계획합니다. 문제투성이 자본주의를 폐지하고 계획된 이상 사회를 건설하자는 이성의 빛이 슬금슬금 피어나기 시작했어요. '자본론'으로 유명한 마르크스도 이 시기에 등장하는데, 그는 노동자를 위한 경제학을 들고나왔죠. '자본론'의 정확한 책명은 '자본 – 자본주의 생산에 관한 비판적 분석'입니다. 책명을 잘 보세요. 이게 바로 유명한 마르크스의 자본주의 비판서예요. 자본주의 생산에 관한 분석과 비판입니다. 공산주의 사상은 훗날 체제의 기초 토양으로 '공동 생산'을 들고나오죠. '공산주의'에서 '공산'은 '공동 생산'의 줄임말이에요. 즉 '공산주의'는 '공동 생산주의'라는 뜻입니다(공산주의의 원말 '코뮤니즘'에서 어원 '콤무네'는 라틴어로 '함께 나눔'의 뜻). 경제 체제에서 생산은 소비와 짝을 이루는 개념이고 따라서 '공동 생산'은 곧 '공동 소비'로 이어지는 것이죠. 사유 재산제를 인정하지 않고 재산의 공동 소유가 공산주의 사상의 핵심입니다.

19세기 기독교 문명권의 자본주의 생산 체제를 비판한 마르크스 역시 그때의 지식인과 마찬가지로 자신의 경제 법칙을 절대 불변의 법칙으로 믿었습니다. 그리고 마르크스 추종자들은 마르크스 본인보다도 더 강하게 마르크스의 '자본론' 책과 사상을 바이블 기독교 경전처럼 여겼어요. 가톨릭 종교 때문에 우상화 숭배 기질이 유전자로 전해진 기독 서양인들에게 마르크스는 구세주가 되고 마르크스주의자는 공산주의라는 새 종교를 창시하게 되죠. 이렇게 해서 지구상에서 자본주의를 옹호하는 기독교 가톨릭 세력에 대항해서 신종교 마르크스교가 탄생할 채비를 마치게 되었어요. 그로부터 100년 후 서양의 흑백 이분법 사상은 전 지구 어디에도 없이 '자본주의와 공산주의 동시 실험'이라는 괴상하고 잔혹한 역사가 되어 우리 대한민국과 북한으로 양분된 한반도 땅에서 유일하게 계속 진행 중입니다.

8. 환경의 역습이 아니다

인류와 자연의 공존은 최우선책으로 생물다양성이 답입니다. 마찬가지로 인류의 공동 번영은 인종 다양성이 답입니다. 인종의 다름이 축복이고 종교의 다름이 행복입니다. 다양한 삶의 방식들이 축복입니다. 그것이 자연스러운 아름다움입니다.

지구에서 무분별한 자연 개발 때문에 촘촘했던 먹이사슬에 점점 큰 공백이 발생하고 있어요. 생물다양성이 죽어가는 거지요. 그런데 이때 생물다양성을 증진하는 것은 생태계 환경에 균형을 잡아줌은 물론 탄소 중립화에도 큰 보탬이 됩니다. 그렇습니다. 좋은 것은 좋은 것을 불러오지요. 지구의 모든 것은 순환의 고리로 연결되어 있어요. 숲과 습지 등의 자연환경은 중요한 탄소 흡수원이죠. 우리나라에서는 온실가스 배출량의 약 6%를 이곳에서 흡수하고 있다고 하지요. 탄소 중립을 추구하는 것은 또한 역으로 생물 종의 소멸을 막아 생태계 공백을 메꾸는 효과가 있어요. 그러면 풍부해진 생물종 다양성은 더욱 큰 탄소 흡수원으로 작용하게 되지요.

지구 환경은 원래 인류의 생존과 건강을 위해 최적의 조건을 갖추고 있었어요. 이러한 자연 시스템을 인간의 이기적 욕망이 파괴했죠. 그래요, 지구 환경이 오늘처럼 이리된 건 전적으로 인간의 잘못입니다. 인간이 자연을 파괴했어요. 인간의 이기적 개발 욕망이 환경을 훼손하고 환경 파괴를 일삼았거든요. 물론 지나치게 심하게 파괴했다는 게 가장 큰 문제입니다.

지구 어디에서나 예전부터 인간은 어느 정도 자연을 개발하면서 삶의 영역을 확장해 왔어요. 물론 지구 환경을 파괴하는 선까지는 절대 아니었지요. 그러나 서구 자본주의 문명이 지구인들을 온통 사로잡으면서 자연 파괴가 극에 달하게 되었어요. 자연 복원력이 적정선을 훌쩍 뛰어넘을 만큼 말이죠.

오늘날 지구가 생산하는 먹거리의 피라미드 시스템이 많이 망가졌습니다. 원래는 개체 수에 따라 최하층은 미생물, 그 위에는 식물, 그 위에는 동물(어류), 최상단에는 가축이 있었죠. 지금은 농약과 화학 비료 때문에 미생물이 5배 이상 줄어들었고, 놀랍게도 가축수는 5배 이상 늘어났어요. 서구의 육식 문화가 지구인들을 차차 정복하게 되었죠. 우리나라의 오늘날 육식 문화가 대표적이라고 할 수 있어요. 지금의 한국인들이 육식을 얼마나 많이 해대는지요. 자연은 무너진 생태계를 복원하기 위해 인간들로 하여금 가축들을 계속 살처분하게 만들어요. 너무 많아서 비대해진 가축 동물 집단을 자연 스스로가 돌림병 전염병으로 솎아내는 거죠. 하하하 이렇게 하는 것이 생태 환경 시스템을 복원하려고 자연이 최대한 노력하는 거라고 볼 수도 있어요.

지구에서 만물은 이어져 있고 생명은 하나입니다. 가령 아프리카와 한국은 역사라는 생명체 속에서 실핏줄처럼 이어져 있어요. 이 실핏줄이 코로나바이러스를 매개로 하여 전 지구로 다시 뻗어갑니다. 그래요, 지구 생명은 하나로 이어져 있어요. 지금의 지구 환경 위기 사태는 지구의 역습이 아니에요. 인간 때문에 망가진 지구가 스스로 생태 환경 시스템을 복원하려는 노력이지요. 코로나바이러스는 정말로 지구 생태계를 수호하는 신이 아닐까 몰라요.

9. 인디언 땅에 미국을 세우다

현재 팔레스타인에서 일어나는 숱한 사건들은 이스라엘 유대인들이 과거에 독일 나치에게 당한 것과 같은 성격의 것이라고 할 수 있어요. 강자가 약자를 압박하고 박해하고 학살하고 괴롭히는 거 말이에요. 약육강식의 잔혹한 세계가 거기 있어요. 종교가 아니었다면 덜 호전적이고 덜 잔인하고 덜 파괴적이었을 텐데 말이죠. 종교, 특히 유일신 종교는 지구에서 인간들 공동체 속에서 피어난 악의 꽃이 아닐까 하는 생각조차 들어요.

과학에서 다윈의 진화론은 무슨 이유로 기독교의 창조론을 일거에 무너뜨리지 못할까요? 과학과 종교가 피장파장으로 경쟁하도록 서구 문화사는 왜 그냥 내버려 둘까요? 18세기에 맬서스(서기1766~1834 영국/ 기독교 목사, 정치경제학자)가 인구론 책자에서 말했죠. 인간 사회에서 경쟁은 피할 수 없는 것이라고요, 그리고 '경쟁은 매 세대마다 적합하지 못한 것을 제거하는 창조적 과정'이라고 말이에요. 그렇습니다. 지배와 정복이라는 전투성이 요란한 서구 문화사에서 경쟁은 곧 창조가 틀림없겠죠. 서양 역사에서 패자는 역사에서 지워지고 승자가 모든 걸 독점하는 전통이 빛났어요. 아메리카 미합중국, 버지니아, 뉴욕, 허드슨, 펜실베이니아, 피츠버그 등 미국의 지역 이름이라는 게 알고 보면 다들 인명이거나 인명과 관련된 것들이죠. 최초 발견자나 정복자가 땅을 자기 소유로 만드는 방법이 이런 식으로 작동한 거예요.

17세기에 아메리카 땅에 중부, 북부, 남부 지역에 기독 문명인의 식민지들이 건설되는 초기부터 그곳은 자유와 평등의 땅이라는 약속이 팽배하였죠. 아메리카 식민지가 자유의 땅이 될 수 있었던 것은 식민 사업을 주도한 회사나 상인, 귀족들이 더 많은 사람들을 끌어모으기 위해 종교 신앙과 정치적 자유를 허락했기 때문이에요. 땅은 광활하고 개척 인구는 부족하고 그러니까 토지 제공을 약속받은 이민자들이 속속 아메리카로 몰려들었어요. 까닭에 미국 땅 어떤 곳은 아일랜드, 독일, 스웨덴, 네덜란드 등 여러 민족이 하나로 용해되는 '인종의 도가니'가 되기도 했죠. 저 유명한 담배 재배는 사실 아메리카 인디언이 최초였어요. 물론 그것을 상품으로 만들고 산업화, 자본화한 것은 서양인들이었죠. 우리나라도 일제 식민지 초기에 일본이 독점한 담배 물품 때문에 많은 자산을 빼앗겼던 기억이 있어요. 20세기 초에 '일본산 담배를 끊자'는 구호가 끓어오르며 한반도에서 물산장려운동이 폭풍처럼 시작되었습니다. 그것은 일본 식민지 하의 경제적 지배의 사슬을 끊자는 조선 최초의 민족경제 자립 실천 운동이었죠. 아메리카 땅은 인디언 원주민을 쫓아내고 학살하면서 백인종들이 시나브로 그곳을 차지하게 되었어요. 유럽에서 건너온 이주민들은 종교적 자유 또는 땅에 대한 부의 욕망 등으로 아메리카 인디언 대륙을 하나둘 채워나가기 시작했어요. 아메리카는 백인종들에게 어느덧 평등과 기회의 땅이 되어갔어요. 당시 유럽 신문에서 대대적으로 광고하는 대로 아메리카 땅은 자유와 함께 젖과 꿀이 흐르는 약속의 땅이었지요. 그러나 사실을 말하면 사회적인 규정이나 정치적인 권한에서 차별은 엄연하고 철저했어요. 이곳에서 우리는 서구 자본주의 문명의 원형을 보는 듯합니다. 재산에 따라 투표권이 정해졌고(백인 남자만 가능), 교회 자리도 부자는 가장 좋은 자리에 앉았고, 범죄 처벌에도 재산에 따라 처벌이 무척 달랐어요. 식민지 아메리카가 자유와 기회의 땅이라는 게 알려지면서 유럽에는 아메리카에 대한 환상과 동경이 폭풍처럼 일었던 그때 그랬다는 거지요(그런데 오늘날 민주주의 국가라는 게 다들 이렇지 않나요. 부르주아 특권 기득권층이 지배하는 자본주의 국가 – 이게 서양이 세계에 전해준 현대 국가의 표준 모델입니다).

아메리카 땅에 처음 백인종 몇백 명으로 시작한 인구가 서기1776년에는 300만 명(성인 백인 남자는 50만 명)이나 되었어요. 사정이 그러할 때 16세기부터 19세기까지 아메리카에 노예로 잡혀 온 아프리카 흑인들은 무려 천만 명에 이르렀죠. 그러나 노예사냥과 같은 인신매매는 놀랍게도 유럽 사람 자신들에게도 적용했어요. 가난한 자, 사회적 약자, 아동 청소년과 부랑자들이 그 대상이었음은 물론이지요. 자원이 풍부하고 인간이 많아지면서 사회 전 분야에서 산업화와 공격적 자본주의가 저절로 뿌리를 내리게 되겠죠. 이런 식으로 해서 강자가 약자를 노예 삼고 가축처럼 길들이고 학대하고 학살하는 아메리카 땅은 거대한 인간 사냥터가 되었습니다.

그 속에서 신의 나라 미국이 건국할 채비를 천천히 마칩니다. 예수 탄생 1776년에 토머스 페인(서기1737~1809 영국/ 저술가, 미국 독립선언서 기초 작업)은 '상식'이라는 책(50쪽짜리 팜플렛, 50만 부 판매 종료 - 당시 백인 남자 숫자와 일치)을 냈습니다. 그는 군주제(곧 영국 본국)를 비판하고 공격하면서 식민지 독립 전쟁에 불을 붙였죠. 아메리카 거대 대륙이 조그만 영국 섬나라의 지배를 받는 것은 자연법에 어긋난다고 선동한 까닭입니다. 어이없게도 서기1776년에 미국이라는 나라와 미국식 민주주의라는 게 이렇게 탄생하고 말았죠.

10. 자본주의는 '됐으니 여기서 그만 멈추자'라고 말하지 않는다

"모든 지식은 세분되어 확대될 것이다. 따라서 베이컨의 주장처럼 지식이 곧 힘이므로 인간의 힘 또한 증대될 것이다. 자연의 재료와 법칙은 모두 인간의 지배하에 놓일 것이며 인간의 현세 생활은 더욱 편리하고 안락해질 것이다. 아마도 인간은 그의 수명을 연장할 수 있게 되고 날마다 더욱 행복해져 그 행복을 다른 사람과 교환하게 될 것이다. 결국 이 세상에서 시작된 것은 무엇이나 우리가 상상할 수 없는 훌륭한 낙원의 경지에 이르러 끝나게 될 것이다 "

프리스틀리 (1733~1804, 영국/ 산소 최초 발견 화학자. 기독교 신학자)

문명은 '환경'과 '적응'이라는 2축으로 전개되죠. 인간 문명은 주어진 환경과 그것에 대한 인간의 도전으로 만들어져요. 인류 역사는 그것으로 점철되어 있어요. 그런데 문명에서 환경 요인은 외부 환경 외에 내부 환경이 있는데, 여기서 성별의 차이 같은 내부 환경이 또한 굉장히 중요해요. 같은 자연환경이라도 남자와 여자에 따라 외부 자극에 대한 대응 방식이나 해결책이 달라지거든요. 그렇다면 지금 코로나 시대 역시 인류 문명의 새로운 형태를 선보이는 게 틀림없어요, 자연 훼손과 기후 위기 같은 새로운 환경 요인 때문에 인류가 기존의 생존 양식을 전면적으로 재검토하고 있는 상황에 도달했죠. 어쨌든 인간이 자연에 대한 시각을 '정복'에서 '공존'으로 전환한다면 오늘날 인류가 처한 많은 문제가 단숨에 해결되지 않을까 합니다마는.

기후 변화와 환경 변화가 새로운 바이러스를 만들어내기도 합니다. 이게 신종 전염병이 되는 거죠. 코로나바이러스도 이런 성격의 것입니다. 인간이 자연에 저지른 무한 약탈과 착취가 후유증 때문에 병균이 되고 재앙이 되어 나타난 거예요. 인간의 발길이 지구 구석구석을 죄다 누비면서부터 다른 생물 종과의 접촉이 급증하면서 오늘 같은 참사가 예고되었죠. 자본주의는 결코 멈추는 법이 없어요. '이만하면 좋으니 그만 멈추자'라는 말을 절대 하지 않아요. 세상의 종말이 올 때까지 인간 능력으로 갈 수 있는 데까지 개발의 속도를 결단코 늦추지 않습니다. 서구 자본주의 문명의 이런 태도 때문에 자연이 감추어 둔 비밀의 서식지(극지방의 동토층이 녹는 등)가 인간종들에게 노출되고 파괴되면서 미지의 바이러스가 인간 세상에 모습을 드러내었던 거죠. 그러나 새로운 상황을 감당하지 못한 인간들이 급기야 바이러스 습격으로 픽픽 쓰러집니다. 이게 바로 세계적인 코로나 사태의 현재 모습이에요. 그래도 어제오늘 인간종은 새로운 환경에 대한 적응을 착실히 준비하고 있습니다.

어쨌든 자본주의는 질주를 결코 멈추지 않습니다. 질주하는 인간 문명은 새로운 질병을 창조하기도 해요. 인간의 진화가 곧 바이러스의 진화이기도 한 거죠. 인간이 지구에서 지금껏 잘살아온 것은 다른 생물종, 즉 동식물과 자연을 못살게 괴롭혔다는 점과 다르지 않아요. 앞으로도 신종 바이러스와 변이된 코로나바이러스 같은 게 끊이지 않고 새롭게 출현할 겁니다. 인간이 지구 생물 종에 가한 가혹한 학대와 학살이 그 죗값을 달게 받게 될 거예요. 이것은 백인종이 경배해 마지않는 2000년이 훌쩍 넘는 기독교 신의 뜻이 아니라 과학적 사실을 분석하고 추리한 결과가 그렇다는 거죠. 다들 우리 인간종의 자업자득입니다마는.

지금의 코로나 이전에 발생한 것 중 가장 유명한 돌림병은 14세기 유럽에서 발생한 페스트 흑사병입니다. 당시 유럽 인구의 3분의 1이 죽었다고 알려진 흑사병은 어디서 맨 처음 생겨났을까요? 추측하건대 페스트 바이러스 역시 인간의 자연 파괴에 따른 돌림 역병균이 아니었을까 생각해요. 봉건제도와 기독교 권력이 일상화되고 깊어지던 12세기에 이르러 유난한 세금과 각종 횡포에 시달리던 농노들이 장원을 탈출하여 인적 없는 황무지와 숲과 늪과 강변에 농지와 살림터를 일구기 시작했어요. 미국의 아메리카 땅 서부 개척 시대와 같은 일들이 12세기에 유럽 땅 곳곳에서 처음 벌어진 거죠. 이 같은 사회 현상이 무려 200년 가까이 지속되었어요. 장원에서 쫓겨난 농노들과 도망 나온 토지 개척자들은 늪에서 물을 빼고 숲에서 풀과 나무와 덤불을 찍어내고 강에 둑을 쌓고 하여 부지런히 온몸을 바쳐 농지와 살림터를 만들었어요. 200년 동안 당시 유럽 넓은 땅 곳곳에서 개척의 도끼질 소리가 요란했는데요. 그런 와중에 야생으로 살아온 생물 종들이 속절없이 수난을 당한 거죠. 숱한 생물 종들이 익숙한 땅과 익숙한 물에서 쫓겨났어요. 말하자면 유럽 대륙에서 자연 파괴와 자연 약탈이 광범위하게 본격적으로 저질러졌던 거죠. 백인종 인간이 자연 세계 야생의 그곳을 맹렬한 속도로 차지했습니다. 유럽인들이 철저하고도 꾸준하게 동식물의 서식지를 파괴하면서 인간 영토를 넓혀갈 때 새로운 병원균이 다수 발생했는데 그중 가장 유명한 게 바로 '페스트균'이 아닐까 합니다.

그런데 흑사병은 역설적으로 14세기에 유럽 인구의 대다수를 차지하던 농노들에게 개척 토지 소유와 신분의 자유라는 걸 선사해주었어요. 사람들이 전염병 탓에 마구잡이로 죽어 나가니까 저절로 노동의 가치가 올라가고 농노의 자유가 찾아오게 됩니다. 그러나, 그러나 말입니다. 유럽의 지배자 가톨릭교회는 세상이 바뀐 줄도 모르고 농노 해방을 끝까지 반대했겠죠. 그러나 유럽 사회는 이미 거대한 변화의 물굽이를 틀고서 낡은 것의 죽음과 부활이 섞바뀌며 고리타분한 봉건제 사회가 경제적 변화와 압력으로 자동 해체되는 길을 걷게 돼요. 이 과정에서 지주와 개척 농민들은 서로를 박해하고 압박하고 살해하기를 한참 동안 되풀이했습니다. 그러면서 15세기 중엽에는 농민들이 어느 정도 사회적 해방을 쟁취하게 되었죠. 차츰 도시가 생겨나고 화폐가 사용되기 시작한 것도 이즈음이었어요.

그러나 절대자 서구 종교는 처음부터 보편적('가톨릭'의 원뜻)이었으므로 가톨릭 이외의 종교는 전혀 없었습니다. 15세기에 학교(스쿨 = 가톨릭의 '스콜라' 철학에서 유래)나 대학(유니버스 = 전 세계, 인류)에 다닐라치면 유럽은 라틴어를 필수로 공부했어요. 구어체 말은 지역마다 영어, 프랑스어, 독일어, 네덜란드어를 쓰면서도 문자 생활은 반드시 라틴어를 써야 했죠. 오늘의 지구인 학교 제도인 '스쿨'과 '유니버스티'가 여기서 기원하는 걸 확인합니다.

종교라는 게 생명이 숨 쉬는 것처럼 생존의 유일한 것이고 보편적인 것이기에 서구 유럽인들은 날 때부터 가톨릭교회에 다녔죠. 가톨릭 이외의 종교는 없고 가톨릭은 오직 기독교이고, 그래서 가톨릭 이외의 기독교는 있을 수가 없어요. 오직 가톨릭, 오직 예수교, 오직 기독교. 하하하 중세 유럽 사회는 기독교 천국이었죠. 보편 종교가 곧 절대 진리이며 단일 진리일 수밖에 없겠죠. 가톨릭이 지배하는 곳에서는 다양성이 일체 죽어요. 인간이 독점적으로 지배하는 지구에서 생물종 다양성이 죽어가는 것처럼 말이죠. 가톨릭 세계에서 볼 때 가치의 다양성이란 곧 악의 세력이 준동하는 결과죠. 가톨릭 교황은 무오류의 절대군주로 세세연년 존중받으며, 가톨릭 예수교는 서기 2022년 지금도 전 세계 인간종을 통틀어 신자 수가 가장 많음을 자랑합니다. 기독교 신자들은 오늘도 교회에 십일조 세금을 바치고 교회의 규칙과 규정에 복종해야만 하죠.

현대 자본주의가 질주를 멈추지 않는 것처럼 오늘날 한국의 예수 기독교 교파도 정녕코 질주를 멈추지 않습니다.

11. 유럽 문명국가의 탄생과 지구의 비극

"신은 세계정신이 아니라 만물을 지배하는 주님이다...아무리 완전한 존재라고 해도 지배하지 않고는 주 하나님이라고 호칭될 수 없다...왜냐하면 지배와 섭리와 계획을 하지 않는 신은 단지 필연과 자연에 불과하기 때문이다."

아이작 뉴턴 (서기1642~1727 영국/ 만물의 '절대성 원리' 발표)

서기1687년 '자연철학의 수학적 원리'에서

자세히 뜯어보면 유럽은 국가의 탄생이 16세기에 본격적으로 시작된 미개 국가들이라고 할 수 있어요. 생활양식의 변화가 새로운 계급의 성장을 촉진했고 이것은 다시 사회 구조의 새로운 변화를 이끌었죠. 새로운 사회는 질서를 잡기 위해 중앙 정부의 힘과 권위가 필요했어요. 이렇게 해서 16세기에 비로소 유럽 사회에서 국민 국가가 출현하기 시작했던 거죠. 물론 도시의 힘이 가장 강력했던 독일과 이탈리아는 몇백 년이 더 지난 후에야 강력한 중앙 정부가 들어서며 근대 국민 국가가 완성되지요. 그러나 사실상 영국, 프랑스, 스페인 등은 15세기에 이미 중앙 정부와 국민 국가의 틀을 갖추기 시작했는데요. 유럽의 국가라고 하는 것이 하늘에서 뚝 떨어진 게 아니라, 그들 가톨릭교회의 오랜 역사가 가르쳐 준 대로 '절대군주제'를 취했음은 서구 근대 역사가 웅변으로 보여줍니다.

유럽에서 상공업이 번영하면 절대군주의 세금줄이 든든해져요. 절대왕정의 군주 국가는 신흥 계급인 부르주아를 중용해서 나라의 기틀을 잡고 상공업의 번창을 꾀하면서 해외 무역을 적극적으로 권장했겠죠. 거기에 덧붙여 국고의 재원을 늘려줄 여러 방책들이 다투어 역사 무대에 등장합니다. 잔인한 노예 약탈 수송, 식민지 새 대륙의 탐험과 개척과 정복, 대형 공장과 주식회사를 설립하여 자본주의 제도 만들기, 지구 천연자원의 산업화 개발 정책 등의 각종 아이디어가 속출합니다. 15세기에 이미 유명했던 유럽 대륙의 회사 이름을 한번 살펴볼까요. "미지의 지역, 영토, 섬, 장소를 발견하기 위한 모험 상인 조합 회사" 이런 회사 이름들이 우후죽순처럼 생겨납니다. 백인종 산업 혁명의 주인공인 영국에서 세워진 최초의 주식회사는 이름이 '모험 상인 조합'입니다. 후후후 어떤가요? 모험 상인 조합 - 우리에게도 잘 알려진 코르테스나 제임스 쿡 선장이나 콜럼버스 같은 인물들이 떠오르지 않나요.

유럽에서 '동인도 회사'가 참 유명한데요. 이것은 영국과 프랑스와 네덜란드가 함께 설립했어요. 그런데 유럽 대륙에 '동인도 회사'가 무려 7개의 회사가 한꺼번에 있었다는데요. '서인도 회사'라는 이름으로는 4개가 있었다고 하지요. 하하하 아주 옛날에, 정확히는 400년, 500년 전에 유럽 대륙에 무슨 주식회사가 이렇게 많은 거죠. 유럽은 자본주의 문명의 발상지가 틀림없습니다. 지중해 회사가 있고 또 아프리카 회사도 인기가 많았다고 하네요. 이런 것들은 20세기에 일본이 식민지 조선 땅에 세운 '동양척식회사'가 생각나게 하는군요. 그래요, 주식회사라는 게 16세기와 17세기에 유럽 자본주의 백인종들이 아메리카, 아프리카, 아시아 등을 상대로 강제 무역을 하고 약탈하고 정복하는 데 드는 거대 자본을 마련하고자 고안된 방법이었던 거지요. 주식회사가 서구 자본주의 약탈 문명의 이끄미 역할을 했다고 볼 수 있어요. 오늘날 지구 자본주의 시대에 '주식'은 가장 중요하고 가장 강력한 '자본' 역할을 하지요. 특히 자본주의 대한민국 시대에 우리나라 젊은 층에게 '주식'은 부의 이동 수단으로 각광을 받고 있음을 아픈 눈으로 봅니다(성인 군자도 시속을 따른다고 했으니 어쩔 수 없음).

　종교 절대 사회인 서구 유럽에서 16세기에 마르틴 루터(서기 1483~1546 독일/ 반가톨릭 종교 혁명가)의 가톨릭 종교 개혁이 성공한 이유가 무엇이었을까요? 루터의 종교 개혁이 성공한 이유를 찬찬히 캐묻고 따지다 보면 서구 문명의 진정한 흐름을 알게 됩니다. 그때 가톨릭 목사 루터는 기득권층에 도전하지 않고 그들을 쫓아내려고도 하지 않았어요. 농민 반란이 한창 벌어질 때 루터 목사는 농민 대중들과는 전혀 다른 생각을 갖고 있었죠. 부르주아 기득권 편을 들어 농민 학살을 부추겼어요. 목사 루터는 당대의 사회 상황을 잘 간파하고 있었어요. 가톨릭교회는 타락할 때로 타락했고 교회의 권위와 권력은 자갈밭의 물처럼 새어 나갔던 시절이라는 걸 잘 알고 있었어요. 루터 목사는 교회의 횡포와 로마 교황청에 강제로 내는 세금을 아주 분명하게도 사회 전체 공분의 에너지로 삼았죠. 유럽 자본주의가 빠르게 발호하면서 급성장한 자유 상공인과 부르주아 등의 신흥 계급들은 가톨릭교회야말로 봉건제 최강의 수호신임을 깨닫게 되었던 거예요. 가톨릭교회가 바로 봉건제 그 자체라는 사실을 알아챘던 거죠.

　자본주의 신봉자들인 부르주아들 곧 신흥 중간 계급들은 봉건제를 무너뜨리기 전에 먼저 그 핵심 조직인 가톨릭교회를 공격해야 함을 알았어요. 바로 이것이 루터의 종교 개혁이라고 불린 것의 정체입니다. 사실 그것은 종교 개혁이 아니고 봉건제 혁명이고 자본제(자본주의) 사회의 출현을 알리는 선포식이라고 할 수 있던 거예요. 종교가 모든 가치를 독점하는 시대에 종교 개혁은 종교 개혁에 그치는 게 아니라 모든 사회 혁명이며 모든 가치의 혁명이었던 거죠. 루터 목사가 상공인 자본가와 부르주아를 선동하여 불을 붙인 그것은 종교 개혁이 아니라 유럽의 사회 혁명, 곧 '자본주의 혁명'이었습니다. 이로써 개신 기독교 목사는 신흥 자본주의 문명의 전령사였으며, 개신 기독교 교회는 서구 자본주의 문명의 가장 확실한 선구자이자 후원자가 되었던 거죠.

12. 프랑스 대혁명
– 처음부터 프랑스는 거지 국가였다

17세기에 프랑스는 독일과의 30년 전쟁 때문에 인구의 3분의 2가 죽었고, 살아남은 자의 3분의 1이 거지였어요. 오래전에 스페인은 남북 아메리카 대륙을 발견하고 약탈하여 엄청난 부자 나라가 되었고, 유럽인들은 상공업이 발달하고 있음에도 서구 자본주의 문명 특유의 열악한 임금과 높은 물가 상승 때문에 대부분 거지 신세가 되고 말았어요. 산업화가 싹터나고 자본주의가 발달하면서 유럽 대륙에서 땅은 투기의 대상이 되어갔지요. 또 상공업 위주의 자본주의 문명은 헐값의 노동 인력이 필요한 것을 가난뱅이와 거지들투성이 서민들로부터 제공받을 수 있었죠. 국가는 막강한 자본가 역할을 하고 국민은 가난한 노동자 역할을 하는, 말하자면 아주 '조합이 잘 맞는' 그럴듯한 '자본주의 국가'가 만들어졌던 거예요.

17세기에 유럽 사회는 대다수 가난뱅이들을 배경으로 해서 바야흐로 자본제 상업, 자본제 공업, 자본제 농업, 자본제 금융업, 자본제 교육, 자본제 종교, 자본제 예술 등이 화려하게 피어났어요. 이것이 서구 자본주의 문명의 본격적인 출발입니다. 가령 영국에서는 시골의 드넓은 곳에 거대 메뉴팩처 작업장과 공장을 설립하는 바람이 불었죠. 근대 초기에 자본가들은 유럽에서 막 기틀을 잡은 근대 자본주의 방식의 돈벌이에 극히 만족했어요. 그와는 반대로 산업 혁명 시대에 공장의 노동자로 취업한 가난뱅이들과 그 아이들의 삶은 비참했어요. 자본가들은 값싼 임금으로 노동자와 아동을 부렸고 착취하고 학대했어요. 심한 경우 가난한 노동자와 아이들은 하루 19시간을 일해야 했죠. 그러나 자본가들은 영국 정부로부터 기사 작위를 받으며 승승장구했어요. 때로는 의원이 되어 정계에 진출하여 자신의 영향력을 높여 나갔죠. 이것은 민주주의가 아니라 정확히 말해 부르주아 자본가 국가였지요. 이 같은 자본주의 국가를 요즘은 민주주의 국가라고 합니다마는. 엄격히 말한다면 오늘날 '민주주의'는 부르주아 기득권층 지배 상태를 일컫는 거예요.

담배나 설탕같이 전혀 새로운 상품이 자본주의의 꽃이 되었죠. 기독 문명인들이 미지의 땅을 발견하고 정복하는 과정에서 새 상품들이 산업 자본주의의 한복판으로 들어와 자리를 잡았어요. 새로운 상업과 새로운 공업에 투자하는 자본가들에게 100% 거대 자본가 역할을 하는 국민 정부는 독점권을 부여하고 기업체에 전력 지원했어요. 국왕 국가에서는 왕이 곧 최대의 자본가였던 셈이죠. 우리가 지금 '민주주의' 국가라고 말하는 나라들이 결국은 부르주아 자본주의 국가예요. 그 뿌리가 분명하게도 여기 유럽 국가에 있습니다. 오늘의 미국은 분명하게도 '기득권층 부르주아가 지배하는 자본주의 국가'입니다. 헌법상 민주공화국인 대한민국 역시 그 분명한 정체성은 '특권 기득권층 부르주아가 지배하는 자본주의 국가'입니다.

13. 극단적
남자 중심 사회

"오늘날 남자들은 마치 운하와도 같아서 주 하나님은 남자들을 통하여 여자들에게 은총을 부으시고 있음이 사실이다. 산업과 모든 예술 및 학문은 어디서부터 오는 것인가. 노동은 어디서부터 오는 것인가. 우리가 가장 소중하게 여기는 일들, 가장 뛰어난 일들은 어디서부터 오는가. 이 모든 것들이 남자에

게서 오는 것임은 분명하다. 경험이 증명하는 것처럼 주 하나
님은 남자들을 통하여 여자들에게 은총을 베푸신다."

장 칼뱅 (1509~1564, 프랑스/ 프로테스탄트, 개신 기독교 목사)

13세기에 가톨릭 신학을 절대 진리로 확정하고 보편화한
토마스 아퀴나스(서기1224~1274 이탈리아/ 기독교 스콜라 철학 완성,
'신학대전' 저술)는 불평등이 질서의 근원임을 설파하였죠. 그는
유럽의 중세 봉건 철학을 집대성한 인물로 여자를 경멸하고 여
자를 신학적으로 혹독하게 다루어 서양식 남성 중심주의 사상
을 확립했어요. 종교의 권위와 사회 관습의 후원을 받은 서양
의 남녀 차별은 아주 지독한 것입니다. 비유하여 남자가 주님
이고 여자는 종이며, 남자가 소유자이고 여자는 물건이죠(지금
도 서양에서는 여자는 남자의 소유로 표시됨 - 여자는 결혼 후 남편 성으로 바
꿈). 16세기에 유럽에서 그려진 종교화 '에덴동산' 그림을 보면
이브에게 선악과를 건네는 뱀이 나와요. 그런데 뱀을 여자로
숫제 의인화해서 그렸죠. 인간의 원죄는 여자에게 있으며 남자
는 여자의 유혹을 조심하라는 경고가 담겨 있어요. 종교의 편
견을 버리고 상식의 눈으로 봤을 때 이것은 명백히 성차별이며
여성 혐오의 적나라한 표현입니다. 남자 중심 사회를 만들기
위한 종교적 장치인 거죠. 서구 사상의 원류가 지독한 남자 중
심 사상입니다. 물론 현재의 인류 문명은 대부분 남자 중심 사
고의 반영이죠. 그러나 서구 사상이 나쁘다는 것은 그게 지나

치다는 겁니다. 이슬람권은 남자 중심주의가 기독교권보다 더 대단합니다. 둘 다 극단적이죠. 한국을 비롯한 동양권도 남녀 차별이 물론 예로부터 있었죠.

사람 사는 게 다 그렇고 그런 비슷한 것이지 영 다른 게 무어 그렇게 많을까요. 가령 '하늘은 둥글고 땅은 평평하다'라는 기본 생각은 동서양 공통이었죠. 그러나 서양 문명은 개념을 반드시 형상화하는 게 특징입니다. 서양에서 가톨릭교 성당이나 중요 건축물에 원형 돔(하늘의 형상화)을 세우는 게 바로 서양 전통의 그런 흔적이죠(서기1975년 설립한 여의도 국회의사당은 처음 한국 전통의 설계도에서 군부 독재의 압력 때문에 원형 돔을 강제로 얹음 - 권력과 권위, 즉 서양 추종주의의 상징임). 그러나 서양의 남녀 차별은 압도적입니다. 그래서 나쁜 것이고 그게 바로 나쁘다는 거죠. 그들에게 '과유불급'이라는 충고를 주고 싶군요. 차라리 모자라는 게 낫지, 지나친 것은 죄악입니다.

극단성과 절대주의를 바탕에 깔고 있는 서구 문명은 남자 중심 사회조차 그런 방식으로 만들었지요. 절대 권력인 가톨릭에 반기를 든 프로테스탄트 개신 기독교는 한층 강력한 남자 중심주의를 표방했어요(성모 마리아 배제, 오직 주 예수 하나님을 경배). 프로이트(서기1856~1939 오스트리아/ 정신분석학 창시)의 정신분석학은 서구의 남자 중심 사상을 정밀하게 그려낸 거예요. 정복자 남자를 여자와 비교해서 가부장 사회의 값어치를 한껏 높인 거죠.

유명한 기독 종교화 '최후의 만찬' 그림을 다들 아시죠. 이 그림을 누가 그렸을까요? 작가 연대 미상으로 알려진 이 작품의 작가는 아마도 여자가 아닐까 하는데요. 작가가 남자였다면 지독한 남자 중심 유럽 사회에서 성스럽고 고귀한 이 성화 제작자를 그냥 내버려 두지 않았을 테죠. 세세연년 영웅시하고 그를 기독교 성인의 반열에 대뜸 올렸을 게 틀림없어요.

14. 비포 코로나 BC / 에프터 코로나 AC

코로나 발생 이전은 BC, 코로나 이후는 AC - 지금 인류 문명은 서기2022년, AC 3년입니다. 코로나 이후의 삶은 어떻게 될까요? 과잉 문명, 화려 문화에서 단순 문명, 소박 문화로 바뀔 것입니다.

서구 자본주의 사회에서는 인간 생활의 모든 게 산업이 됩니다. 관광 산업, 영화 산업, 음악 산업, 농촌 산업, 수산 산업, 전기 산업, 철강 산업, 교육 산업, 원전 산업, 에너지 산업, 문화 산업, 출판 산업...하하하 산업 아닌 게 없어요. 이곳은 승자독식의 규칙이 활성화되는 곳이죠. 자본이 센 놈이 근처 인근 부류를 다 집어삼켜요. 아니 지구까지 다 삼켜버려요.

한자의 사람 '人'은 맞대어 서로 의지하는 모습으로 인간의 본질을 잘 보여줍니다. 동양 사상에서 평등의 관계를 구체적으로 잘 보여줘요. 그러나 서구 철학에서는 '주종 관계'가 핵심입니다. 신과 인간, 인간과 자연, 남자와 여자, '기독인과 비기독인', 백인과 비백인 등이 다 그러합니다. 그들의 이분법은 지배와 복종의 관계 맺음에 집중하죠.

해를 거듭하는 코로나 사태로 고난과 좌절이 종종 찾아와요. 그렇더라도 우리가 주어진 상황에서 무력해지면 안 돼요. 생활 속에서 할 수 있는 것을 하면서 삶을 긍정적으로 선택하고 주도적으로 헤쳐나가는 게 좋아요. 하나의 문이 닫히면 다른 하나의 문이 열리는 게 세상 이치죠. 지금 자신이 할 수 있는 일을 찾아서 하는 게 좋습니다. 일회용 컵 사용하지 않기 등 일상의 작은 일에서부터 자기 힘으로 할 수 있는 게 의외로 무수히 많거든요. 아쉬워하고 탄식하기보다 새로운 삶의 변화를 유연하게 받아들이고 적응하는 게 좋겠죠. 코로나 시대 생활인이라면 이전의 익숙한 방식으로 잘사는 걸 목표로 둘 것이 아니에요. '지구 살리기'라는 새로운 생활양식에 잘 미쳐야 하지 않을까요. 지구가 살아야 우리가 살 수 있어요. 한국 사회에서 신문과 방송이 이런 쪽으로 제 역할을 바르게 해주리라 간절히 기대해 마지않습니다.

15. 백인종의 지구 정복기

백색 인간종은 유일신 종교를 통해 신념의 마력을 선물 받고 지구 살림터 정복에 나섭니다. 기독교 문명에서 싹튼 근대 자본주의는 무한대의 지구 자원과 생명체 전체를 착취하면서 기세 좋게 굴러갑니다. 지금도 굴러가요. 기독교 자본주의 문명의 핵심은 '인간은 자연을 지배하고 정복하고 관리하는 능력자'라는 거예요. 백색 인간은 지구 생명체 유일의 독재 권력자로 변신할 채비를 이것으로 마친 바 있습니다.

19세기 후반에 영국 대제국을 설계한 개척자 세실 로즈의 발언을 들어볼까요. 이런 생각들이 모여 서양 자본 문명인들이 전 지구를 착취하고 전 지구를 식민화하고 온 생명체를 대표하여 인간(백인종)을 독재적 지배자로 만들었을 테죠.

"내 주장은 우리가 세계 제일의 국민이고 그래서 우리가 세계의 더 많은 지역에 거주할수록 인류에게 유익하다는 것이다... 만약 신이 존재한다면 내가 아프리카 지도의 많은 곳을 영국의 붉은 색으로 칠하기를 바랄 것이다."

세실 로즈 (서기1853~1902 영국/ 사업가, 정치가. 영국령 남아프리카제국 창설자)

유럽 기독교 문명국들이 19세기에 중앙아프리카 전체를 분할하고 합병하는 데는 20년이 채 걸리지 않았습니다. 원주민의 추장이나 왕들에게 유럽의 선물을 주고 주식회사 조약(권리증서)에 서명하도록 하면 그걸로 끝이었죠. 물론 서구 제국주의의 유혹과 폭력에 줄기차게 저항한 유색 인종들이 많이 있었어요. 그러나 서구 근대 국가의 욕망과 폭력을 그들이 당해낼 수 있었을까요. 기어코 정복당한 원주민들은 집단적으로 학살되거나 노예가 되거나 했을 뿐이죠. 물론 서구인들은 현지인들의 종교를 기독교로 개종하는 시도를 잊지 않았어요. 지구 약자들에게 다른 선택지는 없었습니다(서기 1880년에 기독교 유럽은 지구의 67%를 차지했고 서기 1915년에는 지구의 85%를 식민지, 보호령, 신탁통치, 연방 등으로 소유함).

미국과 캐나다 쪽의 아메리카 인디언(원주민)들은 그렇게 해서 멸종과 멸망의 길을 걸었죠. 영국이 침략하고 정복한 호주 인디언(원주민)은 자신들의 1만 년 역사를 빼앗기고 드넓은 땅을 빼앗겼어요. 정복당한 원주민 아이들은 침략자들의 기독교 교회에서 양육되고 가족과 단절된 채 가톨릭 종교 교육을 강제로 받다가 우울증에 걸려 대부분 죽고 말았죠. 미국 역시도 아메리카 땅에서 영국과 똑같은 짓을 저질렀지요.

백인은 이렇게 해서 지구를 완전히 정복했습니다.

4장

**자본주의 탈출이
지구 혁명이다**

1. 함께하는 우리가
아름답다

"... 산 아래 있는 보통학교 운동장을 내려다보았다. 운동장에는 춘계운동회 연습을 하느라고 야단법석이었다. 흰 운동모를 쓴 아이, 붉은 운동모를 쓴 아이 모두가 뒤섞어져 달음박질을 하며 이따금 고함을 쳤다."

백신애 (서기1908~1939)

서기1934년 「춘기」

운동회 때 청군 백군 싸움은 역사의 왜곡입니다. 전통의 훼절이죠. 백군과 홍군이 맞습니다. 조선 시대 과거시험에서 홍패와 백패가 짝꿍이죠. 청패와 백패가 아니에요. 청실과 홍실이 전통의 천생연분인 것처럼 말이에요. 그런데 '빨강'은 우리나라 분단 권력이 붉은색을 '빨갱이'로 상징화하면서 뒤틀려버린 용어들이죠. 일제 식민지 시대에 쓴 소설 속에 '흰 운동모와 붉은 운동모'가 짝으로 들어있음을 봅니다. 지금 같으면 당연히 '흰 운동모와 파란 운동모'가 짝이 되겠죠. 매일 취하면 그게 기본값이 되는 게 세상 이치예요. 관습이 참 무서워요. '동무'라는 순우리말도 북한 애용이 되면서 우리 곁을 영 떠났어요. '인민'이라는 좋은 말도 금기어가 되었어요. '어깨동무'는 용케 살아남았지만요. 박정희 측의 육영재단에서 만든 어린이

잡지 책 '제목'이어서 그렇다고 합니다마는.

분단 권력자들이 만드는 신조어에 모두가 둔감하면 좋으련만 현실은 그 반대입니다. 가령 빨갱이라는 혐오 단어를 우리가 피해 다닐수록 오히려 혐오 단어의 세계가 점점 더 확장되어요. 그렇다면 빼앗긴 언어를 혐오 조성자들로부터 되찾아오는 게 좋겠어요. 혐오자가 만드는 언어 문법을 그들 안에 그냥 가두어 버리고 우리는 그 단어를 '못 알아들음'으로 처리하면 어떨까요. 그래 일상적으로 그 단어를 용감하게 쓰는 거죠. 빨강이(빨갱이 - ㅣ모음 동화)·파랑이(파란 것)·노랑이(노란 것) - 얼마나 예쁜 우리말이에요. 아니면 그 단어를 사용하여 우리가 차라리 다른 이야기를 하면 어떨까요. 친일파는 빨간색 일본 국기를 숭배하고 사랑하니까 그들이야말로 빨갱이에 걸맞다는 얘기를 길거리에서 우리가 아무렇지 않게 나누는 거죠. 친일파라는 용어를 더 강력하게 '친일 빨갱이'로 표현하는 건 어때요. 친일파는 대체로 철저한 반공주의자인데 그들에게 '빨갱이'라는 혐오 낱말을 돌려주는 거죠. 친일 빨갱이 - 어때요. 통쾌하지 않나요.

슬픔의 현장에서는 함께 슬퍼하고 기쁨의 현장에서는 함께 기뻐하며 살아요. 너와 내가 진정한 우리가 되어야 삶이 풍부하고 생생해지겠죠. 다른 이들과 어우러져 가족처럼 살 수 있어야 진정 행복합니다. 누구는 처연히 슬퍼하는데 옆에서 조롱하고 헐뜯으면 가족이 아니죠. 진정한 우리가 아닌 거예요. 남들을 나 몰라라 하면 삶이 좁아지고 숨쉬기가 팍팍해져요. 삶의 진미를 알 수 없게 되죠. 특히나 아픔을 함께해야지 우리가 어우러져 큰 가족이 되고 큰 공동체가 되지 않겠어요.

사람은 누구나 자기 나이를 감당해야 합니다. 자신을 잘 챙겨야 하죠. 이웃을 돌보는 것도 잊어서는 안 돼요. 인생은 이웃과 함께하는 삶이니까요. 나이 들고 가난한 사람들을 특히 자본주의 사회에서 잘 감당해야 해요. 우리는 자본주의 세상을 함께 살아가지요. 그런데 부의 쏠림 현상이 심각해요. 모자라고 부족한 것을 이웃이 조금씩 챙겨주는 세상이 아름다워요. 그래요, 경쟁의 끝은 여기입니다. 물질의 부자보다 마음의 부자가 실제로 더 행복하거든요. 그렇다면 이것이 진정한 '경쟁'이며 그것은 '협력'이 아닐까요. 경쟁과 협력이 하나 되면 그것이 바로 '공정'의 완성입니다.

경쟁과 협력이라는 두 개의 축이 인류 문명을 이끌어온 원동력임을 우리가 잊어서는 안 돼요. 근본은 '협력'이고 '경쟁'은 조그만 수단이 되는...

2. 자본 딜레마

무욕의 삶이 무위자연의 삶입니다. 자연 그대로의 삶이죠. 조선 시대 선조들의 삶이 그랬습니다. 자연 그대로의 삶은 욕심 없음을 실천하는 거죠. 자본주의 문명이 지닌 지나친 욕심이 인간을 지구 역사상 제일가는 악마로 만들었어요. 결국 오늘날 지구의 문제는 곧 인간의 문제입니다. 인간 마음의 문제죠. 지구의 독재자 인간종이 마음 바탕을 바꾸어야 지구가 살아나요. 그런 후에야 지구 생명들이 자기 생명의 결로 온전하게 다시금 살아날 테죠.

지구 위기는 다가올 미래가 아니에요. 우리가 지금 그 위기 안에 있어요. 하루의 삶이 마스크에 갇혀 있어요. 마스크를 벗고는 꼼짝을 못 해요. 어제오늘 위기의 삶이 계속됩니다. 특히 한국은 빠른 속도로 서구 문명을 추격하여 지금 거의 따라잡았습니다. 아니 추월했어요. 대한민국이 연전에 국제 사회에서 선진국으로 공인받았어요. 그러나 바다 온도가 지구 평균의 2배 속도로 올라가고 땅이나 대기 온도 역시 평균보다 빠르게 상승하고 있죠. 이 모든 게 서구화와 산업화 그리고 개발주의라는 이데올로기에 나라 전체가 매몰되어서 그래요. 부동산 공급이라는 목적으로 재개발이 빈번하여 전국의 빈터마다 아파트가 들어서고 각종 건축물이 발 빠르게 공급되죠. 이에 따라 산업폐기물이 곳곳에서 어마어마하게 쏟아져요. 절반 이상이 건설 계통의 폐기물입니다. 해마다 생활 쓰레기는 우리나라에서 전체 폐기물의 10% 남짓에 그쳐요. 나머지 90%는 모두 공장 등의 산업 시설과 아파트 등의 건축물에서 나오는 '개발주의 쓰레기'들이죠. 삼천리 금수강산이 우리의 서구화 자본주의 열성으로 쓰레기 국토가 되었어요. 깨끗한 물, 맑은 공기는 소싯적의 꿈속에서 찾을 뿐이죠. 서글프고 속상하고 안타깝습니다.

'안보 딜레마'라는 게 있어요. 안보 강화 노력이 상대를 자극하여 군비 증강의 악순환을 일으켜 결국은 안보가 더욱 위협받게 되는 거예요. 순리적으로 볼 때 당연히 그렇게 되겠죠. 이것은 자연스러운 논리의 흐름이며 현실 상황의 흐름이죠. 이럴 때는 경쟁을 당장 그치고 당사국들 서로가 '그만 멈춤'을 선언해야 해요. 오늘날 자본주의 문명의 발전 방향이나 흐름을 '자본의 딜레마'로 이름 짓고 싶군요. 자본주의 시스템의 무한 질주를 보세요. 지구 평화를 위해서도 이쯤에서 그만 멈추어야 합니다. 과학기술과 생활 편의의 개발과 발전 상태가 지금이 최선이라고 선언해야 합니다. 지구상에서 자본주의 삶의 무한 질주를 멈추어야 해요. 비를 막는 개인 장비로는 우산 하나(자동 펼침 장치)면 충분합니다. 옛날이나 지금이나 우산은 성격이나 모양이나 기능이 비슷해요. 비유하건대 자본주의 발달은 우산의 발달 정도에 그쳐야 합니다. '멈춰~ 자본주의'

3. 한국 사회는
여성의 돌봄 능력이 필요하다

요양보호사가 중장년 여성의 인기 직업이 되었어요. 요양보호를 비롯한 돌봄 노동은 숙련이 필요하고 노동 강도가 높은데도, 가정 내에서 여성이 무급으로 맡아왔다는 이유로 가치를 인정받지 못하고 있지요. 여성이 다수인 직업군은 대체로 처

우 개선이 더디고 노동 강도가 높으며 임금이 낮은 게 특징이
지요. 고강도 저임금 일자리에 내몰렸음에도 구직 의지를 잃지
않는 여성이 한국 사회에서 질 좋은 일자리를 수월하게 얻을
수 있도록 방법을 찾아야 합니다.

여성은 대부분 힘든 일에 종사하면서도 힘든 일을 싫어한다
는 오해를 곧잘 받아요. 고강도 저임금 일자리가 여성 개인의
노후 대책으로 떠오른 현실은 공공의 실패를 가리킵니다. 누군
가의 돌봄을 받아보지 못한 이들이 끊임없이 누군가를 돌보며
살아야 한다는 것은 아이러니가 아닐 수 없어요. 요양보호사가
환경미화원처럼 연봉과 직업 안정성에서 고개가 끄덕여지는
매력적인 직업이 되기를 바랍니다. 늙어가는 대한민국에서 요
양보호사는 몇 안 되는 희망입니다.

4. 한반도라는
유리병 속에 개미가 산다

검은 개미와 불개미를 각각 100마리씩 모아서 유리병 속에
함께 놓아두면 처음에는 별다른 일이 일어나지 않아요. 그런데
이 유리병을 세차게 몇 번 흔들어놓고 다시 관찰해보면 개미들
이 서로를 죽이면서 싸우기 시작해요. 갑작스러운 공포와 스트
레스에 맞닥뜨린 상황에서 불개미는 검은 개미를 적으로 생각
하고 검은 개미는 불개미를 적이라고 믿는 것이죠. 정작 유리

병을 흔들어놓은 것은 사람이지만 개미들은 진짜 적이 누군지 상상조차 할 수 없지요.

우리 사회에는 여러 갈등이 존재합니다. 세대 갈등, 남북갈등, 젠더 갈등, 지역 갈등 등 사회적 통합과 대의 수렴을 방해하는 여러 층위의 갈등이 큰 문제로 부각 되고 있어요. 과연 이러한 갈등이 실제로 그 대상 자체의 문제에 기인한 것인지, 아니면 우리가 생각하는 인식의 틀이 왜곡되어서 눈앞에 보이는 대상에 문제를 투사하는 것인지 돌아볼 필요가 있습니다. 수시로 갈등을 쑤석이는 악마 언론을 예의 주시해야 하죠.

유리병 속의 개미들처럼 서구의 조작과 농간으로 지옥 같은 삶을 살던 사람들이 있습니다. 아프리카 르완다 대학살이 가장 유명하죠. 유럽이 식민 정책을 펴면서 르완다 아프리카인을 이분법으로 갈라놓은 게 대학살의 근본 씨앗이었죠. 한쪽은 외세편을 들어 지배 세력으로 만들고 다른 쪽은 피지배 압박 대상으로 남아 나라가 독립 후에 갈등과 대립이 극한치에서 폭발한 게 바로 르완다 내전이고 대학살의 참극이었어요. 백인종들이 뿌린 죄악의 씨앗이 인종 청소라는 악의 꽃으로 피어났던 거죠. 따지고 보면 우리나라 6.25 한국전쟁도 그런 성격의 것입니다.

미얀마의 로힝야족 학살 사건도 결국은 제국주의 백인종들때문에 일어난 거예요. 19세기에 영국의 식민 지배를 받던 인도에서 많은 사람들이 식민 지배 정책에 따라 동남아로 분산배치가 되었죠. 이때 영국 총독부는 교활하게도 인도인들을 민족별로 특성을 파악하여 직업을 강제 배정하였는데, 가령 인도 시크교인들은 경찰이나 용병으로 부려먹고 무슬림 로힝야족은 영국의 버마족 지배에 동원되었죠. 군대 병력이나 악질 지주 계급으로 말이에요. 그래서 이후 영국 제국주의가 버마에서 손을 뗀 후 로힝야족은 독립국 미얀마 정부의 혹독한 탄압과 박해를 당하게 되었던 거죠. 지금도 이곳에는 갈등과 혼란, 학살과 추방과 인종 청소라는 잔혹한 사건들이 자주 저질러집니다.

유리병 속 개미들이 겪는 참혹한 사건은 지금도 이어지고 있어요. 19세기부터 전 세계 곳곳에 백인종들이 악의 씨앗을 뿌려놓은 까닭에 동족상잔의 비극은 어제도 오늘도 계속되지요. 서양 기원 1948년에 제국주의에서 독립한 대한민국이나 서구 제국주의의 힘을 빌려 독립국을 건설한 이스라엘을 한번 보세요. 대한민국은 유리병 속의 개미가 되어서 미국과 소련과 일본 제국주의가 흔들어댄 유리병 안에 갇혀 남 개미와 북 개미가 미친 듯이 싸웠어요. 배달겨레가 서로 원수가 되어 미워하고 헐뜯고 증오하고 혐오하고 학살하고 학대하고 그렇게 살아왔지요. 지금도 그렇게 살고 있어요. 유리병을 누가 흔들었는지도 모르고 알려고도 하지 않은 채 어제오늘도 서로가 원수처럼 악마처럼 싸우고 있습니다. 제국주의가 만든 분단의 땅에서 대한민국은 반쪽짜리 평화에 기대어 겨우겨우 숨만 쉬며 살아갑니다. 북한은 한반도에서 외계인이 사는 땅이 되어 버렸죠. 우리는 그곳을 전혀 알려고도 하지 않고 가려고도 하지 않고 갈 수도 없습니다. 그야말로 한반도에서 방 안의 코끼리 같은 존재가 북한입니다. 서로를 철천지원수로 대하는 게 아니라면 있어도 없는 척 투명 존재로 처리하고 살아가지요.

또 저기 이스라엘과 팔레스타인을 좀 보세요. 유럽 제국주의가 뿌려놓은 악의 씨앗이 그곳에서 살육의 꽃을 피우는 격입니다. 예루살렘 땅은 전쟁 같은 삶을 하루하루 견디고 있어요. 그곳은 젖과 꿀이 흐르는 약속의 땅은커녕 유럽 제국주의가 만든 전쟁의 땅, 학살의 땅, 비극의 땅이 되어버렸죠. 그곳의 팔레스타인과 이스라엘의 충돌은 역시 유리병 속에 든 개미 같은 존재들이라서 그런 게 아닐까 합니다마는. 그렇다면 지구상의 이 모든 곳에서 유리병을 스스로 깨뜨려 탈출하는 게 진정한 해방이며 독립이 아닐까요.

5. 갈등을 조장하는 언론의 흉계

모든 갈등은 개인이나 집단이나 국가의 이익 구조와 연결되어 있어요. 말하자면 갈등의 원인이 순수한 동기에서 출발할 수가 없는 거죠. 인간 사회의 이익 구조가 갈등 사태를 그대로 내버려 두지 않거든요. 따라서 사회 공동체가 어떤 대상에 대해 갈등이 심해질 때 우리가 이를 한번 되돌아볼 필요가 있어요. 이러한 갈등이 누군가에 의해 전략적으로 조장될 가능성이 매우 높기 때문이죠. 한반도라는 투명 유리병을 자꾸 흔들어 갈등을 심화시키는 배후가 누군지, 혹시 우리 주변의 이웃을 우리가 적으로 오해하고 있는 것은 아닌지, 그럼 진짜 적은 누구일까 하는 것을 찾아보는 거죠. 혐오의 색안경을 벗고 눈앞에 보이는 가짜 적과의 싸움을 잠시 멈추면 어떨까요. 이 갈등으로부터 가장 큰 이익을 보고 있는 배후가 누구인지 생각해볼 일입니다.

첫째는 세대 갈등 문제입니다. 사회 발전 속도가 유난히 빠른 한국에서는 여전히 전근대적 문화가 상당수 남아 있어요. 8.15 광복 이후 농경시대로부터 급속한 산업화 시대를 거쳤나 싶더니, 어느새 정보화 시대를 넘어 4차 산업 혁명·인공지능 시대로 치닫고 있어요. 그런 이유로 새로운 세대는 옛날에 못 살고 못 먹던 그런 세상이 존재했다는 것을 상상하지 못해요. 문제는 이런 차이를 자연스러운 것으로 인정하고 여러 세대가 평화롭게 공존하면 되는데, 언론의 부추김 때문에 서로를 적대적으로 대하는 세대 갈등 현상이 나타나는 거예요.

두 번째는 젠더 갈등 문제입니다. 극단적 성향을 가진 일부의 문제라고 여겼던 현상이 이젠 사회 여러 곳에서 툭툭 불거져 나와요. 남녀 성차별과 역차별, 페미니즘과 반페미니즘, 병역의무의 남녀 차별 여부 등이 논란이 되고 있죠. 20대 남녀의 정치적 성향 차이도 젠더 갈등과 전혀 무관치 않아요. 그런데 젠더 갈등이 사회 발전 과정에서 자연스럽게 나타난 현상이라기보다는 정치적으로 의도되거나 악용될 가능성이 아주 크다는 게 큰 문제입니다.

세 번째는 남한 내부의 갈등 문제입니다. 이것은 북한 문제를 둘러싼 사회 갈등입니다. 이 문제는 남북한의 대립과 혐오를 부추기는 정치적 도구로 활용되기 쉬워요. 그래서 북한 이슈는 선거철마다 쟁점으로 떠오르곤 하는데, 과거 독재주의 보수 정권은 북한에게 무력도발을 사주하기도 했었죠. 오늘날에는 '미-중 전략 경쟁' 국면에서 남한 내부의 갈등이 첨예하게 심화되어 나타납니다. 사실상 미-중 간의 대립은 한국 내에서 정치적 견해 차이에 따는 갈등을 유발하거든요. 어떤 가치보다 국익을 우선시하는 냉철한 국제관계에서는 이러한 갈등이 전략적으로 조장될 가능성이 굉장히 높아요. 일방적인 친미 태도나 일방적인 반중 정서는 절대 금물입니다. 언론의 태도에 따라 우리가 여기에 부화뇌동하면 국익은 말할 것도 없고 나라의 정체성이 크게 흔들립니다.

자유로운 생각의 가장 기본 되는 바탕을 말해볼까요. 국가보안법의 폐지 없이는 대한민국은 민주주의 국가가 결단코 될 수 없어요. 우리나라 이분법의 진영 논리가 여기에 뿌리를 대고 있지요. 남북분단의 현실은 양극화 국론 분열의 중심이며 거대한 악의 꽃밭입니다. 사실은 남북이 공존하면서 한반도에서 '따로 또 같이' 함께 살 수도 있고 또 현재 그렇게 살고 있기도 하지만요. 감히 말합니다. 우리나라에서 국가보안법은 인권을 유린하고 평화를 방해하며 표현의 자유를 억압하는 악의 꽃입니다. 지구상에서 우리 대한민국이 산업화와 민주화에 동시에 성공한 최초의 나라가 되고 싶다는 욕심도 국가보안법 앞에서는 속절없이 무너져요.

현재 남북의 경제력은 50배 이상 차이가 나고 한 해 국방비는 남한이 북한보다 30배가량 더 많이 쏟아붓죠. 국력의 차이가 엄청납니다. 국가보안법을 전면 폐지해야 합니다. 국기문란이나 이적행위에 국가보안법 말고도 처벌할 수 있는 법적, 제도적 장치가 아주 많아요. 국가보안법은 서양식 마녀사냥의 도구일 뿐입니다. 서양을 탈출해야 합니다. '국.보.법'을 버려야 서구 문명의 사슬에서 끝내 벗어날 수 있어요. 극단주의 충돌을 기반으로 삼는 서구 사상과 서구 종교와 서구 문명은 악의 거대한 꽃밭입니다. 우리가 빨리 서구 사대주의 풍조에서 탈출해야 해요. 그래야 우리나라가 진정한 세계 1등 국가, 세계 평화와 세계 문명을 선도하는 양반 일류 국가가 될 수 있어요.

민주주의 국가에서 언론의 역할은 정치집단과 손을 잡고 시민을 선동하는 것이 아니라 객관적 보도를 통해 함께 사는 사회 공동체에 대한 시민의 이해를 돕는 것입니다. 그렇게 해야만 시민들은 언론을 통해 사회 공동체를 바르고 빠르게 이해하게 되고, 정치인과 권력자들의 행위에 대해 온당한 책임을 물을 수 있지요. 이것을 통해 민주주의 토대가 확고해지는 것은 물론이죠. 독재 언론을 감시하고 견제하는 게 민주 시민이 할 수 있는, 세상에서 가장 멋진 봉사활동이 아닐까요.

6. 혐오와 차별이
보수 육체파의 실체다

분단 권력 속에서 다르다는 이유로 가해진 차별과 혐오의 역사를 끝장내야 합니다. 이분법은 사회악이죠. 극단의 이분법은 극단의 사회악입니다. 이분법 사회는 적이 있어야 가능해요. 적이 없으면 적을 만들어야 하죠. 통상적으로 적은 정체성이 또렷하지 않고 이름이 없는 경우가 많아요. 그때는 언론이 이름을 슬쩍 붙여주며 만들죠. 독재언론을 통해 페미니스트 또는 빨갱이 따위의 이름이 유포됩니다. 이걸 아주 반복적으로 자주자주 되풀이하죠. 대중들이 몽땅 세뇌될 수 있도록 말이에요. 이렇게 해서 비정상적 국가 이데올로기가 또 탄생합니다. 보수와 진보라는 이분법. 이 공식에 따라 줄기차게 혐오와 차별의 대상이 생겨나요. 없으면 만듭니다. 언론이 그렇게 하죠. 대한민국에서 첫출발은 공산주의와 자본주의 진영의 다툼이었죠. 그 싸움이 우리나라에서 흑백 이분법의 출발이었어요. 옛날 미국과 소련이 대표하던 자유 진영과 공산 진영. 이 악마적 이분법이 바로 '진영 논리'입니다.

진영 논리는 비유하면 고장 난 벽시계입니다. 역사의 시간이 고장 났어요. 오늘이 없어진 거죠. 현재가 지워졌어요. 그러나 고장 난 벽시계는 하루에 두 번 맞는 때가 있어요. 그래서 주인은 차마 벽시계를 버리지 않죠. 필요할 때 증거물로 써먹으면 되거든요. 이 벽시계의 주인이 현대 한국인들이에요. 사실은 독재언론의 사주들이 벽시계 주인들입니다. 진보와 보수라는 시침. 하루 24시간이 낮에는 진보, 밤에는 보수가 돼요. 진보와 보수가 그런 것이라고 독재언론들이 매일 광고를 하는 거예요. 서기1945년 8월 15일 해방 이후 80년을 그렇게 되풀이했죠. 이젠 누구도 이 벽시계가 고장 난 줄을 몰라요. 대한민국 시계가 보수 아니면 진보가 된 거예요. 숫제 양자택일이죠. 사람들마다 보수 아니면 진보 - 양분의 틀 속에 아예 집어넣어요.

누군가가 고장 난 벽시계를 고치려고 했더니 그냥 예전처럼 놔두라고 난리가 났다죠. 누가요? 다름 아니라 이 나라 언론들이지 누구겠어요? 보수와 진보라는 이분법 사상이 아니고서는 국민을 이간질해서 원수인 양 두 패로 나누어 싸움 붙이기가 쉽지 않거든요. 만약 극단적 이분법이 사라진다면 그러면 독재언론의 지배력이 형편없이 약화 되는 까닭입니다.

지금의 고장 난 벽시계를 억지로 고치려 들면 언론이 막무가내 들고 일어나 우리 사회의 분열과 갈등을 날카롭게 건드립니다. 양분법에 절대 손대지 말라는 거죠. 먼지와 악취가 발생한다고, 증오와 분열이 그 속에서 다시금 살아난다고, 국민들을 다그치며 선동합니다. 그래 한국 사회에서 분열과 갈등의 역사가 지금도 계속되고 있지요. 왜냐고요? 우리나라 독재언론이, 최고 권력자인 부르주아 기득권 세력들이 그걸 절대 바라지 않으니까요. 가령 탈원전 사업만 하더라도 그래요. 탈원전은 국민의 생명과 안전을 위해 눈앞의 이익을 포기하는 거시적 결단입니다. 그런데도 육체파 독재주의 세력은 생명파 진보 정부의 탈원전 정책 때문에 '탈원전 세금 청구서'가 집집마다 폭탄처럼 날아온다면서 국민들에게 줄곧 불안감을 조성하지요. 그들에게 국민의 생명과 안전보다 중요한 것은 권력과 이권의 획득입니다. 실제로 문재인 정부의 탈원전 정책은 지금껏 한 번도 시행하지도 않았어요. 국가 정책의 큰 그림을 그려서 발표했을 뿐. 서기2080년까지 완전한 탈원전 국가가 되는 로드맵을 제시하고 있을 뿐이었죠.

언론에서 창조한 '내로남불'이 참 유명해요. '내 편이 하면 로맨스, 상대편이 하면 불륜' 말이에요. '내로남불'은 한국 언론이 창조한 구호입니다. 진영 논리죠. 진영 논리는 하나의 극단을 추구하며 상대편과 싸워요. 한쪽을 극단적으로 옹호하고 다른 쪽을 극단적으로 증오하고 – 이곳에는 양극만 있을 뿐 중간은 없습니다. 철저한 흑백논리예요. 유일신 찬양이 아니면 무신론 이단으로 몰아가요. 민주주의가 아니면 공산주의고, 이쪽 말을 안 들으면 친북 빨갱이가 되는 건 정해진 순서입니다. 이런 까닭에 대한민국이라는 사회 공동체를 가로지르는 큰물에는 늘 증오와 혐오가 넘쳐납니다. 사람들의 생각과 삶의 방식을 극단으로 몰고 가죠. 이곳에서 평범하게 사는 보통 사람들은 존재 자체가 없는 투명 인간으로 취급받고 말아요. 악마 언론의 가공할 힘이죠. 신문 방송에서 그렇게 만들어요. 오래전부터 한국 언론의 문법은 보수가 어떻고 진보가 어떻고 운운하는 것으로 극단주의 양분법 세상을 날마다 부추깁니다.

한국 사회의 가장 큰 문제점은 이렇게 혹독한 갈등의 뿌리를 도무지 찾을 생각을 안 한다는 거예요. 어디서부터 잘못됐는지 탐색할 생각을 안 해요. 그저 눈앞만 보고 진영 논리로 편 가르기를 계속해요. 진영 논리에 매달린 사람들은 보통 사람들한테 엄청난 빚을 지고 있다고 보면 돼요. 양극단에 끼지 않는 다수의 보통 사람들을 기본값으로 하여 한국 사회를 리셋하는 과정이 필요합니다. 헝클어지고 꼬인 극단의 마음자리를 본래의 한국인의 심성으로 돌려야 해요. 일방적인 서구 추종이 우리에게 주술처럼 물려준 악마의 이분법에서 벗어날 방법이 정녕 없을까요? 아닙니다. 있어요, 있고 말고요. 양극 충돌 사상을 중간층에서 '조화'라는 하나의 버전으로 녹여버려야 해요. 영혼의 용광로에 쓸어 담고 우리의 마음 자리가 다시 태어나야 하죠. 대한민국은 할 수 있어요. 아니 해야만 하죠. 우리가 불러들인 서양 추종의 저주는 오직 우리 자신이 풀 수 있어요. 주야장천으로 한국인 모두가 백인 유럽을 사모하고 존경하고 미국을 추종하고 흠모하는 그 마음을 버리면 가능해요. 할 수 있어요. 우리는 해야만 합니다. 서양을 탈출합시다.

7. 민주주의는
노력하는 마음속에 있다

한 인간이 사회 속에서 변하는 것처럼 사회도 변화의 물굽이를 탑니다. 한순간도 고정되지 않아요. 변하고 변하고 또 변해요. 이것이 민주주의입니다. 최선을 찾아가는 노력이 민주주의이지요. 인생이 그런 것처럼 말이죠.

우리는 지금 행복한가요? 사회는 전쟁터가 되었고 사람들은 돈을 좇아 양심도 체면도 내팽개쳐요. 돈이 되지 않는 것은 능력이나 재능이나 간에 사람들에게 선한 영향력을 행사하기 어렵죠. 무분별한 도시 개발로 덕을 보려고 자연을 잔인하게 난도질하고 국토를 아주 참혹하게 망가뜨리는 일에 분주해요. 서구 자본주의 문명의 틀 속에 갇혀 살며 최고의 자살률과 최저의 출산율이 어느덧 우리 사회의 특징이 되었어요.

우리 사회는 지금 삶에 대한 태도나 생활 환경의 질이나 사회의 안정성과 공정성 등이 최하위입니다. 자본주의 현대인들은 세상의 즐거움은 앞당겨서 먼저 누리고 자연 훼손과 지구 파괴의 근심은 후세들에게 단연코 미루고 말아요. 자본 친화적 개발주의자들은 우리나라 유명 강들을 개발하려고 댐을 세우고 자연을 배반하여 직선으로 물길을 만들었죠. 그들은 탐욕적이고 이기적인 선조들이 틀림없어요. 사람이 아니라 그야말로 자본주의 '경제 동물'들이죠.

행복은 외적 조건이 아니라 우리 자신의 존재 그 자체로부터 옵니다. 돈뭉치 속에 행복이 있는 게 아니라 우리 내면의 아름다움에 행복이 있어요. 큰소리로 같이 외쳐볼까요. "모두가 행복해야 나도 행복하다." 이것도 사실은 말보다 실천이 엄청 중요합니다마는.

8. 홍익인간
대동 세상

서구인들이 지구 문명화 임무와 지구 식민지 정책 유지를 포기하지 않고서는 지구인들의 삶이나 지구 생명체들의 삶이 평화를 보장받기가 어렵습니다. 우리 자신도 열린 마음, 큰마음을 가져야 해요. 사회주의적 사고방식이나 삶의 방식이 인류 문명의 지속 가능한 대안일 수도 있습니다. 지구인들 모두가 인류 문명의 대전환을 알아채고 준비해야 합니다. 반공 국가 대한민국에서도 필요하면 공산주의 제도나 사회주의 철학을 심도 있게 고찰할 수 있어야 해요. 의식의 개방과 확장이 필요합니다.

우리 겨레 고유의 '홍익인간 대동 세상' 철학을 우리가 세계인에게 펼쳐 보여야 해요. 그럴 때가 왔어요. 그럴 때가 되었죠. 지구상에서 인간종들이 지금의 자본주의 사회와는 전혀 다른 새로운 체제에 눈뜰 수 있도록 우리 한국인 앞장서야 합니다. 남한과 북한, 좌파와 우파의 사고 경계선을 넘어서야 합니다. 서양을 탈출해야 합니다. 서양이 만들어놓은 분단선을 넘어야 해요. 서양 철학을 깨뜨려야 합니다. 서양 종교를 무너뜨려야 해요. 흑백 이분법을 넘어서야 합니다. 젊은 한국인에게 드넓은 상상력의 천지를 개방해야 해요. 청년들의 무한 상상력에 일체 제한을 두지 말아야 해요. 기득권 이데올로기와 반공 종교의 횡포에 함께 저항해야 합니다. 반공이 종교인 나라에서 우리가 지금 철저히 의식혁명을 해야 합니다. 한반도 사람들의 영혼을 자유롭게 해방하는 게 가장 중요해요. 그러면 즐거운 상상력이 춤을 추고 그 속에서 우리 삶이 한결 더 행복해질 테죠.

지구 식민지화를 추진한 유럽의 자본 문명인들은 직접 투자 외에도 약소국에 차관을 주고 종주국의 이윤을 극대화했어요. 전 지구를 식민지로 만들기 위한 서구 자본주의 경제는 금융과 산업 간의 동맹이 큰 축이었음을 알아야 해요. 자본을 지배하는 금융과 그 자본을 활용하는 산업이 결합한 금융 자본주의 경제가 오늘날까지 지구 전체의 경제를, 세계를 지배하고 있습니다. 늦지 않았어요. 서양을 탈출해야 합니다.

9. 부동산 불로소득은
모두를 힘들게 한다

서구 자본주의 문명의 성립 이후로 인간은 과도한 생산과 소비를 반복함으로써 지구 환경의 위기를 초래했어요. 45억 년 동안 자연이 축적해온 자원을 불과 200년 만에 고갈시키고 말았죠. 지구 자원과 에너지의 적정 생산과 적정 분배를 위해 새로운 사회 체제가 필요합니다. 자본주의 사회 혹은 민주주의 사회가 아니라도 좋아요. 공동 생산, 공동 소비 사회 체제가 필요하면 도입할 수 있어요. 지구 위기 상황에서 사회적으로 공동 생산, 공동 분배도 가능합니다. '공산주의'는 '공동 생산'을 강조하는 표현이지요. 왕조주의, 공화주의, 공산주의, 사회주의라는 것도 결국은 사람이 살아가는 이야기입니다. 행복한 세상은 무엇보다도 먼저 상상력이 막힘 없이 시냇물 흐르듯 쏟아져 나와야 해요.

대한민국에서 서구 자본주의가 본격 도입되던 1960년대와 1970년대는 대규모 토목 공사와 개발로 전국의 땅값이 들썩거렸어요. 평당 300원 하던 강남 신사동 땅값이 1년 사이에 10배가 뛰었죠. 토지 소유만으로 돈을 버는 것이 불로소득이 맞아요. 규제 대상입니다. 불로소득을 없애면 당연히 투기가 줄어들죠. 그러니까 근로소득에 앞서 불로소득에 세금을 철저히 매겨야 해요. 불로소득을 세금으로 환수하면 사실상 국가가 토지 공유를 시행하는 셈이 되죠. 하늘이 준 땅은 우리 모두의 것입니다. 토지 공유제가 맞습니다. 저 하늘과 이 바람조차 우리 모두의 것입니다.

토지 공개념을 정책적으로 도입하면 어떨까요? 공산당이니 사회주의니 빨갱이 사상이니 하는, 그런 걸 따지지 말고 해요. 헌법에 적힌 사상의 자유를 우리가 도대체 언제 써먹나요? 국가 주도로 토지는 공공이 소유하고 건물만 민간이 거래하게 하는 방법도 있어요. 그러면 땅 부자, 아파트 부자가 되려고 투기하는 자들이 몽땅 다 없어져요. 똑같은 품질의 아파트라도 서울과 지방의 엄청난 가격 차이는 결국 땅값 때문이거든요.

자본가와 발전 개발주의자들은 어떻게든 앞으로만 계속 전진할 것입니다. 그들에게 멈춤이나 망설임은 없어요. 어떻게든지 돈은 벌어야 하고 인간의 삶은 발전적으로 해결될 수 있다고 보는 거죠. 그들은 자본과 종교와 과학기술을 믿고 앞으로 쭉쭉 나갈 거예요. 어제오늘의 코로나 사태는 인간 생존의 불가피한 부작용 정도로 생각하고 말겠죠.

한국 사회에서 강한 정책이 필요합니다. 누구도 부동산 불로소득을 챙기지 못하도록 해야 해요. 그런데 사실은 예전에 우리나라가 자본주의 문명 출범 초기 시절인 서기1970년대에 국가 주도로 경부 고속도로를 처음 만들면서 우리 정부가 강남 개발에 바로 뛰어들었죠. 이때 박정희 공화당에서는 엄청난 토지 불로소득을 정치자금으로 상당히 챙겼어요. 정부 고위 인사들이 토지와 아파트를 특혜 분양을 받고 막 그랬죠. 정경유착이 공공연했어요. 자본주의 시대라는 게 곧 부르주아 기득권 지배 시대라는 게 틀림없었어요. 대한민국 민주공화국은 허명이었죠. 지구 위 자본주의 문명국은 부르주아 지배 국가가 그 분명한 정체입니다. 현대 문명화 시대에 지구상 많은 나라가 기득권층들이 특권을 가지고 나라의 부를 가지고 마음대로 농단했어요. 그때 우리나라도 예외가 아니었죠.

농토 개혁의 원칙인 '경자유전'(농사를 짓는 자가 논밭을 가짐) 법칙을 1970년대 근대화 시절 대한민국 도시화 과정에도 적용했다면 그것이 바로 '주자유택'(실거주자가 집을 가짐)의 개념이 될 테지요. 그것은 집 소유를 실소유자만 하게끔 하는 거죠. 그러면 애당초 아파트 투기라든지 부동산 불로소득 광풍이 생기지 않았을 테죠. 지금도 늦지 않았어요. 나라 경영의 기본 틀을 토지 공개념 속에서 짜면 돼요. 민주공화국의 틀을 다시 짜야 합니다. 공산주의와 사회주의에서 좋은 제도가 있으면 그걸 배우고 연구하고 도입할 수 있어야 합니다. 포퓰리즘이니 뭐니 해서 대뜸 좌파 빨갱이 딱지를 붙이고 공격하는 부르주아 기득권층의 장난질을 더는 용납해서는 안 돼요.

흑과 백의 양자택일을 강요하는 세상은 정말 끔찍해요. 오직 두 개 중에 하나를 선택하라는 문제지는 출제부터 잘못된 것입니다. 출제가 잘못된 문제는 답할 필요가 없어요. 문제를 다르게 내고 다르게 푸는 게 좋아요. 열린 마음으로 세상을 대하고 열린 눈으로 현실을 보아야 합니다. 사람이 인위적으로 만들지 않는 자연물은 개인의 것이 아니라 모든 사람의 것이 맞습니다. 그것은 하늘의 것이죠. 자연이라는 부모님의 공동

재산입니다. 이것이 곧 토지 공유제의 대원칙입니다.

　우리나라의 지금 가장 큰 문제는 부동산 불로소득을 제대로 관리할 정책이 없다는 겁니다. 땅값이나 아파트 매매에서 오는 부동산 불로소득은 국민 모두를 팬데믹에 빠뜨리는 코로나 바이러스 같은 종의 전염병입니다. 투자와 투기의 광풍이 불어서 온 국민이 힘들어해요. 나라의 부동산 정책이 단순히 집값 잡기 정도에 그쳐서는 안 돼요. 막대한 부동산 불로소득, 부동산으로 나뉘는 인생, 새로운 부의 사회의 도래, 서민들의 내 집 마련의 고통, 갈수록 커지는 자산 격차 등등 문제가 여간 많은 게 아니에요. 부동산 불로소득의 원천을 폐쇄해야 합니다. 부동산 투기로 막대한 불로소득을 챙길 기회를 제도적으로 막아야 해요. 부동산 불로소득을 누리는 세력을 발본색원하여 엄벌에 처해야 합니다(대장동 개발 특혜 사건에 내장된, 권력 기득권자들의 불법과 부패와 불공정 사태를 상기 바람). 아니 아니, 그런 투기의 밑바탕부터 제도적으로 폐쇄해야 하죠.

10. 너무 뜨겁게 살지 말자

　가볍게 데면데면 사는 게 좋아요. 마음 중심만 꽉 잡고 말이죠. 이걸 '존심'(存心)이라고 해요. 존심을 잘 지키고 천성대로 살면 좋아요. 너무 뜨거우면 불에 데쳐져 삶이 고통스러울 수 있어요. 열심히 사는 건 좋은데 뜨겁게 살지는 마세요. 자기 건강을 지키면서 사는 게 제일 잘 사는 거예요. 세상을 전부 얻어도 건강을 잃으면 무슨 소용이 있나요.

최선을 다하면 좋지만, 매사에 최선을 다할 필요가 있을까요. 최선을 다하지 않아도 돼요. 쉬엄쉬엄해도 돼요. 결정적인 순간에만 최선을 다하면 돼요. 그러면 마음에 사이 공간이 생겨요. 거기서 휘영청 놀면 되지요. 지금과 다른 세상은 농담과 여유로 앞당겨집니다. 죽기 살기로 억세게 하면 오히려 멀어져요. 알다시피 자본주의 사회는 약육강식의 정글입니다. 너나없이 최선을 다하는 사회는 동물의 왕국입니다. 야수들이 지배하는 사회는 위험 사회지요.

자연 생태계에서 인간을 제외하고 뭇 짐승들은 순간순간 최선을 다해요. 새들은 언제나 최선을 다해 날고 물고기는 언제나 최선을 다해 헤엄쳐요. 동물들은 자신의 능력을 결코 덜 발휘하지 않아요. 전략을 짜거나 계산적이지 않죠. 그러나 사람은 무언가를 잘하지 못해도 되는 존재예요. 사람은 자신이 춤꾼인데도 필요하면 막춤을 추기도 하고 빠른 길을 알면서도 필요에 따라 일부러 길을 에둘러가고는 하죠. 사람은 실낙원 세상을 자신의 뜻에 따라 쉴 낙원으로 슬쩍 비틀어 이를 즐기기도 해요.

그렇습니다. 최선을 다하는 자세가 꼭 좋은 것만은 아니에요. 때로는 느리게 살고 여유를 즐기는 게 좋아요. 벗님들이여, 너무 뜨겁게 살지 말아요. 자본주의 세상은 사람을 너무 바쁘게 볶아대요. 이럴 때 가능하면 천천히 사는 게 저항의 몸짓이 되기도 하거든요.

사람들은 행복하기 위해 공부를 하는데, 공부하면 진짜로 다들 행복한가요? 아는 사람은 다 알지요. 공부를 잘해도 행복하지 않고 공부를 못해도 행복할 수 있음을. 공부보다 중요한 것은 운동입니다. 밥 먹는 것처럼 운동하면서 건강을 지키는 게 가장 중요해요. 하루 24시간을 운동 반 공부 반으로 하면 가장 좋지 않을까요? 하루가 '잠 반 꿈 반'이면 더더욱 좋겠죠. 하하하 코로나 전성시대가 희한한 큰 그림을 그려서 보여줍니다.

재미 삼아 문제를 한번 풀어볼까요. 7조 6,863억 6,977만 4,870과 2조 4,650억 9,974만 5,799를 곱하면 답은? 열세 자릿수끼리의 곱셈을, 이 계산을 누구는 글쎄 암산으로 풀었대요. 서양 기원 1980년 런던에서 인도 수학자 샤쿤탈라 데비(여.1929~2013)가 군중들 앞에서 공개적으로 풀었습니다. 답은 18자 9,476해 4,817경 7,995조 4,264억 6,277만 3,730이고, 계산 시간은 28초가 걸렸습니다. 그때 대형 컴퓨터 계산으로 정답을 확인하는 시간은 1분이 한참 넘었다고 하네요.

11. 보수와 진보라는 이분법

한국 사회에서 자본주의 체제에 문제가 없다고 생각하는 사람은 없어요. 모두가 입 빠르게 사회 구조 탓을 하죠. 그런데 놀라운 것은 근본적으로 체제 변화를 주장하는 사람은 없다는 거예요. 이분법을 강요하는 분단 권력의 압제에 변혁의 상상력이 고갈된 게 아닐까요. 사회주의 방식이나 공산주의 제도라는 용어를 꺼내기조차 어려워요. 자유 민주 국가에 살면서도 우리 한국인은 자주 말문이 막히고 생각이 막히고 상상력조차 막혀요. 대한민국 사람이라면 누구나 이런 경험을 자주 하게 되어 있어요. 근본 원인은 우리나라가 자유주의 분단국가라서 그래요. 대한민국이 철저한 반공산주의 국가라서 한껏 그렇죠. 그런 이유로 사회 구조에 큰 문제가 있어도 기껏해야 그때그때 손보면서 앞으로 계속 전진하는 일만 있을 뿐이죠. 획기적으로 뜯어고칠 수가 절대 없어요.

남북 적대 상황에서 한국이 분명한 한계치가 있는 거예요. 한국의 자본주의를 수정하고 변혁하면 그게 바로 공산주의가 되고 사회주의가 된다고 우겨대는 분단 권력이 존재하는 까닭이지요. 남북 화해에 애를 쓰면 쓸수록 좌파 정권이 되고 빨갱이에게 나라를 팔아먹는 반역자가 되고 마는 꼴이죠. 그런 만큼 우리는 대한민국이라는 사회 속에서 누구나 조심조심해요. 사상 조심, 말조심, 생각 조심, 표현 조심. 수정 자본주의에 또 수정 자본주의에 수정 자본주의에…한국 사회가 법률적으로 제도적으로 아예 누더기 넝마가 되어도 우리는 정글 자본주의를 보물처럼 꼭 붙들고 있을 수밖에 없다마다요.

한국의 상식은 자본주의 종말이 곧 지구 종말로 받아들여지는 세상입니다. 우리나라에서 체제 변화는 꿈도 꿀 수 없어요. 조선 시대 같은 과거로의 회귀는 결코 돌아갈 수 없는 꿈속입니다. 고려 시대 같은 세상살이는 절대 바랄 수가 없어요. 현대 한국 사회는 흑백 이분법으로 세상이 완전히 갈라치기가 됐으니까요. 세상은 부르주아 기득권층과 기득권 아닌 층으로 이분화되었죠. 양극화 세상이 날마다 펼쳐져요. 가장 큰 문제점입니다. 살펴보면 우리나라 기득권층의 외연이 상당히 넓어요. 사회적 최약자 빼고는 모든 이가 여차하면 기득권으로 올라설 준비를 하면서 살죠. 기득권층 일부가 혜택을 양보한다면 사회 변화를 일부나마 기대할 수는 있겠지요마는. 그러나 그럴 가능성은 전혀 없어요. 기득권이 자신의 이득을 몽땅 내려놓을 만큼 아름다운 세상은 결단코 오지 않아요. 하다못해 교회 다니는 사람들 숫자만 줄어도 사회 문화 전반에서 엄청난 개혁이 일어날 텐데 말이죠. 교회 다니는 특권을 양보할 기독교 신자는 거의 없어요. 왜냐하면 기독교 신앙이야말로 한국에서 기득권층 권력에 그래도 가장 가까이 접근해 있다고 판단되거든요.

대한민국이 오늘날 경제 성장의 발자국을 내디딜 때마다 무증상 자본주의 감염자들로 세상은 만원사례입니다. 우리는 남녀노소 없이 모두 코로나 감염자보다 무서운 '자본 - 바이러스' 보균자가 되고 말았죠. 백주 천지에 자본주의 너머 세상을 상상조차 할 수 없게 된 세상을 우리가 살아요. 상상의 자유를 우리 스스로 없앴습니다. 분단 권력이 세세연년 생활 속에서 그림자처럼 작동한 결과예요. 완전한 표현의 자유가 저절로 사라졌죠. 보통 사람들이 분단 권력에 대항하는 무기를 일체 빼앗기고 말았어요.

현실적으로 우리는 자본주의 이전 세상으로 돌아갈 수가 없는 듯이 보여요. 자본주의 세상 속에서도 분단 권력 독재 언론들은 보수 아니면 진보라며, 무지막지하게 사람들을 이분화하여 편을 가르고 영호남 지역을 또 흑백논리로 가릅니다. 복잡다단한 인간의 정신세계를 딱 잘라 흑과 백으로 단순하게 구분해요. 민주주의 눈으로 볼 때 독재언론이 우리나라에서 가장 큰 해악을 끼친다고 봐야 합니다. 이분법의 틀 속으로 들어가지 않으려고 개인이 발버둥 쳐도 분단 권력 언론들은 악마적 이분법 구렁텅이로 사람들을 막무가내 밀어 넣습니다. 한국 언론은 이런 방식을 통해 대한민국에서 가장 강력한 권력자가 됩니다. 여론을 주도하고 여론을 조작하는 독재언론 앞에 대적자가 있을 수가 없겠죠.

12. 하느님은 누구일까

동해 물과 백두산이 마르고 닳도록
하느님이 보우하사 우리나라 만세
무궁화 삼천리 화려강산
대한사람 대한으로 길이 보전하세

「애국가」 1절

우리 애국가에 나오는 하느님은 기독교에서 말하는 유일신을 가리키나요? 전지전능하다는 그 유일신? 아닙니다. 전혀 그렇지 않아요. 애국가의 하느님은 한국 전통의 하느님입니다. 한국의 전통 신이죠. 이 하느님은 '하늘'에 존칭 접미사 '님'을 붙였을 뿐, 특별한 구석이 없어요. 우리 하느님(하늘님: ㄹ 음운탈락 현상)은 그냥 평범해요. 사람들과 농담도 주고받고 장난도 치는 푸근하고 넉넉한 신이죠. 사실은 한국의 전통 철학에서 하늘과 땅과 사람 - 이 모두가 하느님입니다. 전통 철학 동학에서 분명하게 말하고 있어요. '인내천(人乃天) - 사람이 하느님이다' 오오 그렇습니다. 사람, 사람이 다 하느님이에요. 지구에 유례가 없는, 이것은 생명 사상의 절정입니다. 이때 '사람'은 '살아 있는 뭇 생명체'를 가리켜요. 살아 있는 게 다 사람이지요. 살아 있으니까 사람이고 살아가니까 사람입니다. 이곳에서 생명 존중 사상이 눈부시게 피어납니다.

기독교에서 말하는 유일신은 제왕의 권력을 갖고 있어요. 서구의 신은 제왕적이고 황제적입니다(가톨릭 수장 = 교황). 절대자의 권위와 권능이 무시무시해요. 전지전능해요. 그러나 애국가에 나오는 하느님은 기독교 유일신이 아니에요. 한국 전통의 하느님이죠. 기독교가 우리의 하느님을 빼앗아갔어요. 분명 서양의 신인데 이름은 우리 이름이에요. 그러니까 이게 하느님이면서 또 하느님이 아닌 거예요. 개신 기독교 쪽에서는 예수 유일신의 성격을 분명히 하려고 하느님을 숫제 '하나님'이라고 명명했어요. 유일 절대자(하나 = 님) 신이라는 거죠. 한국 가톨릭

교회는 '하느님'이라 칭하고 한국 개신 기독교는 '하나님'이라고 통칭해요. 쉽게 말해서 '하느님'도 기독교가 차지하고, '하나님'도 기독교가 차지했어요. 침략과 정복으로 역사를 꾸려온 서구 사상의 결정판이 대한민국 시대에 '하느님' 용어 문제에서도 또렷합니다. 이것은 서구의 정복 문명이 우리 하느님을 강탈한 것이라고 할 수 있어요.

한국에는 성경이 없어요. 절대 진리의 경전 바이블이 없습니다. 서양과 같은 절대주의 전통이 없기 때문이죠. 극단주의 '절대성 원리' 전통이 없기 때문이에요. 그러나 굳이 찾는다면 한국에도 성경이 있습니다. 19세기에 동학에서 만든 '동경대전'이 그것이지요. 다만 분명히 밝히건대 동학은 종교가 아닙니다. 제도 종교에 필수적인 인격신이 없어요. 인격신이 안 보여요. 불교와 기독교를 보세요. 인격신이 있어요. 기성 종교는 인격신이 있으며 인간을 구원의 대상으로 봐요. 원죄가 있고 (기독교) 고해를 건너며(불교) 신앙의 대상(예수, 부처)이 있죠. 기독교는 절대자 인격신을 만들기 위해 역사적 예수를 차용했어요. 당시 예수가 믿은 전통 종교, 곧 유대교는 인격신이 없어요. 서양인들은 예수를 우상화하는 걸로 종교 창시에 필요한 인격신을 발명했다고 할 수 있어요. 말하자면 이스라엘의 유대교가 유럽으로 들어가 예수 기독교로 재탄생했습니다. 유대인이 오히려 유럽을 정복한 셈이죠.

그러나 우리 동학은 종교가 아닙니다. 인격신이 없어요. 우상이 없습니다. 동학은 삶의 방식과 가치관을 말할 뿐입니다.

장독대 위의 물 한 사발과 천진한 아이들의 웃음이 하느님이에요. 개미와 풀벌레와 장미 한 송이가 하느님입니다. 그래요, 우리의 하느님은 인격신이 아닙니다. 형상화, 우상화하지 않았어요(형상화, 우상화는 서양 사상의 특성). 사람사람이 다 하느님(인내천)인 까닭이죠.

현재 천도교에서 쓰는 '한울님'은 잘못된 용어입니다. 한국 기독교에서 '하느님' 용어를 사용하니까 살짝 비틀어서 못난 열등감으로 '한울님'으로 명명했어요. '한울님' 개념은 역사적 뿌리도 없어요. 작위적인 게 또렷합니다. 기독교의 위세에 눌려 '천도교'가 배달겨레에게 큰 잘못을 저지른 거죠. '천도교'는 한마디로 '하느님 종교'입니다. '한울님 종교'가 아니에요. 동학을 종교로 만들려는 단호한 역사적 의지가 '천도교'를 창조한 셈이지요(이것은 한반도에서 매우 중요한 역사적 사건임 - 한국 종교의 탄생). 그러나 동학은 동학일 뿐. 동학은 종교가 아닙니다. 하느님은 하느님입니다. 절대자가 아니에요. 전지전능한 신이 아니에요. 오직 하나뿐인 유일신이 절대 아닙니다. '하느님'은 그냥 우리 하느님입니다. '하느님, 맙소사' 할 때의 그 하느님이죠. 당당히 우리가 쓰면 돼요. 하느님은 우리 것이에요. 하느님은 우리 편입니다. 천도교는 '하느님 종교'입니다. 하느님과 예수 그리스도교는 아무 관계가 없어요. 하느님은 전통의 우리 하느님입니다. 예수와는 아무런 관계가 없어요. 어때요 하느님, 대답해 보세요. 그렇지 않나요.

13. 극단주의는
우리 것이 아니다

"진정한 군주는 신에 의해 창조된 것이며 오로지 신에게만 책임을 지는 존재이다. 군주는 법률을 제정하여 이에 효력을 부여하는 존재로 법률을 초월한 자다. 국가의 다른 모든 권력자들은 권력을 국가로부터 부여받으며 군주에게 절대복종할 의무가 있다."

영국 국왕 제임스 1세 (서기1566~1625)

사람의 본질은 마음이 아니라 몸이에요. 몸이 사람이기 때문에 우리가 사람이죠. 몸이 너구리라면 우리가 너구리예요. 개인은 오롯이 몸입니다. 마음은 몸의 일부일 뿐이죠. 몸이 죽음에 이르면 마음이 빠져나가요. 개인 개인은 혼자 있는 섬과 같아요. 그러나 개인은 독자적인 섬이지만 바닷속에서 연결된 땅이죠. 코로나 시대에 우리는 지금도 항시적 방역 상태를 살아갑니다. 자기 몸의 반은 국가 방역 시스템에 맡기고 나머지 반은 스스로 혼자임을 감당해야 하지요.

한국 사회에서 전통적으로 사람은 2종류로 나누어졌어요. 착한 사람과 악한 사람. 또는 좋은 사람과 나쁜 사람. 그런데 이것이 현대 한국 사회에서는 보수와 진보로 바뀌었어요. 여기서 진보는 착한 사람이고 보수는 나쁜 사람이고 그렇다는 게 아니에요. 8.15 광복 이후 현대 시대에 들어 우리나라 신문 방송이 '진보와 보수' 이분법으로 딱 갈랐죠. 편을 양편으로 나누어 갈라치기를 하는 게 독재 언론의 술수입니다. 이것은 이를테면 아주 편리하게 사람들의 성향을 한쪽으로 몰아붙이는 거예요. 보수 아니면 진보, 여기서 다른 선택지는 없어요. 사람들이 자신이 보수가 아니라고 하면 그를 진보의 틀 속에 언론 지배자가 집어넣는 걸 말릴 수가 없죠. 이런 걸 프레임이라고 하는데, 진보와 보수라는 이분법 틀을 한국 언론 사회에서 맨 처음 누가 짰을까요? 사람들을 이분법으로 갈라서 덕을 보려는 세력 집단이 아닐까 하는데요. 그렇죠. 한국의 육체파 독재주의 신문 방송이 딱 그쪽이군요. 그들이 한국 사회를 '보수와 진보' 이분법으로 양분되는 사회로 조작했습니다. 이 사실을 우리가 분명히 알아야 합니다.

새로운 용어는 힘 있는 강자가 특별한 목적을 갖고 만들죠. 전통의 착한 사람과 나쁜 사람을 대신하는 '진보와 보수'라는 용어. 이것의 밑바탕은 서구 철학의 특징인 이분법적 흑백논리입니다. 한마디로 극단의 양분법이죠. 진보 아니면 보수. 모든 것은 '진보가 아니면 보수'가 되는 거예요. 이게 양분법의 공식이죠. 이것은 서구 문명에서 예수 기독교인이 아니면 무조건 이교도가 되는 것과 같은 거예요. 극단의 이분법 분리주의. 이렇게 양분법의 공식이 있으면 적군과 아군의 구별이 확실해지거든요. 이를테면 보수는 우리 편이고 아군, 진보는 저쪽 편이고 적군 – 이렇게 또렷해지는 거죠.

한국 독재 언론의 눈으로 구체적인 예를 들면 이승만을 좋아하는 사람은 '보수', 이승만을 비판하는 사람은 '진보'. 이렇게 되는 거예요. 한 개인의 사상적 성향을 알아내기가 참 쉽죠. 복잡할 것이 전혀 없어요. 사람을 '진보 아니면 보수'라는 틀에 갖다 넣으면 얼추 다 들어맞아요. 공식을 알게 되면 문제 풀이가 참 쉽거든요. 그렇다면 여기서 문제 하나 내 볼까요. 한번 맞혀 보세요. 박정희를 좋아하는 사람은 보수일까요, 진보일까요?(정답은 '보수') 박정희를 비판하는 지역민들은 보수층일까요, 진보층일까요?(정답은 '진보층') 하하하 참 쉽죠. 이렇게 해서 한국인들이 악마 언론의 이분법 마술에 딱 걸려들었어요.

　대체로 기득권자 편이 보수파입니다. 기득권자가 보수 우파를 대표해요. 그런데 알고 보면 사람은 누구나 기득권자예요. 왜냐고요? 사람으로 태어났기 때문이죠. 사람은 모든 영역에서 기득권자입니다. 삼라만상을 통틀어 사람이 무조건 기득권자예요. 구체적으로는 어른은 아이들에게 기득권자이고 남자는 여자에게 기득권자이고, 게다가 한국 사회에서 나이와 세대는 기득권 그 자체이지요. 그런즉 기성세대는 당연히 기득권층이죠. 그런데 기득권의 '갑·을' 관계가 명확하지 않을 때가 있어요. 이때는 문제 해결이 참 어려워요. 가령 국책 연구소 비정규직을 정규직으로 전환하면 이들이 다시 갑이 되어 기득권자 노릇을 해요. 이것이 사회의 생김새죠. 사회 구조라는 게 이렇습니다. 먹이사슬처럼 누군가의 갑은 누군가에게 을이고, 그러나 누군가의 을이 누군가에겐 갑이죠. 그래서 그럴까요, 5월 광주 민주화 항쟁 때 계엄군은 가해자인 동시에 피해자이기도 하다는 생각에 동의할 수도 있겠다는 생각이 들어요. 시대 속에서 함께 희생하고 함께 아팠을 테죠.

인간은 늘 사회 속에서 살아가요. 먼저 자신을 잘 알아야 하지요. 그래서 중요한 게 인간의 정체성 자각입니다. 사람은 자아 확인과 자아 성찰에 늘 게으르지 말아야 해요. 기득권에 안주하지 말고 익숙한 것을 버리고 바꾸려는 자기 혁신의 노력이 계속되어야 하죠. 이것이야말로 가장 중요한 인간의 자질이 아닐까요? 우리는 생의 한가운데서 종종 '나는 지금 누구인가' 질문해 보아야 합니다. 사회 속의 개인은 상황 논리에 따라 자아가 자꾸 바뀌거든요. 한 인간이 하나의 정체성만으로 온 생애를 살아가진 않으니까 말이죠.

14. 생명이 위대하다

생명이 가장 위대합니다. 신은 위대하지 않아요. 신은 생명이 아니에요. 그러기에 위대하지 않죠. 신은 호흡하지도 않고 배설하지도 않아요. 생명이 아니죠. 신은 생명이 아니에요. 신은 오직 인간의 사랑만을 먹고 삽니다. 신은 태어난 적도 없고 죽지도 않아요. 인간종이 멸종하면 같이 사라지는 게 우리가 알고 있는 신의 속성입니다. 모두가 동의하는 완전한 신은 없어요. 누구나 동의하는 완전한 신은 없어요. 이것은 마치 모두가 동의하는 완전한 인간이 있을 수 없는 것과 같아요. 그러므로 세상에 유일 절대자는 존재하지 않습니다.

생명이 위대해요. 신은 위대하지 않죠. 신은 인간과 달라요. 살지도 않고 죽지도 않아요. 그러나 생명은 살아 있어요. 생명이 위대합니다. 어떻게든 살아있기에 위대하고 어떻게든 살아가기에 위대합니다. 지구에서 생명이 가장 위대합니다.

15. 신기원
– 주체 원년을 기원으로 삼다

새로운 말의 발명은 인식과 태도의 변화를 이끕니다. 삶의 방식이 달라지면 말본새도 달라져요. 우리가 자연 친화적인 용어를 한번 만들어 볼까요. 일주일 단위의 '월화수목금토일'을 각각 '달날, 불날, 물날, 나무날, 쇠날, 흙날, 해날'로 부르면 어때요. 그러면 사람들 마음가짐이나 태도가 무척 달라질 거예요. 삶의 태도가 자연에 가깝게 다가가죠. 가슴마다 자연에 대한 고마움과 친근함이 물결칠 거예요. 언어 운동이 삶의 변혁을 추구할 수 있어요. 새말의 탄생은 곧장 새 삶의 발명입니다.

북한에서 사용하는 말의 용법을 한번 볼까요. 서양에서 예수 탄생이 기독교 문명의 기원 1년이듯 북한은 김일성 탄생이 북한 기원 1년입니다. 이렇게 신기원이 이루어져요. 주체 원년은 서양 기원 1912년이지요. 서기 1912년에 김일성이 태어났기 때문이죠. 북한은 서기를 쓰지 않고 단기도 쓰지 않고 그들이 발명한 연호를 써요. 이것은 일종의 언어 혁명이죠. 서양 기원(서기) 2022년은 북한식으로 하면 '주체 111년'입니다. 예수 탄생 2022주년은 김일성 탄생 111주년과 똑같아요.

우리도 광복 후 대한민국 시대 처음에는 우리만의 연호를 썼어요. 단군 연호를 썼지요. 지금 서기2022년은 한국식으로 하면 단기 4354년입니다. 북한 방식으로 표현하면 '단군 4354년'이라 하면 되죠. 북한에서 주체사상 종교는 우여곡절 끝에 서기1960년대 후반에 이르러 북한에서 단 하나뿐인 절대 유일사상으로 확정되었습니다. 그리스도교에서 받드는 오직 예수교처럼 말이죠. 북한의 가톨릭은 오직 김일성, 오직 주체입니다. 이것은 기독 계통의 유일신 사상을 본떴다고 여겨져요. 일본의 군국주의 천황 유일신 사상도 기독교 유일신 사상을 본뜬 게 아닐까 하거든요. 이것들의 밑바탕에는 전지전능한 지도자에 대한 갈구, 공동체의 소속감과 정체성의 희망, 현실에 대한 두려움과 극복 의지, 절대적 영웅과 구세주에 대한 기대 등의 대중들 마음의 습관들이 김일성을 또는 일본 왕을 유일신으로 우상화하였다고 볼 수 있어요.

사실 정치 지도자는 누구라도 예수와 같은 종교 영웅이 되는 꿈을 꿔요. 대중이 열광적인 신자가 되어 무조건적이고 맹목적인 신앙을 바치는 게 가장 안정적인 체제이며 기분 좋은 일일 테죠. 또 이런 체제와 방식이야말로 국가 공동체가 자발적으로 조절되어 무한대의 관리와 통제가 수월하게 되거든요.

지금도 로마 교황청에서 국적 불문하고 수억 명의 지구인 신자들을 비대면으로 다스리는 영웅적 가톨릭교회를 한번 보세요. 절대자 종교의 위력이 실감이 날 것입니다.

16. 재미있게 살자

'예술은 숭고하고 삶은 비루하다'라는 통념이 잘못된 것일 수도 있어요. '종교는 거룩하고 인간은 원죄를 지었다'라는 말을 믿지 마세요. 권위자의 의견이라고 해서 무조건 추종하지 마세요. 서양 기독교 문명국이 사회 문제를 처리하는 방식을 우리가 굳이 따라 할 필요가 없어요. 중심이 단단한 사람은 무엇보다도 자신을 믿고 세상을 향해 질문하는 사람이에요. 삶의 통제권을 자신이 가지고 있음을 굳게 믿는 거죠. 만약 어떤 이가 마찰 없이 사회로부터 늘 환영을 받는다면 그는 삶의 대처 능력이 한없이 유약할 게 틀림없어요.

그렇지만 사회에서 합의된 평균치 바깥에 서는 일은 늘 위험해요. 불편하고 힘들고 불안하죠. 남의 눈에 띄는 역할이니까 위험할 수 밖에요. 그렇습니다. 외부의 압력에 굴하지 않고 자기 삶의 속내를 켜켜이 내보이는 일이 정녕코 쉽지 않아요. 그러자면 먼저 삶에서 피어오른 여러 의문형 반응들을 차곡차곡 모아서 현실과 맞설 수 있는 용기를 가져야 할 테죠. 행동으로 실천하는 게 가장 중요합니다. 그는 여러 차례 시행착오를 거치면서 차츰차츰 중심이 단단한 사람이 되어 가요.

바다의 물고기 아귀 뱃속에서 플라스틱 생수병이 나오는 세상입니다. 환경 파괴, 생명 파괴가 끝 간 데를 몰라요. 그래도 우리가 일상의 소소한 실생활은 재미있게 사는 게 좋겠죠.

가을철 논둑길에서 튀어나오는 메뚜기를 만나는 것처럼 삶에서 여유만만을 누리며 살아요. 자본주의 경쟁 사회 속에서 천천히 느릿느릿 사는 게 잘사는 거예요. 가끔 밤하늘의 별을 올려다보세요. 수천억 개의 별과 수천억 개의 은하, 우주의 나이 138억 년을 기억합니다. 465억 광년 거리에 있다는 우주의 끝을 우리가 마음속 깊이 상상하면서 말이죠. 현실은 철저히 감각적인 세상이고, 그러니만큼 우리가 감각을 늘 일상화하며 생활하는 마음의 부자로 살면 어떨까요.

인간은 반드시 죽기 때문에, 생명이기 때문에, 그것도 오직 단 한 번 죽기 때문에, 현재의 삶을 온전히 누릴 수 있습니다. 그렇다면 우리가 언제나 현재의 삶을 사는 게 가장 행복한 인생이 되지 않을까요. 오늘이 가장 완전하고 지금 이대로가 가장 완전함을 믿습니다.

17. 집단 학살과
인종 청소의 뿌리는 서양이다

"세계 인구 중에 순 백인의 비율은 매우 적다. (중략) 유럽에서
도 스페인인, 이탈리아인, 프랑스인, 러시아인 및 스웨덴인은 대
체로 거무스름한 색이다. 독일인도 대체로 거무스름한데 그중
작센족만이 영국인과 함께 지구상에서 백인의 주류를 이룬다."

벤저민 프랭클린 (서기1706~1790 미국/ 정치가, 미국 건국의 아버지)

20세기에 지구상에서 공식적으로 첫 제노사이드(집단 학살)
가 발생했어요. 아프리카 나미비아가 독일 식민지로 있던 서기
1904년과 1908년 사이에 흑인들 수만 명이 집단 학살을 당
했죠. 또 영국 점령지 캐나다에서 아메리카 원주민 어린이들
15만여 명을 교회에서 격리하여 강제로 가톨릭 교리 공부를
시키고 아메리카 원주민 문화 말살 교육을 시행했는데, 최근에
캐나다 지역 가톨릭 기숙학교 터에서 원주민 아이들의 시체와
유골이 무더기로 발굴되었다죠. 미국 땅에서도 똑같은 사례가
최근에 발견되고 발굴되었어요. 이런 식으로 해서 예수 기독교
문명인들이 주축이 되어 인종 청소와 집단 학살이 지구촌 곳곳
에서 벌어진 것이 세계 역사의 주된 흐름임을 부인할 수가 없
어요. 아프리카 르완다의 인종 청소와 기타 곳곳의 민족 분쟁
이 다 그렇고 그런 야만적인 유럽 제국주의 시대의 정복자 영

향권에서 발생했습니다.

18. 기본이 혁신이다.
기본으로 돌아가자

기본이 혁신이라니요? 기본과 혁신은 정반대 개념이 아닌가요? 그런데 현재 상태가 기본이 망가져서 발생한 현상이라면 기본으로 돌아가는 게 혁신이 맞을 테죠. 그 같은 경우는 기본이 곧 혁신이 맞아요. 우리나라의 처지가 지금 딱 이래요. 고유의 우리 것을 제대로 모르는 상태에서 자긍심이나 정체성이 당당할 수가 있나요. 그렇습니다. 지금은 기본이 바로 혁신입니다. 분명한 우리 것을 찾아야 해요. 배달겨레의 위대한 혼을 다시금 복원해야 하죠. 쪼잔하게 국내에서 흑백 이분법을 가지고 노상 다툼질하지 말고 통 크게 우리 방식으로 새 역사를 엮어가는 게 좋지 않겠어요.

그러면 기본으로 어떻게 돌아가죠? 먼저 말을 바르게 사용해야 합니다. 낱말의 바른 사용이 정말 중요해요. 가령 '핵발전'을 가지고 이산화탄소를 배출하지 않는 깨끗한 '청정에너지'라고 하는 식의 표현을 고쳐야 해요. '원자력 발전'은 되고 '핵발전'은 안 되고 – 이런 게 바루어져야 해요. 이산화탄소를 배출하지 않으면 그게 바로 청정에너지이고 깨끗하고 안전한 에너지가 되는 건가요? 이것은 위험성이 훨씬 더 큰 어떤 것을 속이거나 감추는 술수입니다. 핵발전이 저탄소 에너지이긴 해도 핵폐기물을 쏟아내니 극히 위험할 뿐 재생 에너지는 더욱 아닙니다.

예수 탄생 1956주년에 지구에서 최초로 핵력 발전소가 영국에 세워졌어요. 이것은 서구 자본주의 문명이 질주하는 가장 자연스러운 전력 공급 발달 과정이라고 할 수 있겠죠. 인공과 인위가 과도한 게 서구 문명의 특징이거든요. 이후 미국을 비롯하여 세계 각국은 원전 건설을 활발히 진행하였죠. 그러나 최근 들어 서기2011년에 원전 사용의 안전성과 경제성을 검토한 끝에 독일은 세계 최초로 국가 차원에서 탈원전 결정을 내렸어요. 독일 정부는 지금(서기2022년) 핵발전을 일제히 정지하고 퇴출할 것을 실천 중입니다. 정말 맞지요. 원전은 안전할 때 폐쇄하는 게 맞아요.

앞서 예수 탄생 2020년에 국제에너지기구는 태양광 발전이 가장 저렴한 전기 공급원이라고 국제적으로 선언하는데요. 그래서 그럴까요, 1만 2천 명이 근무하는 세계 굴지의 '구글' 기업은 미국 본사 건물에 태양광 패널을 씌워 조명과 냉난방 등 모든 에너지를 자체적으로 해결하지요. 이것을 '환경 경영'이라고 하는데, 앞으로 이런 게 서구 자본주의 문명의 대세가 되어야 합니다. 이윤 추구를 생명으로 하는 자본주의 사회라는 고정 틀을 깨고 지속 가능한 성장을 이어가는 쪽으로 문명의 물굽이를 틀어야 마땅해요.

기본으로 돌아가는 게 좋아요. 자본 문명에서 공산품이나 생활제품을 만들 때부터 재활용이나 폐기 때의 환경 문제를 고려하는 게 어떨까요? 자본주의 문명의 틀 속으로 공산주의나 사회주의의 법률이나 제도, 생활경제 원리 등을 적용할 수 있으면 어떨까 합니다. 사회 제도나 주의라고 하는 것이 다들 사람이 잘살자고 하는 노릇인데 공산주의 정책을 수용한다고 해서 무엇이 잘못인가요? 동양과 서양이 문명을 교류하며 살아왔듯이 자본주의와 공산주의도 교류하며 지구의 건강을 생각하면서 우리의 후손들의 삶까지 고려하면서 더불어 잘살면 좋지 않겠어요?

북한의 좋은 점을 제도적으로 법률적으로 생활적으로 우리가 따라 하면 왜 안 되는 걸까요. 한국 사회의 주택 문제, 일자리 문제가 시원하게 해결될 수도 있지 않을까 생각하는데요. 이런 게 왜 굳이 안될 일인가요? 너무 위험하다고요? 하하하 인간의 사고는 우주만큼이나 폭넓고 무지개색보다 다채롭습니다. 그렇기에 과학의 힘으로 상상하는 모든 게 오늘과 같은 현실이 될 수 있었던 거죠. 이런 게 사람이 살아가는 이치가 아닌가요? 북한과 남한은 왜 서로를 척진 원수이거나 전혀 무존재의 투명으로만 취급하나요? 이것은 한반도가 반쪽나라로 쪼개져서 우리가 반쪽 생각밖에 하지 못하기 때문이 아닌가요. 생각해보세요. 미국의 오스카상은 국제적이지만 사실은 그쪽의 로컬 영화상이 맞아요. 영어는 지구에서 가장 많이 쓰이지만, 그쪽의 로컬 언어라고 여긴다면 우리가 사는 게 얼마나 통쾌할까요.

5장

K 혁명 선언

1. 자본주의가
멋진 신세계를 선물한다고

"나는 신이 어떻게 이 세상을 창조했는지 알고 싶다."

아인슈타인 (서기1879~1955 독일/ 물리학자, 상대성 원리 발표)

18세기, 19세기에 유럽 국내에서는 증가하는 시장 수요를 예측하고 자본을 투자하는 제조업자들이 쏟아져 나왔어요. 그쯤에서 이미 도로 건설기술이 생겨나고 운하 건설이 시작되었죠. 철도와 증기선이 출현했고 자전거와 자동차가 생산되었어요. 운송 수단의 발달은 전 지구적 세계 시장을 국내 시장처럼 하나로 만들어갔죠. 이렇게 해서 지구는 이전과는 전혀 새로운 세계를 탄생시켰습니다. 멋진 신세계라고 할까요.

하하하 그런데 이 시기 유럽의 대중들은 자신이 귀족들인 양 고상하게 살았을까요? 자본가를 비롯한 소수 부르주아 기득권층을 빼고는 기득권 바깥의 사람들은 지금과 별반 다를 게 없는 생활을 했을 것이라고 추측을 해 봅니다. 자본제 부르주아 공화국에서 부자는 더 부자가 되고 가난한 자는 여전히 가난하거나 혹은 벼락 거지가 되거나 했을 테죠. 새로 생겨나는 좋은 성능의 기계들은 오히려 인간의 노동량을 늘릴 뿐 행복 총량을 대폭 줄이는 게 특기입니다. 요즘 우리가 사는 것과 별반 다르지 않겠죠. 기계가 발달할수록 인간의 노동량은 덩달아 늘어나고 행복 지수는 오히려 뚝 떨어집니다. 현대를 살아가는 우리가 매 순간 오감으로 느끼고 있지 않나요.

신형 기계가 나오기 전에 본전을 뽑아야 하므로 기업가 공장주는 인간보다 기계의 안녕이 더 중요했지요. 19세기 유럽 대륙에서 아동들조차 광산과 공장에서 하루 15시간씩을 일해야 했어요. 왜냐구요? 가난뱅이들은 자본주의 식민지에 빌붙어 사는 노예 신분이니까요. 자본 기계 소유자들은 목축지 인클로저 운동처럼 노동자들을 생산과정에서 완전히 분리했어요. 그러면 노동자가 피와 살을 가진 사람이 아니라 그냥 일하는 기계가 되는 거죠. 이것은 약 150년 후 서기1970년대에 대한민국에서 자본주의 초기의 땅에서 그대로 재현되었습니다. 서구 자본주의 문명이 박정희 정권 시절에 슬며시 유입되어 들어온 거죠. 전태일(서기1948~1970 대한민국/ 노동운동가) 열사의 근로기준법 분신 사건이 신생 자본주의 노동자들의 고통과 비참을 잘 보여주고 있습니다.

우리가 지금 민주공화국이라든지 민주주의라고 하는 것의 속살을 자세히 들여다보면, 겉으로 내세우는 이름과는 전혀 동떨어진 실체가 숨겨져 있음을 발견하고 깜짝 놀랄 때가 많습니다. 그것은 우리나라가 민주주의의 허울을 쓴 자본주의 국가, 독재 국가, 폭력 국가임을 발견할 때죠. 소수의 부르주아 기득권자가 지배하는 사회가 현대 자본주의 국가의 정체입니다. 어떤 문명에서든 정치, 경제, 종교, 교육, 법률 등은 서로 연결되어 있어요. 독자적인 건 없죠. 분야마다 분리된 것처럼 보여도 사실은 고리처럼 이어져 있죠. 서구인들이 행하는 자본 경제 운영 방식을 보면 그들의 정치가 보입니다. 정치를 보면 그 속에 종교가 보여요. 종교를 보면 교육이 또 보입니다. 왜냐하면 그것들은 서로 의존하며 상호작용하니까요. 지구 나라의 사회 구석구석을 면밀하게 살펴보면 '민주주의 국가'라는 게 결국 '부르주아 기득권 세력이 지배하는 국가'라는 것을 누구나 알 수 있어요. 기득권자가 힘 있는 강자들이고 당연하게도 강자가 지배하는 사회가 보편적인 인간 사회라는 통념이 지구촌 구석구석에 널리 퍼져 있음을 말릴 수가 없는 거죠.

2. 정통 한국인 구별법

"아니다, 네 이놈 하느님아. 에이 빌어먹을 개새끼 같은 하느님아! 네가 분명 하느님이라면 왜 그 악하고 독한 도둑놈의 연놈을 그대로 둔단 말인고."

백신애

서기1938년 「광인수기」 조선일보

자연이나 사회가 질서정연하게만 진행된다면 무척이나 따분한 일상이 될 것입니다. 한낮 40도를 웃도는 사막이 밤에는 영하 4도의 날씨로 곤두박질해요. 한란의 교차가 극심하죠. 사실상 같은 리듬이 반복되면 규칙성의 덫에 걸려 감각이 무뎌지지요. 적도 한복판 무풍지대에 걸려 오도 가도 못하는 뱃사람처럼 살고 싶지는 않잖아요. 그럴 때는 차라리 바닷물 속에 풍덩 빠져버리는 게 나을 테죠.

변하지 않는 것이 새로운 것을 담을 수 있는 공간을 열어주어야 해요. 그때 비로소 조화와 평화를 느끼게 되죠. 변하지 않는 게 자연입니다. 또한 새 공간을 열어 변화를 주는 게 자연입니다. 자연은 창조주입니다. 자연이 하느님이죠. 구름은 쉴새 없이 지나가고 여기서 생겼다 저기서 사라져요. 자연은 아름답습니다. 날씨의 변주가 아름다운 건 오랜 세월 견고하게 삶의 터전을 지탱해주는 땅의 숨결이 함께 하기 때문이 아닐까요?

전통적으로 한국의 하느님은 권위가 없고 물렁물렁했습니다. 사람들과 농담 따먹기도 하고 사람들에게 혼쭐도 나고 그랬어요. 서양의 절대자 유일신과는 비교가 되지 않아요. 오늘의 한국 사회는 빼앗긴 하느님과 잃어버린 자연이 무심히 우리를 지켜보고 있는 상실의 땅입니다. 안타깝고 속상하고 서운합니다.

3. 무종교의 삶이
더 거룩하고 더 경건하다

가짜 뉴스가 떠들썩해요. 가짜 뉴스의 범람은 지능이 아닌 마음의 문제예요. 여기에는 사고의 경제 법칙이 일단 작용해요. 사람은 노력이 덜 드는 쪽으로 생각하고 문제를 해결하려는 성향이 있어요. 이것을 심리학에서는 '인지적 구두쇠 성향'이라고 말하죠. '동기화된 논증'이라고도 해요. 인간은 결론을 미리 정하고 논증을 구성하려는 심리가 있다는 거죠. 이런 것 때문에 같은 자료도 서로 입장에 따라 정반대로 해석하기도 하지요. 문제는 마음이라는 게 무의식적으로 그리고 순식간에 작동하는 겁니다. 그러니까 무의식의 작동을 멈추기 위한 의식적 훈련이 꼭 필요해요. 그것이 바로 '무념무상'입니다.

그런데 무념무상은 바로 생각 멈춤입니다. 모든 고통과 번민은 생각으로부터 나와요. 그런데 생각이라는 게 뜻한 바도 없이 그저 나와요. 그러니 내가 생각을 창조한 것도 아니며 또 생각을 통제할 수 있지도 않아요. 생각에 대해서 우리가 할 수 있는 것은 단지 그것을 알아차리는 것뿐입니다. 생각은 텅빈 공간에서 태어나기 때문에 내가 알아차리는 순간 생각은 즉시 자신이 나온 곳으로 되돌아가요. 만일 우리가 생각이 일어나기 이전, 생각과 생각 사이, 그리고 생각이 일어난 이후를 바라볼 수 있다면 아마도 한없는 텅 빈 공간만이 있음을 알게 됩니다.

데카르트가 말한 '나는 생각한다. 고로 존재한다'라고 한 것은 하나의 환상이에요. 근대화 시대에 절대화된 이성의 가치를 선언했을 뿐 그것은 또 하나의 생각에 지나지 않아요. 실제로 는 텅 빈 허공 속에 생각들이 나타나고 사라질 뿐이지요. 분리 된 존재로서의 '나'라는 생각이 우리에게 고통과 번뇌를 줍니 다. '자아'라는 생각, '나'라는 생각은 없어요. 오로지 삶의 춤이 있을 뿐입니다. 분리된 존재로서의 나는 없어요. 삶이라는 시 공간과 내가 분리될 수 없다는 뜻이지요. 물론 서양은 '이분법 철학'으로 이걸 기막히게 양분합니다마는.

생각에 대한 나의 믿음이 모든 고통의 원인입니다. 세상이 나를 속박하는 게 아니라 내 생각이 나를 구속하고 있는 거죠. 이것은 옳고 저것은 그르다는 생각이 나를 가두고 나를 괴롭힙 니다. 지금 바로 나를 속박하고 괴롭히는 데 쓰는 에너지를 돌 려 내 생각을 알아차림에 사용하면 참자유를 얻을 수 있어요. 한편 엉뚱하기까지 하면 엄청난 창조가 나와요. 완전 새로워집 니다. 우리 사회의 관행과 법칙과 질서에서 잠시 비켜서면 세 상을 바꿀 놀라운 사유가 날개를 활짝 폅니다.

우리는 어떤 것에 대해 어떤 이미지를 갖고 있느냐에 따라 그것에 대한 해석과 해법이 달라집니다. 실재하지 않아도 대상 을 이미지로 먼저 본다는 거죠. 불교에서는 이승의 현실 세계 를 '불꽃'에 비유해요. 내가 있어 불꽃이 있고 내가 없으면 불 꽃도 사라져요. 처음 존재하는 불꽃은 한 시간 후의 불꽃과 달 라요. 불꽃은 순간마다 다 달라요. 불꽃이 현실입니다. 불꽃이 모습을 바꾸듯 현실도 매 순간 달라져요. 하지만 앞의 불꽃이 없었다면 뒤의 불꽃도 없겠지요. 불꽃이 서로 아무 관련이 없는 게 아니에요. 현실이라는 게 서로 연속성을 가지고 영향을 주고받는다는 거죠. 그래서 불교가 말하기를 사바세계에는 본래의 것도 없지만 모든 게 각각 단절된 것도 아니라는 거예요. 모두가 하나로 이어져 있어요. 일원(一圓)입니다. 불교는 본성 없는 연속성을 말해요. '본성 없음'과 '연속성'은 동전의 앞뒤와 같지요.

인간을 포함한 모든 것은 독립적이지도 않고 본래적이지도 않아요. 서로가 서로에게 의존해요. 일체 만물은 끊임없이 이어지는 관계 속에 존재합니다. 사람이든 자연이든 모든 것은 변해요. 변함으로써 존재하는 거예요. 불변하는 것은 영원하지 않아요. 불변하는 본질이란 있을 수 없어요. 영원한 절대자는 없어요. 신은 없으며 인격신은 더구나 없으며 전지전능한 유일신은 더더구나 없어요.

나는 계속 변하기 때문에 나입니다. 현실은 계속 변하기 때문에 현실입니다. 진리는 계속 변하기 때문에 진리입니다. 부처나 예수 등 인류의 위대한 스승을 존경은 하되 우상화해서는 안 돼요. 배우면서 존경하고 좋아하는 걸로 충분합니다. 인간에게 종교는 신앙이나 믿음이 아니라 가치관이며 삶의 태도입니다. 우리의 조선 시대가 그러했듯이 오늘날 지구상에서 무종교의 삶이 더 거룩하고 더 경건할 수 있습니다. 종교를 탈출합시다. 서양을 탈출합시다. 진정한 한국인은 무종교의 삶이 더욱 아름다운 종교적인 삶의 모습임을 믿습니다.

4. 서구의 자연관은 기독교 교리에서 도출했다
– 자연은 지배와 정복의 대상이라는

서구에서 자연은 '어머니 자연'으로 여성성을 갖고 있다고 했어요. 그래서 그럴까요, 서구 역사에서 여성을 착취하는 것과 자연을 착취하는 것은 동일한 의미를 갖고 있어요. 지구 자연은 무한한 자원과 에너지를 품고 있어요. 서구의 지독한 가부장 사회에서 모성 이데올로기는 여성들에게 출산과 양육, 생산과 돌봄 등의 노동을 무지막지 강요해 왔지요. 가톨릭의 마리아 여성주의는 그것의 상징이죠. 유럽의 자본주의 문명과 근대과학이 자연과 여성을 도구화하고 정복해온 역사임을 추적해 보아요. 기독교 사상에서 도출한 근대과학관은 자연을 유기체가 아닌 기계로 바라보는 관점을 제공해주었죠. 자연에 내재한 힘이 아닌 외부 요소(절대자 유일신)에 의해 작동된다는 관점은 자연을 수동적인 물질로 간주할 뿐 아니라 자연을 어떤 원리에 따라 파악하고 조작할 수 있다는 믿음을 갖게 했어요(데카르트 근대 합리주의 - 과학지식의 목적은 자연의 지배와 조종이며 이것이 인간을 자연의 지배자 겸 소유자로 만듦).

서구 문명의 모든 것은 기독교 사상이 든든한 배경이 되어주었죠. 기계론적 세계관(세계는 기계다)이 심어준 확고한 믿음은 무분별한 자연 개발을 정당화하고 유럽의 자본주의 문명을 살찌우는 원천으로 작용했죠. 백인 기독교 남성들에 의한 이러한 자연의 죽음은 여성의 죽음을 동반합니다. 근대과학이 싹

트던 16세기와 17세기 유럽에서 '과학 - 자연철학'이라는 신생 학문을 지지하던 사람들은 실험이라는 방법론을 내세워 자연을 분석하고 조각내고 조작했어요. 이때 산과 강의 땅을 파헤치고 광석을 캐내는 산업은 자연 친화론자들(가령 동양적 사고)의 시각으로 봤을 때 자연을 강간하거나 지구의 자궁을 오염시키는 행위에 비유되어 마땅하겠지요. 유럽에서 근대과학이 본격적으로 출현한 시기는 마녀 50만 명이 마녀재판으로 처형당한 때와도 겹칩니다. 자연이 과학이라는 이름으로 백인종들에게 체포되어 취조당했듯이 수많은 백인 여성들이 동물과 교감하거나 직접 약초를 만들어 병을 치료했다는 죄목으로 고문받고 목숨을 잃었어요(자연은 마녀이며 실험 등의 고문을 통해 비밀을 자백받아야 한다고 주장. 자연의 신성성 박탈 - 프랜시스 베이컨: 서기1561~1626 영국/ 인간 지식의 자연 정복설을 최초로 밝히며 과학기술의 힘으로 지상천국 건설을 꾀함).

그러나 고요히 생각해볼 때 자연과 여성에 대한 유구한 착취의 역사는 인류와 지구를 되살릴 잠재력이 여성에게 있음을 뒷받침해주는 좋은 증거예요. 에코 페미니즘이라는 게 있는데, 생명력과 창조력을 빼앗기고 단절된 상태에 있는 자연과 여성의 풍부한 관계를 회복한다면 여성이야말로 자연을 더 잘 관리해 지속 가능한 사회를 만드는 데 기여할 수 있다고 보는 사상입니다. 지금은 인간종이 유일하게 지구의 지층 구조나 대기나 바다나 기후 변화까지 지배하고 관장하고 있어요. 방사능 낙진이나 이산화탄소 배출, 플라스틱 폐기물 등은 인간종을 대표하는 물질들인데, 이것은 모두 서구 사회가 주도한 자본주의 문명과 과학기술의 산물임은 부인할 수 없는 사실입니다.

예수 탄생 2021년 4월 22일, '지구의 날'에 미국 기업 테슬라의 대표 일론 머스크(서기1971~ 미국/ 기업가)는 이산화탄소 제거 기술을 개발하는 이에게 상금 1,100억 원을 주겠다고 공언했어요. 앞서 머스크는 대재앙을 앞둔 인류에게 지구가 아닌 다른 행성에서 거주하자며 이른바 화성 탐사 프로젝트를 추진하기도 했지요. 일 처리가 참 쉽고 시원시원하죠. 영락없는 정복자의 관점입니다. 그는 아주 특별한 개발지상주의이자 진화론자가 틀림없어요. 서구 기독교 남성 자본가가 현 지구의 위기를 극복할 해결책으로 다시금 한 차원 높은 과학기술과 자본 투자를 요청한 꼴입니다. 파괴된 지구에 대한 반성이나 사과가 일절 없는 게 특징입니다.

그런데 머스크가 내건 거액의 상금을 좇아 만들어진 과학기술이 과연 가난한 나라들, 가령 중동 지역과 인도와 아시아와 아프리카의 수많은 여성과 그들의 삶터인 자연환경을 더 살만하게 만들어 줄까요. 과연 기후 변화와 자연 재앙 등 전 지구적 위기 상황이, 인류의 절반인 여성이 처한 문제에 눈감고 자연을 속속들이 지배하고 정복할 수 있다는 자신감만으로 극복될 수 있을까요. 자연은 인간이 지배하고 관리하는 대상이 아니라 우리를 키워주고 보호하고 먹여주는 고마운 존재입니다. 지구 자연이 우리의 아주 오래된 부모님입니다.

오늘날 자연과 인간이 공존하려면 경쟁과 지배 대신에 돌봄의 전략이 필요합니다. 자연에 대한 경쟁과 지배의 전략이 지구를 착취하고 파괴하는 과학기술을 낳았다면 돌봄의 전략은 지구와 인류를 더불어 살릴 과학기술을 지향합니다. 돌봄의 과학기술이 어떻게 가능할지 지금의 자본주의 문명을 받드는 천재 기술자와 자본 사업가들은 상상조차 할 수 없을 거예요. 지구별 각국은 정부 예산을 투자하여 친환경 활동가들과 에코 페미니스트 엔지니어를 길러야 합니다. 돌봄의 과학기술에 예산을 집중해서 투자해야 합니다. 이것이 자연과 인간의 공생을 가능하게 도와줄 거예요. 자연은 지배와 정복의 대상이 아닙니다. 여성은 지배와 정복의 대상이 아닙니다. 서구 기독교 자본주의 문명은 출발부터가 잘못되었음을 알아야 해요. 처음부터 잘못된 생각에서 출발했죠. 80억 인류는 서구 문명이라는 핵우산에서 빨리 벗어나야 합니다.

5. 척추동물과
인간과 지구

지구에 척추동물이 있습니다. 인간도 척추동물이죠. 지구 척추동물에서 60%는 가축이고 14%는 야생동물, 그리고 나머지 36%가 인간종입니다. 인간종이 다른 척추동물들을 대부분 식량으로 사육하고 있지요. 이것을 유식한 말로 해서 인간이 자연을 식민화하고 있다고 보면 돼요. 오늘날 인류 문명의 지속 가능성이 위험에 빠졌어요. 자연에 대한 인간의 폭력이 부메랑처럼 인간에게 돌아왔지요. 코로나 시대를 맞아 인간종은 자연과 한판 전쟁 중입니다. 사실을 말하면 지구를 괴롭히는 바이러스는 코로나바이러스가 아니라 인간종입니다. 지구상에 창궐하여 문명이라는 이름으로 동식물을 착취하고 대기와 바다를 훼손하고 생태 균형을 깨뜨리고 있는 바이러스는 바로 인간종입니다.

인간은 신이 아니라 자연입니다. 인간은 자연의 일부죠. 인간이 자연을 창조하지 않았어요.인간은 신이 아닙니다. 그런데 자연의 일부인 인간이 지금 다시 자연과 전쟁을 하고 있어요. 웃기죠. 자연과 전쟁이라니? 자연의 일부가 자연 전체와 싸운다? 이게 말이 되나요? 이것은 전쟁이 아니라 자살행위예요. 더구나 이 전쟁은 코로나가 없어진다고 해서 끝날 것 같지 않거든요. 인간이 자연과 싸운다는 것은 인간의 자살행위가 확실합니다.

신은 본디 인간의 몸을 갖고 있지 않아요. 신은 신일 뿐이죠. 한국 전통에서 신은 땅입니다. 자연이죠. 인간은 본디 모순적 통일성을 갖고 있어요. 신과 짐승의 결합체가 인간이에요. 짐승의 육체와 신의 정신을 함께 지니고 있기 때문이죠. 육체 속에 정신이 깃들고 정신이 없으면 인간은 하나의 고깃덩어리에 불과해요. 인간종에게 고유한 정신과 육체의 이원 구조를 잘 활용한 게 바로 종교예요. 그렇게 해서 인간 문명에 종교가 탄생했어요. 인간은 갖은 욕망을 지닌 존재인 동시에 신을 갈망하며 불멸을 꿈꾸는 존재라서 종교의 출현은 역사적 필연이었죠. 욕망 저편에 있는 신성에 대한 꿈은 인간을 더욱 인간답게 만드는 거룩한 정신 작용이라고 할 수 있어요. 종교 때문에 인간은 신을 육화할 수 있었어요. 신성을 인격의 한 요소로 거두었죠. 까닭에 사람은 누구나 짐승의 몸으로 신성을 꿈꾸어요. 바로 이 점이 현대 문명에서도 종교가 살아남은 까닭이기도 합니다. 그러나 제도 종교는 하나의 환영입니다. 뜬구름 잡는 격이죠. 혼자만의 탐심입니다. 무종교의 삶이 더 거룩하고 더 평화롭고 더 인간적입니다.

단군신화에 보면 홍익인간(인간을 널리 이롭게 함)을 위해 환웅이 땅에 내려옵니다. 세 명의 신을 대동하고서 말이죠. 바람의 신 '풍백', 비의 신 '우사', 구름의 신 '운사'. 흥미롭게도 모두 날씨를 관장하는 신들이죠. 쌀농사가 주축인 농경 사회에 꼭 들어맞는 신화예요. 물론 서양의 신화에도 비와 천둥 등의 날씨를 관장하는 신이 있어요. 그러나 단군신화에 나오는 신은 지배하는 신이 아니라 세상을 이롭게 하는 신이며, 그것도 단 세 명으로 구성된 단순 소박한 신이에요. '홍익인간'에서 '인간'은 '인간종'뿐만 아니라 살아 있는 모든 생명을 가리키는 게 한국 사상의 가장 큰 특징입니다. 한국 사상은 생명 존중의 바이블이라고 할 수 있어요.

6. 코로나 사태는
서양의 자연 정복 사상에서 잉태되었다

서양 역사는 전쟁의 역사입니다. 중세 시대를 벗어나 근대를 열면서 신의 노예에서 벗어난 인간들이 스스로 신이 되어 자연을 노예 삼았어요. 근대 문명의 탄생입니다. 근대 이후 자연과의 전쟁에서 무한한 승리가 가져다주는 안정감과 눈뜨면 새로워지는 개발주의 복음과 자연 정복 사상이 선사한 인류 행복감에 여태 황홀해하던 삶이 코로나 사태로 충격을 크게 받았죠. 18세기 후반에 유럽에서 발생한 산업 혁명이 지구 에너지 자원을 마구 약탈하고 갈취하는 지구 식민지 시대의 시작을 알렸어요.

석탄과 석유 등의 화석연료를 바탕으로 한 물질문명의 급성장이 현대 문명의 시대를 열어주었죠. 인간의 자연 약탈은 전 인류를 끓는 물 속의 개구리로 만들었어요. 끓는 물 속의 개구리는 서구를 동경하며 그를 배우려는 모든 지구 나라를 비유한다고 보면 돼요. 어제오늘의 지구는 기후 위기와 괴바이러스의 창궐이 가장 큰 문제예요. 그것들이 인간종의 생존 자체를 위협하는 지경까지 왔다는 게 지구 문명의 위기를 말해주는 거죠.

코로나 때문에 지금껏 눈부시게 평화롭고 편리하던 일상이 덜컥 멈추었어요. 인간의 삶이 역사적 기로에 섰다는 공감대가 널리 퍼지고 있죠. 세계 각국은 코로나 사태를 통해 그 사회의 속성과 민낯을 낱낱이 드러내고 있어요. 그러나 인간종은 자본주의 질주를 멈추지 않을 겁니다. 바둑이라는 기예를 정복하기 위해 알파고를 개발한 허사비스(서기1976~ 영국/ 과학자, 기업인)처럼 장애가 생기면 인간종은 거침없이 그를 정복하고 앞으로 나아갈 것입니다. 그 끝은 알 수가 없어요. 그러나 우주 저편 화성을 식민지로 삼아 새 보금자리를 건설하거나 만병통치약을 개발하여 인간만의 제국을 계속 보존하고 확장해 나가지 않을까요? 그러면 절대 안 되겠지만요. 지금까지 과정을 볼 때, 자연에 대한 인간의 침략과 폭력적 지배는 멈추지 않겠죠. 위험하고 두려운 일입니다. 자연의 가공할 만한 역습이 아마도 인간종의 질주를 막을 수 있을 뿐이겠죠. 산불, 폭우, 지진, 폭염, 기근, 혹한, 괴바이러스 등이 그것입니다.

지금 온 세계가 코로나를 치유할 약을 개발하려고 애를 써요. 옛날의 인간 제국주의가 지배하던 지구 환경으로 돌리기 위해 애를 쓰고 있죠. 그러나 이쯤에서 인간종이 생각을 전환하면 새로운 길이 열릴 수 있어요. 그게 뭐냐 하면 '코로나바이러스'를 병들고 망가진 지구가 스스로를 치유하기 위해 자연이 만든 백신이라고 보는 사고의 전환입니다. 전 세계 코로나의 발생과 확산을 인간의 학대와 파괴에 맞서 지구가 스스로 자신을 보호하고 치유하는 과정으로 보자는 거죠. 그러면 삶과 죽음의 경계선을 넘나들며 마스크를 일상적으로 쓰고 생활의 불편을 호소하는 인간종들의 푸념과 불만이 어느 정도 사라질 수 있어요.

자연은 모든 인간의 부모님입니다. 인종을 가리지 않고 자연은 인간을 낳고 기르고 품어주고 거두어주어요. 이것이 이른바 한국 전통의 '천지자연 부모설'입니다. 코로나바이러스의 출현은 부모님이 못된 자식을 대신해서 스스로 병든 몸을 치료한다고 보면 돼요. 코로나바이러스는 자연이 생산한 자연 치료의 백신입니다. 제발 덕분에 서양을 탈출합시다.

7. 갈등 없는 사회가 있을까

특정한 집단을 세대로 묶어내는 방식은 우리에게 익숙한 문법입니다. 그러나 지구가 위기에 빠진 지금 '세대주의'가 중요한 게 아니에요. 사람들은 저마다 생활 한복판에서 기후 위기, 환경 문제, 생명권 등의 사회 의제를 던지고 해답을 구하는 게 더 중요해요. 각자의 삶에서 치열하고 성실하게 문제를 발굴하고 거기에 응답하고자 애쓰는 도덕적 태도가 중요합니다. 왜냐하면 지구가 살아야 인간도 살 테니까요. 젊은 지구 세대들은 지구의 안녕을 생각하는 날들을 한참 살아야 해요. 하나뿐인 지구 위에서 지금은 글로벌 지구 시대입니다. 지구의 운명이 바로 우리의 운명이죠. 그렇습니다. 세대를 뛰어넘어 우리는 모두 지구 세대이니까요. "세대가 아니다. 시대를 교체하라." 이런 구호가 참 멋져요.

치열한 공정성 담론은 단순한 세대 특성을 밝히는 게 아니에요. 그동안 한국 사회가 만들어놓은 체제의 문제점을 밝히고 비평하는 쪽으로 방향을 잡아야 마땅하죠. 한국의 언론이 사회에 이바지하려면 이런 쪽으로 기사를 작성하고 취재를 해서 위기의 지구를 안전한 지구로 바꾸는 역할에 앞장서야 합니다. 한국인들이 삶의 방식과 태도를 획기적으로 전환할 수 있도록 애쓰는 게 중요해요. 언론으로 하는 정치질과 권력 노릇은 제발 그만두기 바랍니다.

그러니까 남자와 여자가 충돌하는 문제도 그래요. 결국은 우리 사회의 시스템 문제예요. 여성은 생명과 안전을 위해 기본권을 요구하는데 그걸 보고 일부 남성은 페미니즘을 비판하고 남자의 '기분 상함'을 주장해요. 여성들은 안전이 생물학적으로 보장된 남자들과 다른 삶을 살아요. 그래서 국가로부터 기본적인 생존권과 생명권이 보장된 삶을 살고 싶어 하죠. 여성들은 스스로 고심하며 개인 안전장치를 마련하고 안전 비용을 희생적으로 치르기도 해요. 그렇게 살아갑니다. 우리 사회가 철저히 남자 중심 사회라서 그래요. 여자가 사회적 약자라서 그렇죠. 단지 안전 때문에 더 비싼 월셋집을 찾고, 스마트폰에 사진도 못 쓰고, 화장실은 여성 2인 동행하고, 몰카 예방 셀로판지를 늘 휴대하고 다니고, 돈이 더 들어도 안전 택시 타고, 혼자 사는 집에도 남자 신발 챙겨두고 등등 남자들에게는 없는 아주 불편하고 아주 불안하고 아주 부자유한 생활 방식들이 늘 따라다니죠. 남자들이 이걸 왜 외면하는 걸까요.

남자 중심 세상에서 여자로 살아가는 게 참 불편하고 불안하고 부자유하지요. 그런 만큼 사실 여자들은 국가로부터 더 보호받고 더 안전하고 더 자유로운 일상을 제공 받을 권리가 있어요. 한국 사회가 제도와 법률로 그걸 보장해 주어야 합니다. 남녀 차이를 인정하고 유연성을 발휘하는 것이 좋아요. 이 것이 '억강부약'의 실천철학입니다. 강함을 누르고 약함을 보호함 - '억강부약'이야말로 대한민국 특유의 양반 국가의 수준 높은 교양학이고 좋은 제도가 될 테지요. 그런데 한국 사회에서 여론을 독점하는 우리 언론은 어떨까요. 독재언론 말이죠. 우선 온라인 커뮤니티 사용자들(남자)의 발언을 전하면서 그게 다수 의견인 양 오도해요. 남자 중에서도 여성 인권에 비판적인 강성 남자의 편을 냉큼 들어주는 거죠. 극히 일부의 의견을 익명화해서 발표하면 그게 곧 대표적인 의견처럼 보이게 되는 일종의 속임수 기사 방식인 거예요. 이것은 남자 중심 사회가 만들어놓은 기울어진 운동장에서 남자 측을 일방적으로 편들면서 경기 심판을 보는 격입니다.

단언컨대 우리나라에서 가장 불공정한 곳은 언론 집단입니다. 수많은 '내로남불'(내가 하면 로맨스 남이 하면 불륜) 사태를 뻔뻔하게 제도적으로 실행하는 곳이죠. 한국 언론은 흑백논리 분단권력의 사생아답게 패악질이 대단합니다. 대한민국 사회를 자신들이 지배자 또는 지도자가 되어 이끌어간다고 생각해요. 전두환 정권 이후로 자본가 언론이 한국 사회를 쥐락펴락하는 독재 권력이 되었습니다. 제발 한국인이여, 우리나라 언론을 절대로 믿지 마세요. 한국 언론은 민주주의의 주적입니다. 자신들의 이익과 권력을 지키기 위해 국민들에게 혐오와 갈등을 끊임없이 부채질해요. 방금 찍어낸 따끈한 신문지들이 이웃 나라와 지방에 폐휴지로 바로 전달되고 수출되기도 하는, 참으로 기괴한 언론입니다.

8. 꽃청춘의 분노와 눈물

청년 문제를 들여다볼까요. 주식이나 가상 화폐에 대한 인식이 20대는 유별나요. 기성세대들은 아파트와 부동산 등으로 자산 증식을 했지만 20대는 현재의 경제 능력상 그걸 못하니까 이런 곳에 뛰어들죠. 이해가 가지 않는 것은 아니에요. 그들이 대한민국 1%의 상류층이 되려는 욕심으로 그러는 게 절대 아니죠. 집이 있고 기본 소득이 있으면 그런 식으로 아득바득 살려고 하지 않을 테죠. 작으나마 자신이 거주하는 집이 있고 하고 싶은 일을 어느 정도 하고 커피 한 잔을 마음 놓고 먹을 정도의 여유가 있다면 말이에요. 그런데 우리나라 사회 여건상 이런 것들이 하나도 담보되지 않기 때문에 젊은 층이 물색없이 코인이나 주식에 뛰어드는 거죠. 탈출구가 오직 거기밖에 없어서 그래요. 기성세대들은 말합니다. "얘들이 왜 저러지? 지금 청춘들은 투기나 도박을 많이 좋아하나 보네."

하하하 어른들이 이렇게 생각하는 건 젊은 세대의 문제를 전혀 알려고도 하지 않겠다는 말로 들려요. 최소한의 삶을 위해 국가에서 기본 소득이 주어지거나 임대주택일망정 누구에게나 집이 제공되면 이웃과 아웅다웅 처절하게 경쟁하면서 살아갈까요? 우리 사회가 독점 자본주의를 그만두고 사회주의를 모방해서라도 유연한 사회를 만든다면 한 줌 희망을 가질 수 있지 않을까 합니다마는. 한국 사회의 시스템이 혁명적으로 바뀌어야 합니다. 필요하다면 공산 국가의 제도나 법률을 우리 사회에 적용해도 괜찮아요. 낡고 불공정하고 불합리한 시스템을 바꿀 수 있다면 말이죠. 한국이 자본주의 사회 구조를 폐기한다고 공개적으로 선언하는 것도 괜찮아요. 그렇게 해야 대한민국이 유연한 사회, 진정한 민주 사회로 가는 길이 마련되지 않을까 하는 기대감이 있어요.

> "우리는 더 이상 권력을 가진 사람들이 희망이 무엇인지 결정하도록 내버려 둘 수 없다. 희망은 수동적이지 않다. 희망은 진실을 말하고 있고 행동을 취한다. 그리고 희망은 항상 국민으로부터 온다."

그레타 툰베리 (서기2003~ 스웨덴/ 지구 환경 활동가)

오늘의 사회 구조라면 점점 파괴적인 방식으로 청년들의 분노가 표출될 수 있을 거라는 우려가 들어요. 청춘들이 먹고사는 것조차 힘들어하니까요. 현실적으로 구조를 바꿀 정치 사회적 세력을 바로 세우지 않고는 시스템이 절대 바뀌지 않는다는 걸 우리는 알아요. 그것은 오늘의 한국 사회에서 자기 노력만으로 내 집을 꿈꾸기가 어렵다는 것 하나로도 알 수 있지요. 나만의 행복주택을 누구나 꿈꾸는데 그것이 국가에서 제공하는 임대주택이면 어때요. 젊은이가 집 장만하는 일에 평생의 노력을 바쳐서는 안 되잖아요. 우리의 20대 청춘에게 주어진 파이가 왜 이렇게 작게 정해졌을까요? 분배 총량이 너무 적으니까 내부적으로 끊임없이 갈등이 만들어지는 거잖아요. 사회 구조를 바꾸려는 노력을 기성세대와 정부가 함께해야 합니다.

지금 우리 사회의 문제는 세대 탓이 아니라 체제 탓입니다. 이걸 분명히 해야 하죠. 주택 문제가 세대의 잘못이 아니에요. 체제의 잘못입니다. 자본주의 사회 제도가 곧바로 민주주의 제도인 것은 아니에요. 우리가 잘못 알고 있는 게 많아요. 민주주의와 자본주의는 직접적으로 아무 관계가 없어요. 자본주의가 아니라도 민주주의가 가능하지요. 중국이 지구상에서 실험적으로 시행하는 이른바 '붉은 자본주의'('붉은색'은 공산주의 상징)를 보세요. 북한의 정식 국호가 '조선민주주의 인민공화국'이라는 걸 기억하세요.

9. 정통 한국인은 착하다

한국인은 5천 년의 역사를 한반도에서 함께했어요. 정통 한국인은 유구한 역사적 경험을 공유하고 있지요. 이것이 현대

한국인의 첫째 특성입니다. 지금까지 같이 살았고 순간순간 같이 느껴요. 한국인의 둘째 특성은 관습이나 사고방식이 같습니다. 가령 정통 한국인은 '사람'과 '인간'을 구별해요. 인간이 도덕적 질적으로 완성 단계에 도달하면 '사람'이 됩니다. 아무나 사람이 되는 게 아니에요. 이것은 마치 단군신화에서 짐승(곰)이 사람(웅녀)이 되는 듯이 고차원적이죠. '사람답지 못하다' 또는 '사람의 탈을 쓰고 어찌...', '짐승보다도 못한 놈'이라는 욕설 표현을 남북한 사회에서 공통 표현으로 쓰죠. 이 표현을 잘 알고 여기에 익숙하면 정통 한국인, 아니면 비정통 무자격 한국인입니다. 그리고 '양심'이라는 말을 우리 정통 한국인은 꽤 잘 써요. '양심'은 종교적 신앙심이나 '민주 정신'보다 훨씬 상위 개념이에요. 지위가 높고 신분이 고상해도 '양심'이 없다면 한반도에서 사람 취급을 받지 못해요. 그렇게 살아왔어요.

배달겨레 한국인이 본디 좁은 사회 내부에서 토닥이는 존재가 아니었어요. 전통적으로 한국인은 세계에서 가장 기가 센 민족입니다. 강한 자에겐 '놈'자를 붙여 깎아내리죠. '미국놈, 일본놈, 중국놈' 그러나 우리보다 약한 사람에겐 '놈'자 대신 '사람'을 붙입니다. 아프리카 사람, 인도 사람, 베트남 사람 등. 또한 우리는 아시아에서도 유일하게 쇠젓가락을 쓰는 기마민족입니다. 활을 세상에서 제일 잘 쏘기도 하고요.

유리병 이야기에서 누군가 흔들어대는 불개미와 검은 개미의 싸움이 떠오릅니다. 사람의 의식은 쉽게 바뀌는 게 아니에요. 한국이 지금 기독교 인구가 지구에서 가장 많은 것은 고대

하느님 신앙과 연결되어 있기 때문입니다. 우리의 원형 의식 속에 하느님이 살아 있어서 그래요. 서양의 절대자 야훼 신을 '하느님'으로 번역해서 한국인에게 인식의 혼돈이 생겨났던 거죠. 예수가 뭐라고, 한국인들이 예수주의 광풍에 휩쓸려서 그래요. 이것이 다 근본이 없는 거예요. 본새가 없는 거죠.

우리의 무의식에는 풍류도가 있어요. 한국 고유의 철학이죠. 이곳에 대륙의 웅혼한 기상이 들어있어요. 이것을 되찾아야 하죠. 최치원(서기857~미상. 남북국 시대/ 한국 한문학의 시조) 선생의 풍류도와 백기완(서기1932~2021 대한민국/ 통일운동가) 선생 같은 넓은 풍류를 우리가 살아야 해요. 한국 전통의 얼은 풍류도예요. 중국에도 풍류가 있다지만 그것이 도(道)가 된 것은 한국밖에 없어요. 풍류는 멋입니다. 풍류와 멋은 서양의 미의식과는 전혀 달라요. 한국인은 한 사람 한 사람에게 특별하고 고유한 미의식이 있어서 저마다 인생을 멋지게 살려고 합니다. 정통 한국인은 몸속에서 유, 불, 선을 다 통달할 때 나오는 깊은 멋을 즐기며 사는 거죠. 대한 사람 배달겨레는 세상에서 가장 착하고 가장 화통하고 가장 잘 노는 사람들입니다. 서양에서 건너온 악마의 이분법을 깨뜨려야 해요. 지금은 코로나 시대, 때가 왔습니다. 서양을 탈출합시다.

10. 개천절과 기독교

개천절은 본디 우리의 민족 종교인 대종교에서 비롯되었어요. 대종교에서 '종'(倧)은 '신인' 그러니까 '신이자 사람'이며, 이는 곧 '단군'을 뜻해요. 일제시대 항일운동과 전통의 대종교는 매우 깊숙이 맞닿아 있어요. 항일운동가의 상당수가 대종교 신자들이었죠. 서기1919년 상해 임시정부 발족 당시 의정원 의원 35명 중 28명이 대종교 신자였어요. 일제 강점기에 독립운동 무력 투쟁을 거치고 해방 이후에 미국의 입김이 극구 작용하면서부터 대종교의 위상은 급격히 추락했는데 그 자리를 기독교가 냉큼 차지했습니다. 예수 탄생 2022년 현재 우리나라에 기독교 교회 개수가 6만여 개가 훌쩍 넘는다고 해요. 기독교인이 아닌 자는 기독교에 대해 비판의 아무 말도 못 하게 하는 게 또한 우리 사회의 새로운 관행이지요. 서양 종교라는 종교 권력이 금기를 만든 거죠.

오늘날 우리나라에서 기독교는 권력입니다. 금기가 있다는 건 권력이 작용한다는 뜻이에요. 시대를 지배하는 사회적 문화적 차원의 온갖 권력은 인간 정신에 족쇄를 채웁니다. 예수 비판은 우리 시대의 금기입니다. 예수를 비판할 수 없어요. 종교인은 물론이고 누구라도 예수 비판은 말하지 못해요. 북한 찬양이 또한 우리 시대의 금기입니다. 한국인들의 창의적인 생각과 날카로운 상상력을 남북분단 권력이 굳게 닫아버리고 말았죠.

서양을 탈출해야 합니다. 서양을 자유롭게 비판할 수 있어야 해요. 생각의 자유로움이 간절합니다. 우리가 너나없이 즐거운 상상으로 더 나은 삶을 꿈꿀 수 있어야 해요. 그러나 한국 사회의 금기어가 육체를 묶어두고 정신을 꽁꽁 가두어요. 국적 불명의 습속이나 도덕이나 제도라도 오래되면 그게 곧 국민의 관습이 되고 습속이 되어 버리고 끝내는 민족성이 되고 말죠. 이 민족성은 세월이 흘러 누구도 깨뜨리기 힘든 견고한 현실의 벽이 됩니다. 국가보안법과 종교 보안법은 우리 사회에서 폐지되어 마땅합니다. 이것이 바로 즉각적인 한국의 서양 탈출 작전이 아닐까요.

11. 한국인의 정체성을 찾아라

자신의 신념이나 신앙에 따라 '양심'을 저버리는 사람들이 속출합니다. 한국 사회가 도덕적 아노미 상태에 빠졌어요. 동방예의지국은 옛말입니다. 한국 사회에서 첩첩이 쌓인 혼란과 갈등을 치유하기 위해서는 한국인의 정체성을 잘 알고 이를 바르게 회복하는 게 가장 중요합니다. 좋은 한국인으로 돌아오는 거죠. 사람 좋고 넉넉하고 정의로운 한국인으로 말입니다. 독재주의 인간형의 간판인 놀부 인성을 버리고 모두가 생명파 흥부 인간성으로 돌아오는 거죠. 인간성을 빨리 회복하고 한국인의 정체성을 저마다 확신하는 게 좋아요.

한국인의 동질성 분야는 세부적으로 더 발굴하고 더 퍼뜨려서 우리 대한민국의 기틀을 튼실하게 세워야 해요. 그래야 나라의 힘이 집중하여 발전과 화해의 춤사위가 열리게 될 테죠. '양심'이나 '사람' 등과 같은 동질성의 지평을 꾸준히 확대해 나가는 심오한 노력이 사회 제도적으로 봄바람처럼 일어나야 합니다. 관습 문화에 뿌리를 내려야 법과 제도가 사회적으로 튼튼해져요. 서양 기독교가 한국 전통의 '하느님' 사상을 차용했기에 오늘까지 융성 발전의 길을 걸을 수가 있었던 거죠. 중국에서 모택동의 공산주의 혁명 역시 중국 전통의 습속을 발판으로 삼았기 때문에 성공할 수 있었던 것과 같아요.

오래 누적된 민족적 삶의 경험과 원리가 새 문화의 터다짐에 절대적으로 중요합니다. 혹시 이런 생각을 해본 적이 없나요. 북한 사회의 삶의 원리는 무엇일까요? 김일성주의 혹은 주체사상이라는 게 갑자기 하늘에서 뚝 떨어진 걸까요. 결국은 북한 사회의 사상적 기반이나 생활 원리도 우리 민족의 오랜 역사적 삶과 관습에 뿌리를 박고 자란 결과라고 보면 틀림없어요. 민족의 전통 윤리와 관습에 뿌리를 두지 못하는 제도나 법률은 사상누각과 같으니까요. 정녕코 종교도 그렇고 정치도 그렇고말고요. 정치 경제나 종교 활동이나 간에 민족의 오랜 습성에 뿌리를 두지 않고서는 늘 흔들리고 늘 유약하여 절대로 튼튼히 안정되지 못하거든요.

12. 또 경상도 이야기

경상도 사람들에게 다들 입을 모아 한마디씩 해요. 경상도가 왜 그러느냐고. 정치적으로 너무 편향되어 있다고 입을 대요. 선거 때마다 어김없이 반공파 보수 육체파를 무조건 찍어주니까요. 옛날에 경상도는 참 멋졌는데 말이죠. 분단 권력이 영구 집권을 욕심으로 경상도와 비경상도를 이간질해서 그래요. 경상도에서는 반공 보수 진영이 대한민국의 정통파라고 여기거든요. 이게 경상도의 완성 문법입니다. '국회의원 선거와 TK 정신' - 후후후 언론 기사에서 이런 표현이 왜 나오나요? 이건 언론이 저지르는 선동질 수준의 기사라고 보입니다마는.

코로나 사태를 대하는 우리 언론들의 태도를 한 번 볼까요? 분단 권력의 이분법을 사용하여 악마적으로 편을 가르는 게 눈에 쏙 들어옵니다. 몇 개의 신문 사설 제목을 한번 훑어볼게요. "중국이 그리 좋으면 나라를 통째 바치시든지(조선일보) 코로나 최고 숙주는 문재인 정부의 중국 눈치 보기(중앙일보) 나라 거지 꼴 만들고 웃음이 나왔나(동아일보)" 우리나라 언론이 코로나를 가지고 완전히 자기 정치를 하는 꼴입니다. 미국이나 영국 등 외국 언론이 칭찬하고 호평하는 코로나 방역 체계를 한국 언론은 사사건건 비난하고 저주하고 방해합니다(생명파 - 민주당 정부를 대하는 한국 언론의 기본 태도임. 그러나 보수 육체파 정부일 때는 모든 게 칭찬과 찬양 일변도로 급변함). 나랏일을 자기 꼴리는 대로 갖고 노는 독재 권력이 맞다마다요. 그들은 생명파(진보, 좌파/ 민본주의)

정치권은 마구 조롱하고 헐뜯으며, 육체파(보수, 우파/ 독재주의) 정치권은 무조건 편들고 찬양하죠.

한국기자협회에서 만든 재난 보도 준칙이라는 게 있어요. 그중에 하나를 보죠. '사회적 불안과 혼란을 야기하지 않도록 노력해야 한다'. 하하하 양두구육이 명백하군요. 이 준칙과 정반대로 보도하는 게 우리나라 언론들입니다. 그런 의도가 불보듯 명백히 보이는 게 대부분의 언론사 입장이지요.

사람은 누구나 그래요. 언론사도 마찬가지고요. 보고 싶은 것만 보고, 믿고 싶은 것만 믿어요. 보인다고 다 보는 게 아니고 들린다고 다 듣는 게 아니에요. 사실 그대로를 믿지 않고 자기 기준으로 믿고 안 믿고를 가려내죠. 이것을 전문용어로는 '확증 편향'이라고 하는데요. 한마디로 '이념 편집증'입니다. 특정 이념에 광적으로 매달리는 거죠. 매사를 자기 이념에 따라 해석해요. 이것은 왜곡 처리된 자기 신념이며 사이비 종교 신앙입니다.

솔직히 말한다면 한반도의 남북분단은 패전국 일본의 가장 중요한 국책 사업이 아니었을까요. 남북이 갈라져 있어야 어떻게든 일본은 득을 보며, 가령 남북 적대의 서슬에 한반도가 일본의 약점이나 죄악에 시원하게 들이대지 못하니까요. 그래서 지금까지 두고두고 일본은 남북 화해를 자꾸 방해하는 거예요. 일본의 생존 방식입니다. 한반도 남북통일은 일본에게 가장 끔찍한 디스토피아일 게 틀림없겠지요.

이웃 사랑과 공동체 의식은 어느 자리에서 보느냐에 따라 평가가 달라져요. 지역민 전체를 보수층 또는 진보층으로 요약할 수도 있지요. 언론의 무서움이 이런 겁니다. 우리나라 사람들은 순진하게도 언론을 너무 믿습니다. 방송 보도가 되거나 지상에 활자화되면 그걸 곧이곧대로 믿어요. 사실은 신문사나 방송사 시선이 강하게 반영된 편향 보도일 뿐인데 말이죠. 가장 큰 문제는 신문이나 방송을 친숙하게 대하고 습관적으로 믿다 보면 자아 증발 현상이 일어난다는 거죠. 이것은 착실한 종교 신자들이 갖는 심리 상태와도 같아요. 자아 증발 현상이야말로 독실한 신앙인의 증거가 되는 거죠. 그래서 그럴까요, 나라 전체에 자아 증발 현상이 가득합니다. 비판적 자아는 사라지고 맹목적인 충성심이 삶을 충동질할 뿐이죠.

그러나 민주공화국 대한민국은 올바른 언론을 가질 권리가 있어요. 언론은 국민을 위해서 언론의 자유를 마땅히 누려야 하지요. 기탄없이 마음껏 보도할 수 있어야 해요. 그러나 오늘날 우리나라 언론은 너무 편파적입니다. 공정성과는 담을 쌓았어요. 불공정의 대명사, 기울어진 운동장 자체입니다. 의견 기사인 신문 칼럼을 중심으로 보면 이것이 한층 실감 나지요. 가령 어떤 기사에 보수 우파 세력의 적을 대상화하여 일러스트 그림이나 사진으로 슬쩍 집어넣어요(논두렁 뇌물 시계 뉴스, 영부인의 브로치 고가 의상 뉴스 등). 분단 권력의 방해자를 모욕하고 조롱하고 학살하는 거죠. 더 큰 문제는 보수 육체파의 1등 언론이 조작하는 이 같은 프레임을 지방 언론이 그대로 추종한다는 거예요. 중앙신문과 지방 신문이 힘을 합하여 분단 권력 독재 세력의 도전자에게 모욕을 주고 헐뜯는 게 기사의 중심 역할입니다. 언론 정치꾼의 선동과 날조를 언론들끼리 대량으로 복제해요. 그래서 보면 기사나 사설이나 칼럼이나 기타 한국 언론의 신문사 글들이 예외 없이 천박하고 교양 없고 악의적이고 독살스러워요.

대한민국 언론사가 언론 자유를 자주 언급합니다. 우리나라에는 '언론의 자유'가 있다고 말이죠. 그리고는 가짜 뉴스, 왜곡 뉴스, 날조 뉴스를 아무렇게나 작성하고 유포합니다. 엘리트 부르주아 집권층과 손을 잡고 언론사가 한국 사회를 이끌어 갑니다. 삼성가의 대통령 측 뇌물 구속 사건이 보수 육체파 언론들의 집요한 공격에 문재인(서기1953~ 대한민국/ 대통령) 정부가 항복했어요. 이렇게 보면 실로 한국 사회는 '언론 자유의 천국'입니다. 독재 언론의 세상이지요. 사실과 맞지도 않는 것을 끌어다가 마구 짜깁기하여 가짜 뉴스를 만듭니다. 삼성 앞에서는 입도 뻥긋 못하는 언론들이 자신들의 목적과 필요에 따라 '언론 자유'를 외치는 모습이 가증스러울 뿐이죠. 조중동 등 한국 주류 언론사의 '언론 자유'가 진정 누구를 위한 '언론 자유'인지, 무엇을 위한 '언론 자유'인지 기존 뉴스 보도를 비판적으로 성찰하는 국민의 자세가 아쉬울 뿐입니다.

13. 한국의 종교 사업은
산업 혁명이다

"우리에게는 전 세계보다 더 위대한 주님이 있다. 그 주는 전
지전능하기 때문에 그의 말 한마디에 의해 모든 것이 태어난
다... 그가 우리에게 호의를 갖고 있는 이상 도대체 무엇 때문
에 우리가 두려워할 필요가 있겠는가."

마르틴 루터 (서기1483~1546 독일/ 가톨릭 종교 혁명가.

이로부터 프로테스탄트 개신 기독교 탄생)

한국에서 종교가 어떻게 이 시대가 추구해야 할 가장 중요
한 인생 목표가 됐는지, '종교 산업'이 어떤 경로를 거쳐 거대
산업으로 성장했는지, 종교계의 이런 흐름이 사람들의 삶과 사
고방식에 어떤 변화를 가져왔는지 살펴봐야 합니다. 서구의 절
대자 '예수 하나님'은 종교 산업의 이론적 기초가 되었죠. 한국
사회의 과도한 '예수주의'는 과도한 서양 숭배주의를 상징하는
게 아닐까요. 예수 사랑이 어쩌면 서양 사랑인지도 몰라요.

기독교 종교 산업이 확산하면서 한국에서 '교회를 믿지 않는
다'는 말은 인생을 잘못 살고 있다는 뜻이 되어버렸고, 기독교
종교는 건강하고 정상적이며 제대로 돌아가는 삶의 심리학적
최종 기준이 되었어요. '종교를 가져야 한다는 이데올로기'는
트랜스 휴먼의 등장으로 인류 진화 과정에 정점을 찍습니다.

14. 능력주의가
공정 사회를 보장할까

" 완전한 지식은 완전한 권력이다."

플라톤 (서양 기원전 427~347 그리스/ 전지전능 서양 관념 철학 창시자)

민주주의(데모클러시 = 대중정치)는 플라톤 같은 현자가 싫어했던 정치 체제였어요. 서구에서 민주주의는 근대화 시절에 절대군주제에 대한 반동으로 나왔습니다. 문명사적으로 볼 때 이쯤해서 데모클러시가 등장할 수밖에 없었어요. 이것은 한 극단에 대한 반대 방향의 극단적인 문제 풀이 방식이라고 할 수 있어요. 바로 이런 점(극단주의)이 다른 문명권과 구별되는 서양 사상의 가장 뚜렷한 특징이죠. 지금은 서구 민주주의를 다들 좋아하는 듯합니다마는, 사실 권력자들은 민주주의를 싫어해요. 권력을 모두와 나누어 함께 쓰겠다는 사람이 옛날부터 드물죠. 그래서 권력자는 대체로 독재를 좋아해요. 절대 권력자는 절대권력을 좋아하죠. 그는 권력을 독점하고 싶어 해요. 그들은 사실상 사회적으로 '능력주의'(메리토크러시)라는 개념을 좋아해요. 서기1958년에 영국에서 최초로 나온 이 용어는 우리나라에서 '노력주의'로 변이 사용 중인데, 이것은 능력주의를 뒷받침하는 개념으로서 사회적으로 성공하지 못한 구성원에게 그들의 노력하지 않은 측면을 강조하여 사회적 불평등 상황을 보호하는 역할을 하죠.

'능력주의' 강조는 사회 실패자들을 수치심과 도덕적 무기력증에 빠뜨려 사회 구조를 온전히 보호하는 책무에 충실합니다. 결국 사회적 능력조차 세습되는 현대 사회의 구조를 '메리토클러시'라는 이데올로기가 적극적으로 보장해 주는 역할을 해요. 사회적으로 성공한 자의 공적이나 매력을 공동체가 공인해주자는 거예요. 이것은 한마디로 사회적 성공자에게 특권 의식을 공식적으로 부여하자는 얘기입니다. 이것은 안 돼요. 공정성에 어긋납니다. 절대로 안 돼요. 민주주의가 아니에요. 이것은 특권주의, 엘리트주의입니다.

사실을 말하면 조선 시대 출세의 등용문이 되었던 과거시험 제도가 결코 공정하게 치러진 게 아니었어요. 18세기 조선 중기까지만 해도 과거 시험장에 응시자의 친척, 친구, 선후배들이 함께 들어가서 힘을 합쳐 함께 답안을 작성한 게 흔한 일이었죠. 김홍도의 그림 '평생도'와 '공원춘효도'에 과거 시험장의 풍경이 잘 나타나 있지요. 그때 누구도 이것을 부정행위라고 생각하지 않았어요. 아름다운 풍속으로 여겨졌을 뿐. 그러나 시대가 바뀌어 세상이 달라지자 시험장 분위기가 아주 엄격해졌죠. 공정의 기준은 시대에 따라 다릅니다. 모두가 동의하는 공정성은 애당초 존재하지 않아요. 인간 사회에서 있을 수가 없는 일이죠. 이것은 마치 인간 모두가 동의하는 완전한 신이 없는 것과 같아요. 시대와 장소를 불문하고 모두가 동의하는 신은 없어요. 같은 이치로 인간 모두가 사랑하고 존경하는 인간도 없을 수 밖에요. 거두절미하죠. 공정에 너무 매달리지 마세요. 시험 제도 역시 시대와 사람이 만든 하나의 인공적 환경일 뿐입니다.

15. 황인종 혐오주의
– 황화론

19세기 말에 기독교 유럽 대륙은 제국주의와 인종주의와 사회주의 등으로 용광로처럼 들끓었습니다. 그중에 '황화론'이라는 게 있는데요, 이게 참 웃겨요. 유럽의 정체성과 기독교 문화를 다른 인간종의 위협으로부터 지키자는 사상의 흐름이지요. 인종 중에서 황인종이 백인 중심의 서구 사회를 위협한다는 위기감을 강조했죠. 황화론의 최초 발상지는 독일인데요, 독일의 황제 빌헬름 2세(서기1859~1941 독일)가 황인종에 대한 혐오와 공포를 선동하며 일본과 전쟁할 것을 촉구하였죠. 그때 일본은 '범아시아주의'를 내세우며 반발하고 곧장 백인과의 전쟁에 나섰어요. 서기1905년 러일전쟁의 결과는 우리가 아는 바 그대로입니다. 일본 황인종이 아시아를 대표하여 유럽 제국주의와 어깨를 나란히 하게 되었지요. 제국주의 일본은 스스로를 동양 평화의 수호자를 자임하며 유럽 백인종들로부터 아시아를 연대하여 지키자고 황인들을 선동했죠. 그 이후의 진행 과정은 역사의 페이지에 솔직하게 기록되어 있습니다. 아시아의 약소국들이 유럽과 일본의 식민지가 되고 속국이 되어 수탈과 억압의 긴 세월을 보냈어요.

예수 탄생 2020주년에 지구상에 코로나 사태가 처음 발생하면서 120년 전의 황화론이 되살아날 조짐을 보이고 있어요. 유럽과 미국에서 아시아 황인종에 대한 혐오 사상이 급속히 불거지고 있습니다. 코로나 공포감을 황인종이 만들었다며 화살을 겨누죠. 말도 안 돼요. 코로나 사태가 우한 폐렴 또는 중공 바이러스라는 이름표를 달고서 황화론에 불을 활활 지폈어요. 코로나 공포와 혐오가 곧 동양인 전체로 확산된 거죠. 해를 거듭하며 미국이나 이탈리아나 영국 등 유럽에서 발생한 황인종 테러 사건을 떠올려 보기 바랍니다.

16. 나답게 사는 게
가장 창의적인 삶이다

지구에는 200여 개의 나라와 2천여 겨레붙이가 인간의 이름으로 살고 있어요. 그런데 인간들은 삶의 모습이 비슷하지만 조금씩 다르고, 또 어찌 보면 사는 게 제각각이지만 다들 비슷해요. 인생이 그런 것이고 삶이라는 게 아마 그럴 테죠.

최고의 삶이란 무엇이며 최고의 인생이란 무엇일까요? 그것은 최고의 나를 찾는 게 아니라 유일한 나를 찾는 삶이 아닐까요. 애면글면 경쟁 속에서 최고의 나를 이루려고 하지 말아야 해요. 애오라지 유일의 나를 찾아야 현대 문명의 텃밭인 경쟁의 늪에서 벗어날 수 있어요. 경쟁하지 않는 삶이 건강하고 아름답고 행복합니다. 그 시작은 지금과는 전혀 다른 방식의 삶을 찾아내는 것이고, 지금 여기서 그것을 실천해야 하는 것이죠. 하하하 서구 자본주의 문명의 생활 방식을 빼고는 무어나 다 좋을 듯합니다.

창의성의 시대입니다. 지금은 입력보다 출력이 중요하죠. 입력을 잘해야 공부를 잘하는 거라고 믿어왔어요. 그러나 예술적 삶은 출력이 중요하거든요. 삶은 예술입니다. 예술적 삶은 자기 창조의 삶입니다. 자기 창조의 일상이 나날이 행복한 삶이죠. 예술적 삶은 남의 것을 자기 것으로 하는데 그쳐서는 안 돼요. 무엇이나 자기 것으로 만들어서 보여줘야 하죠. 예술은 표현이거든요. 사실을 말하면 우리들의 일상은 거의 전부가 표현으로 꾸며져 있지요.

암기 위주의 입력 능력은 출력을 잘하기 위한 필요조건일 뿐이죠. 출세주의와 능력주의는 불량 식품과 같아요. 가까이하지도 말고 먹어서도 안 돼요. 그저 나를 알고 나답게 살면 돼요. 나를 잘 알아채는 게 창의의 완성입니다. 창의적인 삶이 가장 행복한 인생이 아닐까요. 비교하지 않는 삶을 꿈꾸는 게 참 행복입니다.

17. 종교
– 고정관념을 찍어내는 거푸집

"내가 듣기로 예수는 가장 참혹하게 죽은 자이다. 천주학이 복을 주는지 재앙을 주는지 이로써 증명될 것이나 그것을 보고서도 멀리하지 않는다. 뿐만 아니라 오히려 나라의 형벌을 받아 죽어야 천국에 간다고 믿고, 참수되거나 감옥에 들어가기를 두려워하는 빛도 없다. 취한 듯도 하고 미친 듯도 하여 어떻게 정신을 차리게 만들 도리가 없으니, 어리석은 것이 아니면 망령이 난 것이다. 참으로 가슴 아픈 일이다."

『척사윤음』(서기1839년/ 조선 헌종의 교지)

삶을 돌아보면 누구에게나 위대한 순간들이 있어요. 영화의 한 프레임처럼 빛나게 떠오르는 순간이 있죠. 난생처음 책을 스스로 읽었을 때, 운전 면허증을 땄을 때, 첫아이가 태어났을 때, 생애 처음으로 내 집을 장만했을 때 - 그런 찬란한 순간 말입니다. 그것은 눈물겹도록 아름답죠.

그러나 우리가 일상을 살 때는 대개 고정관념으로 살아가요. 놀랍게도 고정관념은 세계를 도식적으로 그려요. 도식적으로 바라봐야 세상이 안정되고 편안하거든요. 그런데 도식을 취한다는 것은 우리가 특정한 고정관념을 갖고 있다는 뜻이기도 해요. 이것은 자칫 위험해요. 왜냐하면 도식은 절대 현실적이지가 않죠. 현실은 늘 변하는데 고정관념은 변하지 않지요. 도식을 취하는 것은 현실에 대해 더는 생각하지 않겠다는 뜻을 담고 있어요. 눈과 귀와 마음을 닫는 거죠. 자기 에너지를 쓰면서 현실의 대상을 새로이 인식하지 않겠다는 선언입니다.

가톨릭 기독교 교회는 오래전부터 십일조 세금으로 재산을 늘려왔어요. 신자들 소득의 10%를 교회 헌금으로 걷는 거죠. 지금 교황청 가톨릭교회의 부동산 재산이 어마어마합니다. 우리나라 교회도 관습적으로 그렇게 합니다. 그리고 예수 교회는 나라에 세금을 전혀 내지 않아요. 로마 가톨릭교회는 당연히 국가에 세금을 내지 않아요. 가톨릭 교황청은 숫제 그 자체가 하나의 국가입니다. 바티칸이라는 종교 국가죠. 우리나라에서도 기독교회는 국가에 세금을 내지 않습니다. 이것은 사실상 자본주의 체제를 무너뜨릴 정도의 엄청난 특권이거든요. 그런데 여기에 대해서 누구도 시비를 걸지 않아요. 서양 기원 1948년 8월 15일 광복절에 민주공화국 대한민국 정부가 출발할 때부터 그랬으니까요. 그래 대한민국에서는 이게 불문율이 되고 만 거죠. 고정관념이 되었어요. 사실 이런 것들이 묵과할 수 없는 특별 권력입니다. 이것은 분명 자본주의도 아니고 민주주의도 아닙니다. 여기에는 공동체 정신이 생략되어 있어요. 홍익인간 대동 세상이라는 배달겨레의 꿈 말이에요.

오늘날 기독교 교회 신자는 스스로 종교 식민지 백성으로 하느님의 종을 자처해요. 그들은 개인 소득의 10%를 즐거이 바치며 예수주의를 좇는 종으로 살아가지요. 사는 게 그럴 수도 있지만 안타깝습니다. 거룩한 신앙생활이 고정관념의 덫에 완전히 빠져버렸다고 할까요. 서구 유럽의 낡은 봉건제 경제에 맞도록 만들어진 교회법의 전통이 1000년이나 지나 한국 땅에서 꽃처럼 다시 피어나다니 참으로 모를 일입니다. 소득이 있는 곳에 세금이 있어야 해요. 이것은 자본주의 사회의 절대 원칙입니다. 민주주의 국가의 헌법 정신입니다. 대한민국 정부는 기독교 교회와 기타 종교 시설에 과세하고 세금을 걷어야 해요. 새로운 문화가 새로운 문명을 일구는 기초가 됩니다. 서구 추종 일변도의 문화 흐름을 이제 우리가 끊어야 할 때가 되지 않았나요. 코로나 시대가 왔어요. 서양을 탈출할 절호의 기회입니다.

삶의 양면성과 유동성을 잊고 대상이 항시 고정되어 있다고 보면 위험해요. 그것은 고집불통의 교조주의자로 살아가는 것을 말해요. 종교에 빠지면 안 돼요. 이념에 빠지면 안 돼요. 무슨 무슨 주의에 빠지면 절대 안 돼요. 중독에서 벗어납시다. 특히 서양 중독에서 벗어납시다. 코로나 시국에서 벗어나요. 서양을 탈출합시다.

18. 개발지상주의와 국민총행복

수도권 외곽에서 서울 도심을 30분 만에 관통하는 지하 고속철 시대가 곧 열린다고 합니다. 지티엑스는 100조 원이 넘는 재정 공사인데 이게 성공하면 지방의 경제와 인구가 수도권에 더 강력히 흡수될 가능성이 커져요. 수도권 집중 현상이 불 보듯 뻔하죠. 지티엑스 노선을 따라 새로운 아파트가 들어서고 서울 강남은 더욱 붐비게 될 것입니다. 사람은 서울로 서울로, 사람 아닌 것은 지방으로 지방으로. 후후후 수도권은 온갖 혜택으로 미어터지고 지방은 자칫 사람이 없는 황무지가 될 수가 있겠는데요.

인간에게 부와 권력은 신처럼 살려는 욕심을 채워주는 삶의 도구입니다. 백인종들에게 자본주의 문명은 신처럼 살려는 욕심을 채워주는 삶의 도구로 기능했죠. 그래 지구 전체가 지금 기아와 환경 파괴와 기후 변화, 인종 대학살을 비롯한 증오와 분쟁으로 몸살을 앓습니다. 그러나 용감하게도 지구에서 최빈국에 속하는 '부탄'이라는 작은 나라가 예수 탄생 1972년부터 '국민 행복'을 국정 지표로 삼았어요.

'국민총생산' GNP 경제지표 대신에 '국민총행복'이라는 개념을 창조적으로 만들었어요. 그들은 어떤 새로운 일이 경제성장에 도움이 되더라도 국민 행복을 해치는 것이라면 국가 정책에 절대 채택하지 않기로 했죠. 부탄의 '국민총행복' 정책이

야말로 지구상에서 지속 가능한 성장을 이루며 국민 모두가 살기 좋은 나라를 만드는 비책이 아닐까요

19. 차별과 혐오는 편 가르기 전략이다

서양 기원 1960년대에 미국항공우주국(나사)에 흑인 여성 수학자들이 상당수 근무했어요. 흑백 인종 차별이 제도화되어 있던 시절에 말입니다. 소련의 우주 비행 성공, 스푸트니크 충격(서기1957년) 때문에 그래요. 우수한 과학자, 수학자가 필요했던 거죠. 그러나 흑인 전용이던 '유색 인종 여성용 화장실'은 사무실에서 800미터나 떨어진 딱 한 곳뿐이었죠. 흑인 여성 수학자는 날마다 서류 뭉치를 들고 하이힐을 신고 화급하게 화장실에 다녀와야 했어요. 비가 오면 비를 맞고 눈이 오면 눈을 맞으면서 말이에요. 그들에게는 흑인종과 여성이라는 겹차별이 가축에 찍힌 낙인처럼 선명했습니다. 그런 시절이 있었어요. 흑인 식당과 백인 식당, 흑인 버스와 백인 버스 차별은 당연한 듯이 있었겠죠.

내 편과 네 편을 갈라 상대를 적대시하면 거기서 증오의 싹이 틉니다. 극심한 대립은 전쟁을 방불케 해요. 아니 어쩌면 전쟁보다 더합니다. 일상생활이 그런 방식으로 굴러가니까요. 서로를 비웃는 조롱이 세상을 뒤덮고 혐오의 말들이 회오리치기

도 해요. 인간에 대한 기본 예의는 찾을 길이 없어요. 한국 사회가 흑백의 공존과 조화를 꾀하는 동양 사상의 바둑판이 아니라 상대를 죽이지 않으면 자신이 죽고 마는 서양 사상의 체스판 경기장이 되어 버렸죠. 말하자면 한국 자본주의가 한국 사회를 완전히 서양 사회로 변형시켰지요. 광기의 시대 속에서 사람들은 성마르게 지쳐갑니다.

현대 한국을 한마디로 '흑백 민주주의'라고 이름 짓고 싶군요. 흑백 이분법이 철저합니다. 분단 권력 때문이죠. 이것은 군부 독재와 독재언론이 철저히 만들었어요. 모든 것을 흑 아니면 백으로 몰아칩니다. 언론이 흔들어대는 '흑백 민주주의 시대'가 바로 우리가 사는 세상입니다. 정치권과 언론계에서는 첨예한 극단이 노상 충돌해요. 사회적으로 중요한 사건, 가령 세월호 사건이나 조국 언론 사건 등에 양극단의 목소리가 악다구니를 써요. 수많은 다양한 색깔의 목소리는 아예 없는 듯이 숨기거나 투명 존재로 처리하죠. '너는 흑이냐 백이냐', '너는 보수 육체파냐 진보 생명파냐'하고 윽박지를 뿐이죠. 상대를 받아들이는 아량과 관용이 없어요. 한국 전통의 여유로움과 넉넉한 인간성이 아예 증발하고 말았죠. 남북분단 권력이 이렇게 만들었어요. 슬프고 두렵고 안타까운 현실입니다.

주변을 둘러보면 자기 삶을 충실하고 알뜰하게 살려는 사람들보다 남의 삶이나 어지러운 세상살이에 끼어들어 불평하고 유언비어를 날리는 사람들이 더 많아요. 가짜 뉴스에 사로잡혀 왈가왈부하는 사람들, 종교 모임과 정치 집회에 목을 매는 사람들이 왜 그렇게 많은지요. 우리 사회에 새겨진 관습적 도식을 깨야 해요. 남북 대척 시대가 길어지면서 우리는 이질적 존재를 쉽게 악인화하고 배척하는 데 익숙해요. 그러나 낯설다는 이유로 함부로 배척하면 안 되죠. 분단 권력이 심어놓은, 길들어진 편견을 깨뜨려야 합니다.

그러고 보면 중세 시대 유럽에서는 유대인을 철저히 차별 대우했어요. 가톨릭 예수를 유대인들이 구세주로 인정하지 않아서죠. 그래서 유대인을 강제로 모아서 게토 구역에 가두었어요. (이를 본떠 훗날 미국에서 인디언 보호구역을 만듦) 또 노란색의 육각형 별을 유대인들 옷에 달게 했고 머리 위 뾰족한 모자를 유대인의 상징으로 씌웠죠.

한국 사회에도 근대화 시절에 차별과 혐오가 나타났어요. 박정희 시절에 시작된 한국형 자본주의 개발 독재에 맞서 도시 빈민이 벌인 생존권 투쟁이 있었죠. 서기1971년 8월 10일 이른바 성남 민권운동이 발생했어요. 이것이 차별과 혐오에 대한 서울시 최초의 민란 또는 저항 운동이었지요. 서양 기원 1968년에 관제 서울시장이 무지막지하게도 서울 시내 무허가 판잣집을 철거해서 서울 근교(당시 경기도 광주군 중부면 일대)로 철거민을 집단 이주시킨다는 계획을 추진했어요. 판잣집 주민들은 상하수도나 전기 도로 등 기반 시설이 전혀 갖추어지지 않은 허허벌판으로 사실상 강제 이주를 당해서 천막촌 등에서 지옥 같은 삶을 살았죠.

한국 개발주의 근대화 시절인 서기1971년 그날의 사건을 언론은 '빗속의 난동', '폭동 6시간'으로 표현했어요. 광주 대단지로 불렸던 그곳은 서기1973년에 광주군 중부면을 벗어나 성남시로 승격되었죠. 성남시는 1990년대 초에 분당 새 도시가 들어서고 이어서 판교 위례 새도시까지 생겨 서기2022년 현재 인구 100만 명에 육박하는 대도시가 되었습니다. 서울 가까운 그곳은 지금까지도 개발 이익의 농단 문제로 몸살을 앓고 있어요. 자본주의 대한민국에서 인생사 새옹지마를 말로 다어떻게 표현할까요?

20. 남북분단은 식민 정책의 연장이다

지금 한국의 남북분단은 강자의 교묘한 식민지 정책 때문입니다. 대한민국은 가짜 식민지가 아니라 진짜 식민지가 되었어요. 반은 자유국이고 반은 식민지 상태입니다. 강대국 미국과 중국과 러시아와 일본은 두고두고 한반도를 식민지로 만들어 막대한 이윤을 뜯어내고 있어요. 한반도에서 남북분단 상태가 유지되어야 이익이 막대하다는 것을 그들이 잘 알고 있는 거죠. 그렇다면 똑똑한 한국인들이 남북분단의 현상 유지와 관습에 문제를 제기할 줄 알아야 합니다.

자본주의 제도에서 사유재산은 성역으로 취급하죠. 그러나 사유 재산제가 성역이 아니에요. 성역이 되면 안 돼요. 그러면 아주 위험해요. 대한민국은 사회 전반에서 공공성을 자꾸 늘려가야 합니다. 나라의 틀을 건강하고 아름답게 가꾸어가야 하죠. 외부에서 강요하는 신자유주의 자본 문명은 강자 독식의 사회를 계획합니다. 우리가 교활한 강자의 덫에 걸려들지 않기 위해서는 공공 서비스를 확대하고 공공성을 정부에서 최대한으로 베풀어가야 합니다. 자본주의 문명 강국의 탐욕과 위선 앞에서 우리가 우리 자신을 굳게 지켜야 합니다.

어제오늘 자본의 집중과 독점은 앞으로 더욱 거칠어지고 치열해지고 집요해질 것입니다.

6장

문화 강국의 꿈
- 한류가 일류다

1. 삶은
프레임의 예술이다

사람은 누구나 편파적입니다. 자신의 눈으로 세상을 보지요. 프레임은 자신의 것입니다. 그런즉 누구나 편파적이며 누구나 색안경을 써요. 그런데 자신의 당파성을 명확히 알고 그것을 힘껏 추구하는 측과 주어진 현실을 그저 보편성이라고 믿는 측은 싸움 결과가 무척 뻔해요. 자신의 당파성을 밀어붙이는 것이 종교 신앙인의 속성입니다. 유일신 종교를 믿는 자와 무종교인의 논쟁이 현실적으로 불꽃을 튀는 경우가 많은 것도 이런 까닭에 그래요. 프레임의 틀에 따라 현실은 취사선택 됩니다. 따라서 누구에게나 똑같은 현실이라는 건 절대로 없어요. 현실은 살아 움직이는 생물입니다. 자꾸자꾸 변하고 바로바로 변하고 한순간도 가만히 고정되지 않아요.

말과 존재는 같아요. 말이야말로 한순간도 고정되어 있지 않아요. 단어든 문장이든 글이든 변치 않는 의미를 갖는 말은 없어요. 시공간과 사람 따위의 인과적 조건, 즉 맥락이 다르면 어제 한 말이 지금 하는 말과 달라요. 본래의 말은 사라지고 없어요. 예수라고 말하는 순간 예수가 사라져요. 순간순간 타는 말의 불꽃이 있을 뿐이죠. 말을 둘러싼 인과적인 연관을 포착하려는 실천 의지가 중요해요. 말은 돌덩이가 아니에요. 일렁이는 불꽃입니다. 말은 가없이 빛나는 생명입니다.

한국 사회를 살아가면서 우리가 내러티브 말꽃을 알아챘다면 그 순간 멈추고 그 순간 바꾸어야 합니다. 그래야 지금과는 다른 세상이 밝아져요. 내남없이 독재언론의 마수를 뿌리쳐야 해요. 그래야만 우리가 힘을 합하여 건강한 대한민국을 요모조모 만들어갈 수 있습니다. 살다 보면 '당연할 줄 알았지만 감사한 일'이 있고, '당연한 줄 알았지만 속상한 일'도 있어요. 이를 찾아내서 주체적으로 표현해 보는 게 좋아요. 긍정의 마음 밭을 가꾸어 보는 거죠. 부정적인 느낌의 내러티브 말꽃을 지우세요. 대신에 그곳을 우리 삶의 방식으로 환하고 밝게 바꾸어봐요. 가령 '문학'의 순우리말 표현으로 '글꽃'은 어떨까 하는 거죠.

2. 비교하는 게
가장 올바른 앎이다

"근본적으로 우리는 우리 자신에게서 발견하는 모든 실재적인 것을, 아무런 제한도 없이 신의 탓으로 돌리지 않고서는 달리 신을 생각할 수 없다."

임마누엘 칸트 (서기1724~1804 독일/ 철학자)

〈이슬람 사원 건축 결사반대〉 대구 지역의 어느 펼침막입니다. 주민들이 종교집회장 건축을 반대하고 있어요. 그런데 이런 곳에 보면 기독교 교회들이 인근에 자리잡고 있는 경우가 많겠죠. 다만 이슬람 교회라서 안 된다는 거죠. 기독교는 괜찮고 이슬람은 안 된다는 거예요. 이슬람의 종교집회장은 교회라는 이름이 아니라 '사원'임에 주목하세요. 작명의 주체가 어느 부류인지 짐작이 갑니다. 사회 구성원들이 종교를 대하는 행동과 태도가 그 나라의 종교 문화를 형성하는 데 결정적입니다. 한국 사회에서 이슬람 종교권은 성차별이 지독한 테러 집단으로 알려져 있어요. 그만큼 우리나라가 기독교 시각이 압도적이라는 방증이죠. 하루하루 일상적으로 조성된 이 같은 종교 문화는 나와 이웃의 삶에 깊은 영향을 미칩니다.

대한민국에서 보통의 일반 사람들은 종교와 관련된 것이라면 일상의 논리를 초월한다고 생각하는 경향이 있어요. 종교에 대해서 함부로 가타부타 끼어들지 않아요. 종교의 자유를 다들 알아요. 특히 기독교 측에서 '종교의 자유' 이슈가 맹렬하다는 걸 다들 알고 있죠. 그래서 종교 문제는 그 종교가 다 알아서 처리하리라는 믿음이 있어요. 사실은 절대 그렇게 해서는 안 되는데 말입니다. 종교도 종교문제도 그 근본은 사람 사는 일이에요. 사람 사는 일에 사람이 왜 나설 수 없나요. 논쟁을 해서라도 좋은 것은 이어받고 나쁜 것은 물리쳐야 하죠.

오늘날 종교 문화는 우리 곁에서 늘 일상과 정치적인 문제와 이해관계 등으로 깊이 엮여져 있어요. 우리나라 사람들은 그걸 알면서도 모른 척해요. 이 문제를 아는 체하면 성가시고 불편하거든요. 그러나 실제로 한국인의 일상의 삶에는 종교인과 비종교인이 어떤 차이도 없어요. 교회나 절에 가거나 말거나 초자연적 존재를 믿으며 도덕적 가치를 실행하며 살아가는 일에는 차이가 없으며 한국인 누구라도 그렇게 할 수 있는 거죠. 이게 민주주의 국가입니다. 우리나라가 종교 자유의 나라가 맞아요. 종교인과 비종교인이 구별 없이 종교 문제에 첨예하게 접근하고 해결책을 상의할 수도 있어요. 왜냐하면 종교문화는 서로 다른 종교의 신자들과 비종교인들이 서로 부대끼며 사는 일상을 통해 자연스럽게 표출되는 거거든요. 그런 만큼 오늘날 한국 사회에서 종교 문화에 대한 적절한 관심과 냉정한 비평은 모든 한국인의 당연한 의무라고 할 수 있습니다.

비교에서 오는 앎이 가장 정확합니다. 기독교 서양 중심의 편향성에서 벗어나야 합니다. 절대적 진리 혹은 절대적 지식은 없어요. 절대주의는 약육강식의 논리입니다. 서양 철학의 바탕인 '절대성 원리'에 휘둘리면 안 돼요. 제대로 비교하면 실체가 보입니다. 상대성 비교 원리는 현재의 상식을 당연시하지 않고 그것이 구성된 과정을 추적하면서 출발합니다. 가령 '동양'이라는 개념을 한번 들여다볼까요? 서양의 제국주의적 의지와 욕망이 '동양'이라는 약소국 개념을 만들어냈지요. 처음부터 '동양'이라는 본질이 존재한 게 아니에요. 이것은 기독교 유럽 문명이 인위적으로 조작한 개념이라고 보면 돼요. 대한민국 전체를 보면 서울이 나라의 중심이 아니라 하나의 지방이듯이 지구 전체를 보면 유럽 대륙도 인류 문명사의 원조가 아니라 하나의 지역일 뿐이에요. 무엇이든 상대화해야 합니다. 그래야 그것의 본질이 잘 드러납니다.

3. 삶의 태도를
바꾸어야 한다

서구 기독교 문명의 신의 개념과 우리나라의 신의 개념을 비교하면 기독교의 신이 어떤 속성을 지닌 것인지가 또렷해집니다. 서양의 신을 상대성의 원리로 보지 않고 절대화된 시각으로 보니까 비판은커녕 절대자 신앙에 매몰되고 마는 거죠. 반드시 비교해 보세요. 따져 보세요. 오늘날 유럽 기독교 문명의 우월한 지위는 종교적, 지적, 물리적 폭력으로 만들어진 인위의 것입니다. 한국의 하느님과 서양의 야훼 신(유일신)을 제발 비교해 보기 바랍니다. 그 차이가 바로 종교의 차이이고 가치관의 차이이며 생활 태도의 차이이며, 인간성의 차이이며 결국은 이게 바로 문명의 차이입니다. 기존의 앎을 의심하지 않는 비교는 무의미를 넘어 유해하기까지 합니다. 반드시 비교해야 실체가 정확히 드러나거든요.

오늘날 환경 파괴의 주요 원인은 에너지 소비에 있어요. 문제는 지금 소비되는 자원과 에너지를 줄이는 것이 불가능해 보인다는 거죠. 오늘날 인간의 소비 활동은 미래와 후손들을 생각하는 게 아니라 현재의 쾌락과 편의에 익숙해져 있어요. 코로나 사태로 인한 소비 형태의 변화는 더 많은 에너지를 필요로 하는 게 틀림없어요. 그렇다고 갑자기 화석연료의 사용을 뚝 끊고 모두 신재생 에너지로 넘어갈 수는 없는 노릇이기도 하지만요.

우주의 지구 주변에서는 인공 물체들이 부유하며 우주 쓰레기가 되고 있어요. 하늘에서 느닷없이 떨어지는 우주 파편이 일상처럼 전개될 날이 점점 다가오고 있어요. 각국의 우주과학자들은 우주를 대상으로 해서 연구를 하느라고 전쟁과도 같은 하루의 삶을 살아가지요. 그러한 과정에서 지구 시대를 넘어 조만간 우주 시대가 정말 꿈처럼 열리겠지요. 인류가 우주 개발에 뛰어든 지 불과 반세기 만에 우주는 지금 인공위성들로 꽉 들어차 있어요.

인공위성은 인간이 우주로 쏘아 올린 인공별입니다. 캄캄한 밤하늘에 인공별이 가득해요. 가끔은 충돌이 일어나 인공위성이 추락하기도 하고 우주 쓰레기가 되어 유령처럼 떠도는 별들이 되기도 하지요. 서구 자본주의 문명은 우주 공간마저 상업적 이용이 가능하도록 만들어갑니다. 정말 대단한 인공 문명입니다. 뉴스페이스 시대, 대우주 시대가 자본가 주도로 활짝 개화할 준비를 마쳤습니다. 자본주의 문명의 질주는 그칠 줄을 몰라요. 지독하기가 악착같습니다. 하하하 그러나 어쨌든 현재 우리의 삶터는 지구입니다. 우리가 지구에서 계속 살려면 에너지의 생산과 소비 형태를 과감히 개혁해야 해요. 에너지를 전환해야 하죠. 그러므로 지구 여러 나라는 에너지 전환 시대에 수반되는 사회적 갈등을 조정하고 관리하는 친환경 에너지청의 신설이 필요합니다. 친환경 에너지의 기술과 산업을 이끌어갈 국가의 책무가 시급히 요청되는 오늘입니다. 근원적으로는 80억 인류가 삶의 태도를 혁명적으로 바꾸어야 하고말고요. 인간 혁명이 바로 지구 혁명입니다.

4. 자본주의도
결국은 사람이 만들었다

부동산 불패 신화가 우리 사회에 뿌리 깊게 자리 잡았어요. '부동산에 투자하면 반드시 돈을 번다' - 이걸 깨뜨려야 합니다. 한국 사회의 정체성을 바꾸어야 해요. 불로소득을 장려하는 자본주의는 절대 안 됩니다. 자본주의라는 것도 사람이 하는 일인데, 수정하고 보충하지 못할 게 무어 있겠어요. 공산주의 사상이 보여주는 공동체 사회의 공유 제도나 공동 재산과 공동 생산 개념을 도입할 수도 있어야 합니다. 열린 사고가 필요해요. 제도라는 것, 체제라는 것도 결국은 인간이 인공적으로 만들어 낸 가치가 아닌가요. 부동산 불로소득을 근절하려면 한국 사회에서 토지 공개념을 헌법적 가치로 규정해야 합니다. 토지 공개념을 국가 정책의 기본으로 삼아야 해요.

동구 사회주의 국가가 무너지면서 서구의 자본주의는 고삐가 풀려버렸어요. 경쟁 상대가 없으니 지구 세계를 자본주의가 온통 독점적으로 차지합니다. 그러나 자본주의가 사회주의나 공산주의의 몇몇 발상을 도입한다면 더없이 멋진 삶의 틀이 만들어질 수 있어요. 결과가 좋다면 시도가 양호한 것으로 판정하는 공리주의적 관점이 필요합니다. 자본주의와 사회주의가 마치 남녀의 결합처럼 자연스럽게 하나가 될 수도 있어요. 둘의 결합과 혼용은 많은 새로운 것들을 창조하지요. 그것은 사람들에게 더 나은 생활, 더 행복한 삶을 보장해 줄 것입니다.

가슴속이 시원할 만큼 사회적 금기를 깨뜨리며 삶을 갱신해 나갑시다. 자본주의라는 답답한 네모 틀을 깨뜨립시다. 사람 사는 일이 다 그렇지요. 대동소이합니다. 좋은 게 좋은 거죠. 인생은 파도타기 같은 것이라서 물보라마다 무지개가 서는 게 좋아요. 변화하는 세상이 아름답습니다. 우리가 인류를 하나로 만드는 지구연방을 상상할 수도 있어요. 그럴 때 한반도 연방은 무척이나 쉬운 일이겠죠. 우리들 마음이 햇살처럼 자유롭고 명랑해야 해요. 먹구름 없이 가슴속이 늘 환해야 합니다. 획기적으로 변하는 세상이 황홀합니다. 우리가 꿈꾸는 새 세상은 제 마음속에서 먼저 환히 열릴 테죠.

5. 다름이 축복이다

다름은 축복입니다. 다름과 틀림을 혼동하는 한국 사회가 안타까워요. 모두가 똑같은 세상을 생각해보세요. 모두 같은 생각을 하는 세상, 모두 같은 음식을 좋아하는 세상. 모두 같은 종교를 믿는 세상, 모두 같은 가수만 좋아하는 세상, 모두 똑같은 차를 타는 세상, 모두 똑같은 옷을 입은 세상. 하하하 어떤 가요? 토의와 토론은 없어지고 더 좋은 의견은 아예 있을 수가 없어요. 한 가지 음식을 먹으며 만족하는 사람들을 위해 요리사들은 더 맛있는 음식을 조리할 필요가 없어요. 좋아하는 가수가 정해진 사람들을 위해 가수들은 더 좋은 노래를 들려줄 필요가 없습니다. 이런 세상에서 우리가 행복할 수 있을까요?

지구는 다름의 모자이크 작품입니다. 대한민국은 다름의 모자이크 예술품이죠. 다름을 다시 생각해봅시다. 다른 생각을 하고 서로 다른 취향을 갖고 여러 나라에서 온 다양한 사람들이 함께 살아가기 때문에 우리는 지금의 행복을 누리고 있어요. '다름'은 우리의 삶을 행복하게 하고 문화를 풍족하게 하는 축복과 같습니다. 우리의 다름은 소중하고 귀한 것입니다. 함께 살아간다는 것은 '똑같이' 살아가는 것이 아니에요. '다름'을 존중하고 어울려 살아가는 것이지요. 집에서도 사회에서도 지구에서도 '다름' 속에서 우리 함께 살아갑시다.

6. 발리 섬의 집단 자살은 아름다웠다

남태평양의 아름다운 섬 발리. 19세기부터 100년이 넘도록 유럽의 기독교 자본주의 문명국들은 지구를 구석구석 정복하러 나섰죠. 아시아와 아프리카와 북극에까지 그들 정복자 제국주의자 발길이 미치지 않는 곳이 없었어요. 예수 탄생 1906~1908년에 네덜란드가 인도네시아 전 지역을 식민화할 때 원주민 발리 사람들이 결사 항전에 나섰어요. 무력으로는 도저히 안 되니까 그 방법은 집단 자결입니다. 거사를 정한 어느 날 '푸푸탄'이라는 이름의 독특한 항전이 벌어졌어요. 평화

독립 촉구 행진의 선두에 섰던 왕은 가마에서 내렸고 국사인 힌두교 사제는 왕의 뜻에 따라 비수를 왕의 가슴에 꽂았어요. 귀족과 주민들도 모두 자결을 택했죠. 그것은 꽃처럼 아름다웠고 저녁놀처럼 장엄했어요. 아이를 안고 있는 여성들은 금화와 보석을 네덜란드 군인들에게 던짐으로써 인간 백정 백인종들을 조롱했어요. 유럽 자본주의 문명국에서 정복자로 온 기독교 네덜란드군은 소총과 포탄을 남발했지요. 3년의 결사 항전 기간에 발리 사람들 1,000여 명이 자결로 저항했습니다.

서기1971년에 발리의 주 정부는 '발리 관광 프로젝트'를 추진하면서 '문화 관광'을 내걸었죠. 여행객에게 아름다운 섬 발리의 문화적 전통에서 비롯한 다양한 관광 상품을 제시함으로써 그들이 발리의 전통문화와 관습을 존중해주길 바란 것이지요. 그것은 발리인 스스로가 서구 자본주의 문명을 비판적으로 수용하고 변화시켰다는 점에서 우리에게 시사하는 바가 참 많습니다.

7. 인류의 생존 전략은 경쟁이 아니라 협력이다

오늘날 인류는 삶의 방식을 근본적으로 바로 잡아야 합니다. 지금 유럽 강대국과 자본주의 노선을 따르는 이들이 강요하고 있는 '경쟁'은 파국을 앞당길 뿐이에요. 수만 년 동안 이어진 인류 생존의 열쇠였던 '협력'이 필요합니다. 지구적 차원의 필사적 협동과 창의적 대응만이 새롭게 살길입니다. 경쟁 사회의 압박 속에서 우리는 더 큰 새로움에 도전해야 해요. 사실 창의력은 반복 학습이 아니라 엉뚱한 생각을 실행해보는 용기와 놀이 정신에서 솟구쳐 나오죠. 먼저 엉뚱한 생각이 가장 필요합니다. 좀체 생각해본 적 없는 전혀 새로운 생각 말이에요.

경쟁 만능의 신자유주의 자본제 문명을 거치면서 우리는 너무 빨리 공동체 관계와 협동의 중요성을 망각하고 살아왔어요. 대한민국에서 어린 나이부터 경쟁에 내몰린 아이들은 공감, 협동, 공존 경험이 결핍된 상태로 자라고 있죠. 인간으로서 가장 중요한 사회적 생존 능력을 키우지 못한 채 외롭고 불안하게 가냘픈 삶을 시작해요. 안타깝습니다. 무엇보다 아이들에게 우선 정서 지능을 키워야 해요. 가장 좋은 방법은 친구들과 더불어 노는 것이죠. 그리하여 산과 들로 뛰어다니며 크고 작은 즐거움과 어려움을 함께 겪어본 아이들이 다가오는 위기를 헤쳐나갈 용기와 지혜를 갖게 되거든요. 여기서 공감 능력이 길러지죠. 현시대에서 가장 중요한 것은 사람들의 공감 능력입니다.

오늘의 대한민국을 보면 미국식 경쟁주의를 예찬하는 정치 지도자들이 참 많아요. '모두가 자유로운 세상은 정글이며 정글의 법칙은 약육강식'이라고 아예 대놓고 인간 세상을 경쟁주의 지옥으로 몰고 가려는 사람들이 지도자의 외피를 쓰고 있어요. 유럽에서 발명하고 개발한 자본주의 문명은 인간이 가진 이기적 욕망을 사회 발전의 동력으로 삼는 거예요. 알고 보면 기독교(국)에서는 본디 돈에 대한 부정적 교리 때문에 '자본주의'라는 단어 사용을 사실상 무척 꺼립니다. 그래서 자신들의 사회 체제를 이름하여 '민주주의' 또는 '자유 민주주의'라고 뭉뚱그릴 뿐이에요. 마치 자신들은 자본주의 사회에서 생존하는 게 아닌 것처럼 말이죠.

능력 지배 사회를 꿈꾸는 이는 '능력주의'를 이데올로기로 삼고 그런 사회를 지향합니다. 무한대 경쟁을 촉발하는 서구 자본주의는 '정글 시장주의'라는 순화된 용어를 쓰기도 하지요. '자본주의'라는 용어는 경제 동물을 연상시키며 어감 자체가 천박하고 거칠다는 거죠. 그래 그들은 '시장주의'라는 용어를 곧잘 애용하는데요. 이게 다 말장난이고 속임수이고 거짓부렁이라는 걸 사람들이 잘 알아채야 합니다. 자본이라는 욕망이 중심이 되는 사회가 곧 자본주의입니다.

'자본주의'는 나쁜 것이고 '시장주의'는 괜찮은가요. 일상에서 편견에 부역하는 사람들이 많아요. 그러나 편견은 기득권층을 위한 것이죠. 편견은 힘 있는 강자가 만드는 거예요. 정복 지배자의 작전이고 전략이죠. 약자는 편견을 좇을 뿐, 편견을 생산할 수가 없어요. 강자에게는 약하고 약자에게는 강한 사람들이 대체로 편견에 부역하는 사람들이죠. 힘을 좇는 권위주의자들입니다. 그리하여 이들은 편견을 강화하고 보편화하는 데 힘을 썩 보태요. 이들의 반대편에는 '강강약약'으로 살아가는 사람들이 있어요. 강한 자에게 강하고 약자에게 약한 사람들, 이들이 건강한 사람들입니다. 생명파들이죠. 훌륭한 민주 시민들이에요. 이들의 반듯하고 빛나는 삶의 태도는 사회를 정화하는 맑은 샘물과 같아요.

　사회를 정화하는 맑은 샘물 같은, 가령 이런 사회 운동이 있어요. "일회용 컵 말고 다회용 컵을" - '지구를 살립시다. 지구 환경을 보호합시다. 우리 후손들을 건강하게 살게 해주세요' 이런 운동에는 이런 뜻이 담겨 있겠죠. 하하하 사회 운동이 이 정도는 되어야 하지 않겠어요. 친환경주의 실천을 삶 속에서 사람마다 편리하게 할 수 있도록 나라가 도와주어야 합니다. 다회용 컵 사용이 나라 전체의 기본값이 되도록 하면 좋겠죠. 금기는 한번 깨지기가 어려울 뿐, 깨지고 나면 아무것도 아니에요. '누가 변화를 선도할 것인가'와 '어떤 변화를 추구할 것인가'가 중요한 문제입니다. 지금과 같은 지구 위기 시대에는 한 사람 한 사람이 모두 사회 혁명가가 되고 지구 지킴이가 되는 게 가장 좋지 않을까요.

8. 플라스틱 인류 문명

　성장을 멈춰야 비로소 보이는 것들이 있습니다. 빠른 삶에서 느린 삶으로 옮겨야 눈에 띄는 것들이 있어요. 플라스틱입니다. 지속 가능한 성장조차 멈추고 아예 탈성장을 선언해야 하죠. 지금까지의 삶의 방식이 옳지 못하다는 것, 그리고 이것이 더는 지속되지 못하리라는 걸 누구나 느끼고 있어요. 극단의 자본주의 문명이 지구 환경에서 현재 극한에 도달했습니다. 지금은 경제 성장 자체를 멈춰야 합니다. 지속 가능한 개발이나 지속 가능한 성장을 추구하면 안 돼요. 지구인들이 더불어서 탈성장 자연주의 생활 문명을 지향해야 합니다. 삶의 모든 영역을 사유화, 상품화해온 자본주의 대신에 주택, 교육, 의료 등 다양한 공공 영역을 이윤이 아니라 필요에 따라 운용하게끔 해야 해요. 자본주의, 공산주의, 사회주의라는 이념의 틀을 깨부수어야 합니다. 그러자면 가장 먼저 인간들의 영혼이 자유로워져야 하죠. 삶의 목표는 편리하고 풍요롭게 사는 게 아니라 다만 더불어 사는 '좋은 삶'을 살아야 해요.

어제오늘 플라스틱은 자본주의 문명을 대표합니다. 그러므로 플라스틱 하나로 인간 세계가 확 달라질 수 있어요. 플라스틱 생활 이전의 지구로 돌아갈 수 있다면 그게 바로 지구 혁명입니다. 놀랍게도 한국은 지금 1인당 플라스틱 소비량이 세계 1위입니다. 플라스틱으로 삶을 꾸려가고 있어요. 언제부턴가 한국인들은 일상을 플라스틱과 함께합니다. 그런데 자본주의 산업 플라스틱 문명은 플라스틱 쓰레기의 3분의 1이 빨대나 포장지 같은 일회용품에서 나오는 걸로 조사되었어요. 플라스틱 포장재 사용 금지국가인 아프리카 어느 나라는 대나무나 바나나 잎을 이용한 대체 포장지, 자연 포장지를 개발하고 있다고 하죠. 자연 자원에 의식주의 많은 것을 의존하거나 기후변화의 영향을 민감하게 받아들이는 나라에서는 자연주의 생활 방식 연구에 국가 재정으로 오늘날 많은 투자를 하고 있습니다. 그만큼 플라스틱 문제가 아주 심각하다는 거죠.

플라스틱 주류 문명이 지구에서 가장 미개한 비주류 문명이 되도록 우리가 날마다 힘을 한껏 보태야 해요. 기후 변화, 생물 다양성 감소, 바다 오염, 코로나바이러스 창궐 등과 같은 오늘날의 새로운 도전은 인류에게 닥친 전 지구적인 일이에요. 80억 지구인들이 힘과 지혜를 모아야 합니다. 지구가 나의 조국이라고 생각하는 게 좋겠어요. 지구가 나의 원 부모님이라고 여기는 게 좋아요. 지금 우리는 그런 간절함으로 살아야 할 때입니다.

9. 한국에서 출세주의자의 정점은 대통령 자리뿐

예수 탄생 1907년 2월 21일에 '나라 빚 1,300만 원'을 갚자고 호소하는 연설이 대구 땅에서 울려 퍼졌어요. 서기 1907년 3월에 대구에 본부를 둔 대동 광문회가 국채보상운동을 본격화했습니다. '담배를 3달 동안만 피지 말고 담배 돈을 나라 독립 자금으로 수납하자'고 호소했지요. 19세기 영국 제국주의자들이 중국 상해에서 아편 장사로 숱한 이득을 취했듯이 당시 담배는 일본 측이 폭리를 취하는 대표 상품이었죠. 본부는 가장 선제적으로 전라도에 호소하여 그곳에 대동 광문회 지부를 설치했어요. 대한민국 역사에서 현대사 출발 당시에 경상도와 전라도의 연합 작전이 기분 좋게 성공한 거죠. 대구 서

상돈(서기1851~1913 대한국인) 선생의 연설 직후 불과 3개월 만에 전국 곳곳에 국채보상의연금 수합소가 즉각 만들어집니다.

풍전등화와 같은 조국의 위기 앞에서 배달겨레가 하나로 힘을 모았어요. 국채 보상 운동이 경상도 땅 대구에서 비롯되어 전국으로 퍼져나갔죠. 일본은 서기1876년 강제로 체결한 강화도 조약부터 해서 우리 땅에 자신들이 필요로 하는 사업들을 강압적으로 처리하면서 그 소요 경비를 몽땅 한반도에 떠넘겼어요. 일본 제국주의의 무력이 뒷배를 봐주면서 기술력과 금전 공세로 조선 땅을 자신들의 것으로 만들려고 획책한 것이죠. 도로 건설과 전기 시설, 항만과 철도 등을 강제로 추진하면서 나라의 1년 예산이 넘는 빚으로 우리를 식민지 속국으로 강제 병합하려 했어요. 조선 시대에 영남 지방은 유학의 본고장이며 선비들의 고향이었죠. 대구 경상도는 일제와의 항쟁 당시 수많은 독립운동이 연속으로 일어난 항일투쟁의 본부라고 할까요. 독립 투쟁의 성지라고 할까요. 그땐 그랬습니다. 지금은 보수의 심장이라나 뭐라나 해서 독재주의 육체파의 본거지가 되었죠.

옛적 조선 시대부터 우호적 이웃이던 영남과 호남이 박정희와 전두환의 영남 패권주의 독재 시대를 거치면서 차별과 혐오의 프레임에 갇혀 허우적거립니다. 사실은 역사의 밝은 눈으로 보면 모든 게 낱낱이 다 보여요. 그것은 힘센 경상도가 약한 전라도를 일방적으로 해코지하는 형상이지요. 박정희가 권력 획득을 위해 지역 차별의 씨앗을 처음 뿌렸고 전두환이 학살과 유언비어로 완성한 영호남 지역 갈등과 차별이 지금은 대한민국에서 가장 고질적인 생활 문화가 되어버렸죠. 지금의 영호남 갈등 모습은 참으로 안타깝습니다. 이것은 그동안 가짜 뉴스를 쏟아내며 사실을 왜곡하고 날조하는 데 앞장선 '조중동' 같은 독재언론이 가장 큰 역할을 했었죠.

한국 사회의 주류로 자처하는 자유 민주주의 신앙인들은 친일 세력의 변천 과정을 타고 생겨났습니다. 8.15해방 이후 조선총독부를 대신한 미군정에 뒤이어 대한민국에서 이승만 정권이 들어섰죠. 그쯤 해서 미국과 이승만은 신생 한국을 기독교 국가로 만들려는 의도를 노골적으로 드러냈지요. 가령 UN의 구호 물자를 기독교 교회나 가톨릭 성당에서 받도록 했어요. 구조 물품을 받고 예수 구원을 받으려면 기독교를 가까이하지 않으면 안 되게 만들었죠. 그리고 또 일본 제국주의가 남기고 간 적산 가옥 대부분을 일방적으로 기독교 교회에 배정해 주었어요. 반공산주의에 매달린 친일 세력들은 기득권 수호를 위해 남북이 분단되어 서로가 원수처럼 이분법으로 갈라서 양극화하는 일에 광분했어요. 반공 친일파는 곧 반공 친미파가 되어 미국의 막강한 지배력에 더욱 매달렸죠. 이것은 마치 일제 식민지 시대에 나라와 민족을 배신하고 조선총독부에 아부하면서 이 땅에서 친일 빨갱이들이 권세와 이권을 맘껏 누렸듯이 말입니다.

8.15 광복 이후에 남쪽의 주류 지배 세력이 친일에서 반공(친미)으로 확 변신했습니다. 그리고 곧장 농업 중심 전통 사회에서 벗어나 산업화 주도 세력이 되면서부터 출세의 가도를 달렸어요. 그들은 정말이지 지독한 출세주의자들이었죠. 이승만 정권

과 박정희 군부 독재 세력에 빌붙어 떵떵거리며 한국 사회의 지도 세력으로 계속 군림해왔어요. 지금도 세상은 교활한 출세주의자들이 활개 치는 세상입니다. 대한민국은 부르주아 기득권층이 지배하는 자본주의 국가입니다. 힘 있는 부르주아 집안이 되기 위해 한국에서는 집집마다 지금도 출세주의가 극성입니다.

현대 한국에서 출세주의자의 정점을 최초로 찍은 이가 바로 박정희였죠. 일제 식민지 시절에 박정희가 초등학교 교사에서 일본 군인으로 신분을 바꾼 건 출세 지향의 욕망이 등을 떠민 것이에요. 해방 이후 그가 정치군인이 되어 5.16 군사쿠데타를 일으킨 것도 오직 출세주의자의 욕망 때문이었어요. 권력의 화신이자 지독한 출세주의자가 명목상으로 국가와 민족을 위하는 꼴로 위장했던 것이에요. 그러나 결국은 긴급조치법과 유신헌법 제정으로 극단의 권력욕을 지닌 출세주의자가 자신의 정체를 드러낼 수밖에 없었겠죠.

이렇게 해서 박정희는 출세의 최고 상징인 대통령 자리를 무려 18년 동안이나 누릴 수 있었어요. 박정희가 키워낸 전두환 역시 똑같이 정치군인의 길을 걸으며 5.18 광주 항쟁을 피로써 촉발하며 한국 사회 최고의 출세 자리에 스스로 올랐어요. 나라와 민족을 총검으로 짓밟고서라도 최고 권력자가 되겠다는 출세 지상주의자 때문에 한국 사회는 큰 상처를 입고 정신적으로 황폐해졌어요. 독재주의 육체파의 탄압과 박해로 겨레의 인간미와 바른 정기가 빠르게 무너졌어요. 그 틈바구니에 교활하고 약삭빠른 기득권 부르주아 세력이 나라의 중추를 곧장 지배하고 말았죠. 이것이 어제오늘 민주공화국 대한민국의 정체성입니다, 흔히 자유 민주주의라고 부르는 자본제 부르주아 국가 한국이 바로 그것이지요.

악마 언론에 의해 박정희교가 만들어집니다. 그 결과 대구 경상도에서는 박정희를 우상으로 받드는 지역 정당에 대한 맹목적 선택이 50년 동안 이어지죠. 독재정권의 충견이 된 언론의 눈부신 역할로 박정희는 대구 경상도에서 다시없는 영웅이 되었어요. 경상도 당 '묻지마' 지지자들은 자부심이 굉장해요. 그들은 독재자 박정희를 존경하면서 자신이 대한민국이라는 국가 운영의 헤게모니를 쥐고 있다고 믿어요. 게다가 그들은 머리도 참 비상하게 좋아요. 권위주의 독재 정당이 당명을 수시로 바꾸어도 용케 찾아내요. 자유당, 공화당, 민주 정의당, 민주 자유당, 한나라당, 새누리당, 자유 한국당, 미래 통합당, 국민의 힘... 후후후 박정희교 신자들은 어떻게 변장해도 주인을 대뜸 알아보는 충견 같아서 쓴웃음이 피식 날 뿐입니다.

10. 예수주의는 한국 문화가 아니다
– 예수이즘 주의

우리는 기독교, 불교, 이슬람교 등에 익숙합니다. 제도 종교라서 그렇죠. 그러나 최근까지도 인류 대부분은 이런 제도 종교를 모른 채 지역적인 '토속 종교'를 갖고 살아왔어요. 나라마다 민속 종교를 통해 일상에서 종교적 실천을 하며 고유한 삶을 이어왔죠. 그런데 지금은 현실 종교가 완전히 프랜차이즈 사업처럼 되었어요. 기독교에 의한 일종의 산업 혁명입니다. 종교를 광고하면서 건강식품을 파는 종교 시장이 형성된 거죠. 한국 전통에서 우리는 중요한 의례를 치를 때면 종교 사제(무당)를 부르기도 했지만, 보통의 경우는 정화수를 떠 놓거나 간단한 제물을 차려놓고 스스로 해결했어요. 지금도 집을 짓거나 차를 사거나 할 때 고사를 지내지요. 심지어 과학기술 문명의 극점인 우주선을 쏘아 올릴 때도 우리는 한국식 종교 의례(고사 제사상)를 지냈죠.

그런데 언제부턴가 기독교 교회가 마치 대형마트가 그런 것처럼 우리 생활 한가운데로 뚫고 들어왔어요. 몇몇 브랜드를 앞세워 사람들에게 종교 사업을 성공적으로 펼치고 있어요. 시대 상황에 맞게 프랜차이즈 종교가 한국인에게 신앙생활을 광고하고 강요하고 압박해요. 마음 건강을 주문하며 사람들에게 동정녀 탄생 설화나 예수 부활을 열성적으로 선전합니다. 한국 사회에서 개신 기독교는 숫제 중소기업이나 대기업이 되고 말았죠. 기독교회가 사업체가 되었어요. 예수가 뭐라고, 한국 사회가 온통 예수주의에 빠졌어요.

그래요, 오늘의 한국 사회에서 기독 종교는 건강식품을 광고하는 것과 비슷해요. 소비자들이 좋은 종교를 선택하여 따르고 건강하게 살라는 거겠죠. 그러나 좋은 건강식품을 가려서 먹는 것보다 차라리 안 먹는 게 더 건강할지도 몰라요. 식품은 자연식 그대로가 좋은 거죠. 더없이 좋은 재료, 더없이 좋은 식품, 다시 없는 기적의 영양식 따위는 없어요. 심신에 좋다는 꿈의 종교 식품은 종교 마케팅이 만든 환상입니다. 이미 환자이거나 또는 건강염려증이 있는 사람이 종교 마케팅의 표적이 되곤 하죠. 몸과 맘에 좋은 절대적 건강 종교가 존재한다는 건 새빨간 거짓이에요. 지금의 마케팅 종교는 우리 사회에 넘쳐나는 건강식품과 같은 거예요. 안 먹어도 건강에 이상 없어요. 정기적으로 먹는다고 더 건강해지는 건 더욱 아니고요.

진시황(서양 기원전 259~210. 최초 중국 통일)이 찾았던 불로초처럼 절대적으로 좋은 음식이란 게 세상에는 없어요. 환경이나 체질, 현재의 상태나 생활 습관에 따라 좋은 음식이 달라져요. 그러니까 세상 모든 게 상대적인 거죠. 어느 종교가 절대적으로 옳다고 하는 게 없어요. 절대적으로 몸에 좋다 하는 음식이 있을 수 없는 것처럼 말이죠. 그래요. 마음이 밝고 심신이 평화로운 게 제도 종교보다 나아요. 종교를 과식하거나 편식하지 마세요. 자신의 식성 따라 사는 게 나쁘지 않거든요. 지금은 종교 먹거리 춘추 전국 시대입니다. 영양 과잉 시대죠. 기독 종교의 홍수 시대입니다. 자본주의 생활 환경이 놀랍도록 빠르게 변함에 따라 사람들의 체내 몸속 환경도 빠르게 서구화되어 가요. 그런 만큼 상당한 사람들이 서양 종교에 혹하여 정기적인 신앙 활동에 몰입하고 있어요. 그런데 이를 건강식품의 측면에서 본다면 이것은 신종 특이 병균들이 끊임없이 생겨나는 이유가 되기도 합니다.

11. 기본 소득제는
생명 존중 사상이다

　지금은 경제의 중심이 물질재로부터 비물질재로 넘어가는 과도기죠. 자동차, 세탁기, 아파트 같은 물질 상품이 중요한 게 아니라 정보, 지식, 브랜드 같은 비물질상품이 자본의 중심이 되었어요. 그런데 비물질상품은 소비를 통해 없어지는 게 아니고 수정이나 보충을 통해 변형될 수 있어요. 그러니까 비물질상품은 소비가 곧 생산입니다. 소비할수록 생산이 풍부해지니까요. 희한하지요. 생산과 소비가 동시에 이루어져요. 생산자와 소비자가 상호 작용하게 되거든요. 그러면 자본주의 문명의 전통으로 볼 때 생산자와 소비자의 구별이 무의미해져요. 사회 전체가 상품 생산의 공장이며 일상생활과 경제 활동 생활이 다르지 않게 되죠. 하루 중 근로 시간과 자유 시간 사이의 경계가 완전히 허물어집니다. 말하자면 노는 게 일하는 것이고 일하는 게 노는 것이 돼요.

　까닭에 오늘날은 사람들의 다양한 일상생활 자체가 거대한 부를 창출합니다. 가령 브랜드 가치가 기업의 시가 총액에서 차지하는 비중을 보면 '일상 노동'이라는 최첨단 자본주의 구조를 얼핏 눈치챌 수 있어요. 나이키는 32% 맥도날드는 40%. 브랜드의 값어치 자산이 이 정도입니다. 소비자들은 거대한 무임금 노동자 그룹에 절로 들어가게 되죠. 자본주의라는 게 참 대단합니다. 이쯤 되면 정부에서 '기본 소득'을 국가 예산에 반영하는 게 맞습니다. 기본 소득제는 첨단의 새로운 자본주의 문명에 대응하는 복지 국가의 적극적인 대응책이지요.

서기2006년 신생 기업 '유튜브'를 1조 2천억 원을 주고 구글이 인수합니다. 이때 종업원 수는 65명이었어요. 하하하 종업원 1명당 수백억 원에 달하는 기업 가치는 대체 어디서 온 걸까요? 그것은 슈퍼 종업원, 곧 전 세계 억 단위 유튜브 이용자들이 동영상과 사진을 올리고 시청하고 공유하는 놀이 노동이 그것을 생산했다고 할 수 있어요. 그렇다고 해서 그들은 이들 기업의 거래에서 얻은 경제적 이득은 아무것도 없어요. 어떻게 생각하면 이것은 과잉 생산, 과잉 소비를 따르는 전 지구적 자본주의 환경 흐름입니다. 바로 그렇기 때문에 국가에서 기본 소득제를 시행할 수 있는 근거가 이곳에 있다고도 할 수 있어요.

산업에서 새로운 강자들이 나타났어요. 플랫폼 기업들이죠. 애플, 아마존, 구글 등이 대표적이며 우리나라에도 네이버와 카카오가 거대 기업으로 등장했어요. 플랫폼 자체가 상품이자 경쟁력이기 때문에 그들은 시장 점유율을 높이는 전략을 구사하죠. 그래서 지금은 공짜 서비스에 값싼 배송료를 받으나 나중은 어떻게 될지 아무도 몰라요. 우리는 자본주의 사회를 살아가니까요.

기본 소득은 국가의 일원으로서 공기를 같이 마시고 물을 같이 마실 수 있는 권리와 같아요. 국가는 구성원이 함께 살아가는 환경 공동체입니다. 기본 소득은 말하자면 서구의 자본주의 제도가 아니라 동양의 자연주의 생활 원리이지요. 우리 고유의 '홍익인간 대동 세상'을 실천하는 노력이 밑바탕에 깔려 있어요. 기본 소득은 부의 재분배, 소득의 재분배의 개념이 아니에요. 기본 소득은 국가구성원의 존재 자체에 대한 몫입니다. 개개인의 행복권을 저마다 보장해 주는 거죠. 기본 소득제가 한국 사회에서 인구 절벽을 물리치는 비책이 될 수도 있습니다.

인간의 경제 활동을 꼭 '자본이나 노동'으로 해야 하나요. '존재감의 기여분'으로 상정할 수도 있어야 해요. 이게 사람값이죠. 모든 것에서 사람이 먼저입니다. 이것이 바로 지구인을 구하는 새로운 자본주의가 될지도 몰라요. 아니 아니 기본 소득제는 자본주의 양식이 아니라 사람이 사람답게 사는 세상을 만드는 비법이에요. 이름은 무어라도 좋아요. 민주주의라고 해도 좋고 인본주의라고 해도 좋고 생명주의, 민본주의라고 해도 좋아요. 그러나 이것 하나만은 확실해요. 바다의 거친 파도도 반드시 물 한 방울에 의지해야 하고, 한 톨의 쌀알에도 지구 전체의 에너지가 스며들어 있지요. 세상 모든 존재는 하나로 이어져 있으며 서로를 위해주고 서로를 필요로 하다는 것을 '홍익인간 대동 세상'이 분명하게 알려 줍니다.

12. 한국 언론의 광기

오직 믿음 불신 지옥. 독재언론이 한국을 지배하고 있어요. 오늘날 한국에서 직업 기자는 무려 3만 3천 명에 이릅니다. 좆선일보, 종양일보, 똥아일보, 한걸레, 견향신문, 엠병신, 개배스...후후후 똑똑이 한국 사람들의 언론 인식이 이런 식입니다. 한국 언론은 이익집단이며 권력 집단입니다. 언론의 사명이니 뭐니 하는 고상한 건 내팽개친 지 오래됐어요. 한국 언론은 독재주의 보수 육체파의 완강한 후원 세력이자 열성 지도자입니다. 공포 조성과 분열의 선동에 언론의 힘이 집중되지요. 나라 발전이나 국력 상승은 철저히 외면합니다. 가령 코로나 사태를 대하는 언론의 기사 제목을 한 번 볼까요. '국민은 죽는데 청와대 짜파구리 잔치', '집단 면역 되려면 35만 명 사망해야...', '조국 사태'(조국 사태가 아니라 '언론 사태'가 아닌가요? 왜냐하면 수십만 건의 신문 방송 기사는 조국이 만든 게 아니라 독재 언론들이 광기로 생산해서 만든 거거든요).

대중은 언론을 통해 세상을 읽습니다. 그걸로 눈을 틔우고 세상을 해석하지요. 언론은 여론을 만들어내고 이끌어갑니다. 사람들은 언론 보도를 통해 정부 정책을 접하기도 하죠. 그래서 언론의 역할이 정말 중요합니다. 언론은 사회 대중이 매일 읽는 거의 유일한 책이라고 할 수 있어요. 그러니까 언론은 책이면서 거울입니다. 세상을 있는 그대로 반영해요. 아니 아니에요, 대중들이 언론의 역할을 그냥 그렇다고 믿는 거죠. 언론이 여론을 만들고 여론이 언론을 다시 만들어요. 이것이 무한 반복되며 언론은 여론을 자기 입맛대로 창조할 수 있어요. 언론은 사실이나 정보를 왜곡하고 날조하고 훼손할 수 있습니다. 독재 언론은 정권의 공신력과 생명력을 좌지우지하는 단계까지 쉬이 도달해요. 한국 언론은 그 자신들이 여론의 생산자 역할을 자임하며 정치 권력의 생명조차 좌우할 정도의 막강한 권력을 얻게 됩니다. 독재주의 언론인들은 실제로 그렇게 믿고 있고 거기에 강한 자부심을 갖고 있지요.

한국 언론은 정치적 성향이 강한 게 특징입니다. 정파성이 강해요. 그들은 언론을 가지고 정치를 합니다. 신문과 방송으로 정치질을 하는 거죠. 그런 까닭에 한국 언론은 이념성에 따른 왜곡과 허위의 기사들이 넘쳐납니다. 철저히 갈라진 정파성에 따라 생명파에게 무조건적 반대를 일삼고, 적들에 대한 혐오와 조롱과 비난을 일상으로 해요. 우리나라 사람들을 이념과 계급과 정체성 등으로 갈라쳐 이분법으로 분열시키는 것으로 자기의 역할을 다하고 있습니다. 예컨대 '조중동'이라는 한국 사회 주요 언론 매체는 보수 우파 곧 '독재주의' 정파의 정론지라고 할 수 있어요. 이것은 언론 기업이 자본시장에서 완전 권력화가 된 결과라고 할 수 있는데, 이들에게 진보 좌파 곧 복지주의 '생명파'(진보) 집단은 증오와 혐오와 공격의 대상이 되어요. 사사건건 사실을 왜곡하고 날조하여 생명파들을 곤경에 빠뜨리고 공격하는 게 이들 언론사의 절대 목표입니다. 대신에 자신들이 후원하고 조종하는 독재주의 육체파는 무슨 짓을 해도 언론의 힘을 총동원하여 그들을 보호하고 감싸고 변호하여 그들의 독재적 힘을 북돋워 줍니다. 독재 언론에게 선동되고 세뇌된 대중은 민주주의를 파괴하는 무질서의 가장 위험한 악역을 마다해요. 독재주의 육체파를 응원하고 복지주의 생명파를 타도하는 모든 장소에 이들은 용감하게 앞장섭니다. 한국 언론은 독재 정부 때는 막무가내로 독재주의 육체파(보수) 정부 편을 들고 생명파(진보) 정부 때는 선동과 궤변과 날조를 무기로 정부를 매일매일 공격하는 게 특기죠.

가령 생명파(진보) 정부가 주택 정책에서 제시한 '호텔 리모델링 청년 주택'을 대하고서 독재 언론은 즉각 '호텔거지'라는 신조어를 만들어요. '내러티브 말꽃'(신조어) 작전입니다. 말장난으로 차별과 배제의 혐오감을 의도적으로 퍼뜨리는 거죠. 공식적인 정부 발표가 나오기도 전에 '청년 주택' 정책을 '호텔거지'라는 말로 비하하여 나라 정책을 마구잡이로 난도질하고 비난해요. 정치는 게임, 즉 일종의 정파 게임인데 한국 언론은 정치 게임의 공정성을 노골적으로 엎어버려요. 일방적으로 한쪽 편만 드는 거죠. 대한민국에서 독재 언론의 존재야말로 불공정의 대명사인 '기울어진 운동장'에서 경기를 하게 만드는 거라고 할 수 있습니다.

청년 주택 안암 생활이 발표되자 한국의 주요 언론은 생명파(진보) 정부 트집 잡기에 또 나섭니다. 안암 생활이 1인 가구라는 사실은 외면하고 숨겨두고 독재 언론은 여기서 가족이 어떻게 사느냐며 생트집 공격을 멈추지 않아요. 이게 사실은 청년 1인 가구로 보증금 100만 원에 월세 30만 원 선으로 인근 시세의 절반 수준이에요. 그런데도 '호텔 거지'라는 신조어(내러티브 말꽃)를 만들어서 정부 정책을 비난하고 개발 계획표에 찬물을 끼얹었어요. 매사가 이런 식입니다. 찰원수(찰怨讐)를 대하듯이 하는 거죠. 보수 독재주의 기득권층 언론들에게 생명파(진보) 인간들은 원수예요. 막강한 분단 권력과 기득권 지배 세력의 특권을 함부로 발휘할 수 없어서 그래요. 그래서 사사건건 그들을 눈엣가시로 취급하며 놀부 심사로 대하는 거죠.

한국에서 제대로 된 언론의 눈으로 위에서 언급한 정부 정책 청년 주택을 한번 소개해 볼까요.

"관광호텔을 리모델링 해 문을 연 신암 생활은 공공임대주택이면서 공유주택이다. 사회 초년생, 취업 준비생, 대학생 등이 입주 대상이다. 세련된 외관과 깔끔한 인테리어로 단장 한 신암 생활은 지하 3층 지상 10층 건물 중 3~10층에 원룸 122호가 있다. 방에는 침대, 에어컨, 냉장고, 붙박이장 등이 빌트인으로 설치됐고 샤워를 할 수 있는 화장실이 있다.

지하 2개 층과 지상 1층엔 주방, 세탁실, 회의실, 작업실 등 공유 시설이 있고 옥상에는 청년들이 좋아한다는 휴식 공간 '루프톱 라운지'가 있다. 임대료는 보증금 100만 원에 월세 27만~35만 원으로 인근 시세의 45% 수준, 관리비는 월 6만 원으로 50% 수준이다. 한 번 계약에 2년, 두 차례 계약 갱신이 가능해 6년 동안 거주할 수 있다. 1인 가구 청년 이 살기에 부족함이 없어 보였다."

한겨레신문

보셨나요? 하하하 한국의 독재 언론은 순진한 국민들을 '끓는 물속의 개구리'로 만들어 실험하는 걸 반복하죠. 개구리를 그냥 물속에 넣어두고서 천천히 열을 가하면 점점 따뜻해지는 물속에서 자신이 죽어가는지도 모르게 죽어가거든요. 악마 언론의 편향된 마구잡이 횡포가 그렇다는 겁니다. 처음부터 뜨거운 물에 뛰어든 개구리는 목숨을 건지기 위해 바로 뛰쳐나오겠죠. 그런데 한국 언론이 행하는 방식이 바로 사회 공동체에 함께 살아가는 국민들을 서서히 죽어가는 개구리로 만드는 거예요. 독재 언론의 폐해를 알고 언론을 비판적으로 대하면 우리가 '끓는 물속의 개구리'가 되지 않을 수 있어요.

코로나 백신 사태도 그래요. 악마 언론들이 계속 정부 정책을 공격하고 비난하고 헐뜯다가 마지막 순간에 백신 접종 독려 캠페인을 하는 등의 독재 언론의 위선적인 태도 속에서 한국 언론의 독성을 찾아낼 수 있어요. 그들은 처음부터 교묘한 언술로 정부의 백신 정책에 불신감을 조장했어요. 젊은 층들이 백신 정책을 불신하도록 교묘히 부추겨요. 아니 아주 노골적으로 마치 일본군 게릴라처럼 정부를 공격했죠. 인과 관계가 전혀 없는 사례마저 생중계로 방송하면서 코로나 백신의 안정성을 줄곧 위협했지요.

또 탈원전 정책 때리기는 어떻고요. 아직 시작조차 안 한 탈원전 정책을 비판하면서 사회 곳곳에서 전력 대란이 일어났다고 선동하는 언론이 한국 언론의 현주소입니다. 그들은 일본 언론과 같아요. 메시지의 단순화와 반복이 왜곡과 날조를 일상적으로 끌고 가요. 날조와 선동은 악마 언론의 기본 문법입니다. 생명파(진보) 정부의 에너지 전환 로드맵을 무조건 탓하고 반대하고 비난하는 게 한국 언론의 기본 방침이죠. 미세 먼지 발생조차 탈원전 정책 탓이라고 했고 대형 산불도 탈원전 정책 탓이라 했고 전력 사용량이 과도하게 늘어난 것과 높은 전기 요금도 탈원전 탓이라고 국민들을 선동했어요. 그런데 정부의 탈원전 정책은 실제로 아직 첫걸음도 떼지 않았어요. 아무것도 시행하지 않았거든요. 현재의 한국 언론은 확실한 친일파들입니다. 그들은 한반도에서 여태 조선총독부의 눈으로 친일 빨갱이 역할을 하는 격이죠.

13. 서양 지고, 한국 꽃 피다

강자에게는 약하고 약자에게는 가혹한 세상입니다. 자본주의 세상이지요. 약육강식의 사회 정글은 우리가 만든 인공 자연입니다. 우리가 선택한 거죠. 어제도 오늘도 만인에 대한 만인의 투쟁이 벌어지는 장소가 지금 우리의 살림터입니다. 우리 사회가 왜 이렇게 되었나요? 인간 세상을 누가 이렇게 만들었나요? 한국인 모두가 한국 사회라는 정글 안에서 폐소 공포증을 앓고 있어요. 지금과는 다른 세상이 있다고는 꿈에도 생각하지 못해요. 조선 시대와 같은 자연 삶의 모습이 꿈속처럼 아득합니다. 현대 한국인들은 오늘 자본주의 체제가 인간 세상에서 더없는 최상의 것인 양 살아가요. 그도 그럴 것이 사람들은 자본주의가 곧 민주주의라고 오해하는 것 같거든요. 차라리 속시원하게 우리 사회를 '자본주의 전쟁 공화국'이라고 명명하면 어떨까 하는데 말이죠. 어쨌든 대한민국 사람들은 의지의 한국인답게 주어진 기존 질서에 순응하고 참고 견디는 쪽으로 살아가요. 우리 살림터가 약육강식의 사냥터가 되었다는 게 문제의 근본이고, 그것의 치료법도 체제 시스템과 사회 속에 분명히 있는데 말입니다.

그러면 지금 우리는 기존의 상식을 의심해 봐야 하지 않을까요? 그 옛날 독일의 니체(서기1844~1900 독일/ 반 기독교 철학자)처럼 자본론 지배 사회 한복판에서 '신은 죽었다'라고 크게 외쳐보면 어떨까요. 니체의 생각이 맞았어요. 우리가 직접 '망치를 들고 기존의 것을 죄 부수면서 전혀 새롭게 우리 철학을 해야' 하는 거죠. 기성의 틀을 철저히 깨부수고 무너뜨려야 새로운 세상이 싹터나지 않겠어요. 어떻게 해야 망가진 지구를 온전히 살릴까요? 어떻게 해야 일그러진 한국을 바룰까요. 어찌하면 지구를 생명의 나라로 만들고 대한민국을 최상의 멋진 나라로 만들 수 있을까요?

요즈음 들어 사람들 간에 생활공동체에 부쩍 관심이 커지고 있어요. 새로운 삶의 형태를 여러모로 탐색해 보고 있죠. 그 와중에 사람들은 '공유, 공생, 대동, 공산, 공동, 협동' 등의 낱말에 깜짝깜짝 놀랄 때가 있어요. 개념 자체에 사회주의 느낌이 강하거든요. 한국 사회가 반공산 교육을 받았고 대한민국이 철저한 반공 국가인 탓이겠죠. 생각해보면 자유 대한민국에서 다른 건 무어나 다 되는데, 이것(공산주의, 사회주의)만은 사상의 자유에서 예외입니다. 왜 이렇게 되었나요? 무엇이 이렇게 만들었나요? 우리는 민주주의 꽃밭이란 미명 속에서 살되 이질적인 것과 함께 하는 장점을 보지 못한 채 오랫동안 색맹으로 살아왔지요. 지금도 한국인들은 이런 처지를 당연하다고 여깁니다. 공산주의는 생각조차 절대 해서는 안 된다는 거죠.

한국에는 유교 사상이 있습니다. 전통 사상이라고 할 수 있죠. 유교의 핵심인 '인'(仁)은 사람의 마음입니다. 맹자가 얘기했어요. 사람의 마음은 '차마 그렇게 해서는 안 되는 마음'이라고요. 사람다운 사람의 마음이 인(仁)이죠. 파란의 현대사를 헤쳐나오면서 한국인들에게서 사람의 마음이 자꾸만 희미해져 갔어요. 한국 사회에 사람답지 않은 사람들이 많이 생겨서 그래요. 가령 세월호 유족이 단식하는 곳 바로 곁에서 일부러 피자 파티를 여는 사람들이 있었어요. 이들은 사람의 탈을 썼지만 차마 사람이 아닌 거죠. '차마 그렇게 해서는 안 될 일'을 저질렀어요. 그럴 때 이들은 사람이 아닙니다. 한국 전통에서 사람 아닌 사람은 '사람'이라고 하지 않고 '인간'이라고 부르지요. 여기서 인간은 인간종을 가리켜요. 인간종 표현은 곧 인간 말종을 가리킵니다. 가해 권력의 의중을 대변해서 행동하면 그것은 정치 테러가 돼요. 표현의 자유가 아니에요. 이념 추종자의 과잉 이념이 행위로 나타난 거죠. 이념 과잉 때문에 분출하고 폭발하는 사회 갈등이 대한민국 국가 정체성 혼란의 씨앗이 됩니다.

그렇습니다. 지금 한국 사회의 문제는 과잉화입니다. 모자라는 게 아니라 과잉입니다. 무엇이든지 지나치게 넘쳐나요. 정치 과잉이고 이념 과잉이고 경쟁 과잉이고 종교 과잉입니다. 과잉은 모자람만 못해요. '과유불급'이라는 진정제가 필요해요. 한국 사회가 무엇보다도 사람의 마음을 찾아야 해요. 사람의 마음을 가진 사람이 참사람이죠. 그가 좋은 사람이고 민주 시민입니다. 오늘날 한국에서는 사람이 종교를 믿는 것이 아니라 종교(기독교)가 사람(한국인)을 믿는 것 같아요. '하느님', '예수님' 얘기를 하면 사람들이 다들 꼼짝 못 해요. 한국인들이 제물로 알아서 예수 기독교와 천주 하느님을 잘 믿고 잘 챙겨주거든요. 그래요. 사람들이 기독교에 대해서는 다른 생각이나 의견을 좀체 말하지 않아요. 기독교에서 내거는 사랑의 종교, 보편종교라는 광고 말을 의심 없이 받아들이는 거죠.

우리가 살아가는 대한민국 자본주의 문명 세상도 그러합니다. 한 점의 의혹도 없이 사람들이 자본주의 한국 사회를 당연시하고 그냥 그러려니 하는 거죠. 그러나 한국 땅에서 피어난 자본주의 꽃은 본디 뿌리가 얕아 우리가 갈아엎을 수가 있어요.

우리가 지금과는 전혀 다른 세상을 만들 수가 있습니다. 그래요. 서구 자본주의 문명과는 전혀 다른 세상을 배달겨레가 꿈꿀수 있고 또 우리가 그런 세상을 힘껏 일구어갈 수 있다마다요.

14. 불로소득은 나라에서 집단 관리를

지금 우리가 사는 환경은 과거의 연장입니다. 과거의 시간과 공간이 내용물이 되어 그곳에 가득해요. 그리고 환경은 우리의 후손들이 계속 사용해야 하는 공공재입니다. 그러므로 환경은 과거와 현재와 미래가 하나로 엮어져 있는, 세상의 모든 것입니다.

토지와 집이 요즘처럼 자본주의 상품으로 거래돼서는 안 돼요. 대한민국에서 어제오늘 투기 열풍으로 자산 양극화가 심각해졌어요. 정부가 공익을 위해 신도시를 만들고 도로를 내고해서 개발 이익이 엄청나게 생겨났는데, 그런데 이것을 왜 땅주인들 개인이 가져가나요? 그러면 그것은 불로소득입니다. 까닭에 개발 예정지는 불법과 투기가 극성입니다. 불로소득은 개인의 몫이 아니에요. 정부 정책의 결과물입니다. 이 불로소득은 100% 국가 세금으로 다시금 환수해야 합니다. 이렇게 하면 부동산 불로소득을 근본적으로 막을 수 있어요.

나라의 공공재인 토지가 투기 수단으로 변질하는 것을 막아야 해요. 부동산 보유세를 철저히 강화하는 게 답입니다. 부동산 불로소득을 나라 세금으로 환수해야 해요. 그래서 정부는 그 재원으로 부동산 정책이나 새로운 복지 정책을 펼치면 됩니다. 토지 공개념을 정책적으로 실천해야 합니다. 자본주의 사회라고 해서 못할 게 무엇 있나요. 국공유지를 확대해서 민간에 임대하는 공공임대제를 시행하는 것도 좋은 방법입니다. 네덜란드, 핀란드, 스웨덴, 싱가포르 등에서는 이미 시행 중이죠. 국민 모두가 살기 좋은 나라가 되는 길에 자본주의와 공산주의 구별이 무슨 의미가 있나요. 체제의 틀은 중요하지 않아요. 삶의 속살이 중요할 뿐이죠. 대한민국은 새롭게 태어나야 합니다.

15. 한국에서
남녀 젠더 갈등은 누가 만들까

언론의 잦은 노출을 통해 30대 젊은이가 당 대표 이미지로 빚어지기도 했어요. 언론에서 재생산된 분노와 결핍이 90년생의 커뮤니티 동조를 거쳐 주류적인 정서로 확대되기도 하지요. 정치권에서는 표심을 챙길 욕심으로 20대 젊은이를 자기 쪽으로 마구 당겨갑니다. 국내 언론에서 '이대남, 이대녀' 용어를 창조하여 젠더 갈등을 조장하고, 이것을 분단 권력이 70년 동안 단일 운동장으로 사용 중인 이분법의 진영으로 몰아넣죠. 보수 육체파 정치권과 보수 육체파 언론이 이 문제를 적극적으로 조작하고 있는 게 문제예요.

아닌 게 아니라 오늘날 20대 집단은 참 억울한 세대죠. 90년대생은 학창 시절부터 남녀평등으로 자랐고 게다가 여성이 학력이 급상향되어 남자들이 기가 죽는 측면이 있었어요. 20대 청년들은 온라인 커뮤니티와 함께 성장했으니까 비대면의 의사소통에 능하고 그래서 언론의 이런저런 제스처에 참 예민합니다. 논란이 되는 젠더 갈등도 여기에서 비롯되었다고 보면 돼요. 말하자면 한국의 편파 언론이 의도적으로 과도하게 만들어낸 거라고 할 수 있습니다.

사회적으로 어느 집단이든 다양한 성격과 규모의 층위들이 있어요. 이걸 그냥 남자와 여자 1대 1 구조로 만들어 갈등한다고 하는 것은 갈등 조장의 술수입니다. 진보와 보수라는 진영 논리도 마찬가지예요. 악마 언론의 노골적인 갈등 부추기기, 편 가르기라고 할 수 있어요. 우리 사회의 가장 큰 문제는 상대방 얘기를 잘 듣지 않고 잘 보지 않고 잘 말하지 않는 거예요. 언론도 그렇고 정치권도 그렇고 자기 말만 일방적으로 하는 거죠. 학교나 사회에서 공동체 배려 훈련을 제대로 하지도 않아요. 갈등을 해결할 시스템이 국가 내부에 아예 없어요.

8.15 광복 이후 남북분단 권력이 지배하는 나라에서 '말 많으면 공산당'이라는 사회 시스템을 만들고 그 속에서 대한민국이 작동하면서 생긴 당연한 결과죠. 이것은 분단 시대를 살아가는 우리 모두의 고통이고 서글픔이라고 할 수 있어요.

보통 사람들은 남북분단 권력의 횡포에 저항할 수가 없어요. 속수무책으로 당하죠. 남북분단 권력에 저항하는 체제 전복 세력은 자동으로 누구에게도 용서받지 못하는 대역죄인이 되어야 했으니까요. 사람들은 남북분단 권력의 횡포를 그냥 모른 체하며 살아왔어요. 가령 우리는 남북 이산가족 상봉이 체제 경쟁의 단막극으로 연출되는 걸 막을 수 없는 거예요. 역사적 장면의 곳곳에서 남북분단의 아픔과 비극이 노골적으로 터져 나왔지요. 지금의 젠더 갈등도 남북분단의 아픔과 비극이 밑바닥에 흥건히 고여 있어요. 남이나 북이나 남북분단 권력의 힘은 그만큼 강력하고 무서워요. 중세 시절 이단자를 식별하고 처단하려는 가톨릭교회의 매운 눈초리처럼 남북분단 권력의 악마 논리는 집요하고 무자비한 게 특징이죠.

16. 백인종이
왜 지구를 대표할까

백인종이라는 말은 없어요. 사용을 안 해요. 표현 자체가 흔하지 않죠. 왜냐하면 '인종'이라는 말은 유색인을 가리킬 때 쓰는 거지 백인들은 처음부터 거기에 들어가지 않아요. 유색인이라는 용어조차 백인들이 만들어 낸 말이지만요. 백인들의 특권의식이 작용한 거죠. 백인종이 아니면 다들 저절로 유색인이 되는 거죠. 서구 철학의 근본인 이분법 공식에 따른 거예요. 인종주의라는 개념조차 백인종이 만들었으니까 더욱 그렇죠. 그러나 백인을 제외하고 모두를 유색인이라고 한다면, 백인들은 사실상 '무색인'이 됩니다. 그러나 유색인은 있어도 무색인은 없지요. 그러니까 유색인이니 무어니 하는 게 결국은 백인종들이 만든 엉터리 지식이고 엉터리 과학인 게지요.

그래서일까요, 백인은 인종의 하나가 아니라 인간이라는 종 그 자체를 가리킵니다. 누가 그랬느냐고요? 당연히 백인종이겠죠. 백인이 보편 인간이니까 인간을 대표하는 게 되는 거예요. 이것은 가톨릭('보편'의 뜻)이 보편종교이니까 가톨릭이 인류 종교를 대표하는 것처럼 보이게 되는 것과 같아요.

그러나 사실상 백인은 보편적 존재가 아니며 백색은 여러 색깔 가운데 하나일 뿐입니다. 역사적으로 백인종은 자신들이 만든 기준을 인류의 보편적 기준(가톨릭, 스탠다드)으로 내세우고 그 틀에 맞추어 자신들을 정상으로, 다른 인간들은 그 정상에 미치지 못하는 덜떨어진 존재로 간주한 거죠. '비백색 인간들은 인종이고 우리 백인은 그냥 인간이다' - 이것이 백인종들의 기본 생각입니다. 인간으로서의 보편성은 자기들 백색인들이 갖는 게 당연하다는 인식이에요.

백인들은 백인의 특수성에 대한 자기 인식이 반성적으로 꼭 필요합니다. 지구 문명에서 백인 중심주의를 깨뜨려야 세계의 평화가 찾아와요. 그래야만 인종의 다양성과 혼종성이 꽃밭처럼 어우러지며 생명성을 저마다 찬란하게 꽃피울 것입니다. 지나간 인간의 문명 역사를 한번 돌아볼까요. 백인종들이 얼마만큼 참혹하게 유색인들을 학대하고 학살하고 지배하고 괴롭혔

던가요? 인종 청소라는 전대미문의 악을 자행하고 그것을 사주한 백인종들이 인류 전체에게 진정한 참회와 사과를 건넨 적이 있습니까? 강자의 약자 지배를 정당화하는 논리가 서양 철학의 근본입니다. '약육강식'이라는 정글의 법칙을 자본주의 사회의 공식으로 내세우는 걸 보세요. 서구 자본주의 인간종들이 부르짖는 정글의 법칙, 동물의 법칙은 늘 강자 독식의 세상을 꿈꾸죠. 한국 사회도 어느덧 약육강식이 지배하는 서구 자본주의가 완전히 이식되었어요. 아이나 어른이나 모두에게 매일매일 전쟁터 같은 일상이 진행되는 오늘이 사뭇 아프게 느껴워집니다.

아마존의 창업자 제프 베이조스(서기1964~ 미국/ 기업인)가 우주 식민지 개척의 꿈을 말합니다. 결국 그의 우주 사업은 우주에 인류의 상주 시설을 짓는 거예요. 우주를 인류의 삶의 무대로 삼겠다는 거지요. 참 대단합니다. 다섯 살 어린 나이에 암스트롱의 달 착륙을 보면서 느낀 경이로움을 평생의 꿈으로 간직한 그가 우주 개척이라는 초유의 인류사를 시작하려고 합니다. 아폴로 소년의 꿈이 현실로 활짝 피어나려고 해요. 자본주의 서구 문명이 참말로 대단하긴 해요. 저 광활한 우주를 개척하고 정복하려 나서다니... 그들은 마냥 무한으로 질주하는 그들 절대 신의 모습을 닮아있습니다. 아니 아니, 그들 백인종들은 유일신과 벌인 절대자 경쟁에서 자신이 이겼다고 생각해요. 인간과 신의 절대자 쟁탈 싸움에서 인간이 마침내 유일신을 이기고 자신들이 우주의 절대자가 되고 지구 최고의 지배자가 되겠다고 선언하는 게 틀림없어요.

인간이 우주에 가 닿을 수 없던 시절에 과학기술자들은 가령 갈릴레오 등은 망원경을 통해 우주 탐사를 시작했지요. 세월이 흘러 서구인의 우주 비행은 진짜로 현실이 되었어요. 미국은 화성을 필두로 하여 목성, 토성, 천왕성, 해왕성의 탐사에 뛰어들었죠. 최근에 중국도 화성 탐사에 성공했어요. 인간종에 의하여 우주 미개척지의 탐험과 정복이 오래전부터 시작되었습니다. 인간종의 힘이 대단하긴 해요. 그러나 현재의 지구는 생각하기에 따라 얼마든지 새로운 지구가 될 수 있어요. 고장난 지구를 고쳐 쓰면 지구가 새로운 우주가 됩니다. 요즘 하는 말로 뉴스페이스 시대가 열리는 거지요. 그 구체적인 방법은 인간종들이 지금까지와는 전혀 다른 방법으로 사는 것입니다. 자본주의라는 악의 꽃을 뿌리째 뽑아버리면 돼요. 인류는 자신들 삶의 장소를 고집해서 예전대로 살되, 서구의 자본주의 생활 방식을 철저히 외면하거나 무시하거나 물리치면 됩니다. 그래요, 지구인들 모두가 냉큼 서양을 탈출하면 돼요.

17. 다만 사람으로 살자

종교를 가장한 정치집단이 많아요. 우리나라에서 그들은 대놓고 독재주의 육체파 보수를 지원합니다. 지구에서 못사는 가난뱅이 나라는 기독교를 안 믿는 나라라고 설교합니다. 목사가 점점 예수교 교주처럼 되어가고 있어요. 인간이 신이 되어가는 진화 중이라고 할까요. 마치 역사적 예수가 그런 길을 걸었던 것처럼 말이죠. 그리스도교에서 인간 예수가 구세주 예수로 거듭나듯이 말이에요. 한국 종교 사회에는 아직도 이런 일이 비일비재 일어납니다.

신이 되어 살고프냐

- 아니오

신처럼 되어 살고프냐

- 아니오

신을 믿으며 살고프냐

- 아니오

... (중략)

그럼 어떻게 살고프냐

- 그냥 살겠습니다.

생긴 대로 살겠습니다.

사랑하고 좋아하고 기뻐하고 고민하고 슬퍼하고 웃음 짓고 눈물 짓고...

그렇게 살겠습니다

사람으로 살겠습니다.

사람답게 살겠습니다.

한국인으로 살겠습니다.

나답게 살겠습니다.

18. 경제 선진국의
기독교 전파 욕망

인종 차별은 영혼의 병입니다. 기독교 문명인들의 고질병이었죠. 지구 역사에서 선진 기독교는 전쟁보다도 더 많이 사람을 학살하고 원주민 유색 인종을 가축 같은 노예로 만들어 부려 먹었지요. 그들은 자본주의 초기 시절부터 지금까지 영원한 선진국처럼 살아가지요.

우리가 드디어 선진국이 되었어요. UN이라는 국제기구에서 인정했다고 하더군요. 한국은 어제오늘 서구 자본주의 문명의 일상이던 개발 중독에 걸렸어요. 현대 기독교 한국인들은 대부분 서구화와 문명화의 사명감에 불타오르죠. 가령 아프리카 남수단에 대한민국 한빛 부대가 파견되었어요. 그곳 부족민들은 '우리는 하느님 안에서 하나다' 이런 한글 현수막을 들고 십자가를 메고 해서 한국의 한빛 부대를 환영하고 고마움을 표하더군요.

한국의 국영 텔레비전 방송은 그곳 풍경을 다큐로 제작하여 전 국민에게 보여주죠. 이것은 다름 아니라 서구 자본주의 문명화의 포섭권역이 아주 넓어졌다는 뜻이겠지요. 서구 자본주의 문명권의 자장 안에 들어있는 한국인과 아프리카인은 지금 행복할까요?

19. 현대 국가의
모델이 탄생하다

예수 탄생 1776년에 애덤 스미스의 책 '국부론'이 나옵니다. 이 책의 원제는 '국부의 본질과 원인에 관한 연구'지요. 놀랍게도 이 책은 서구 자본주의 문명의 실체적 탄생을 예고한 책이었죠.

18세기의 프랑스에는 정부가 평민에게만 과세하고 부자(성직자와 귀족)에게는 과세하지 않았어요. 그러나 일반 민중들은 국가에는 세금을, 교회에는 십일조를, 귀족에게는 부역을 하거나 봉건 부담금을 납부해야 했어요.

부르주아는 서구 자본주의가 만든 신흥 계급인데, 이들은 저술가, 의사, 정치인, 언론인, 교사, 판사, 공무원 등 교육받은 지식인과 상인이나 제조업자나 은행가 등 부자들을 일컬었어요. 그러나 당시 사회 하부구조를 지탱한 제3계급인 민중(성직자, 귀족 제외 모든 이)은 전체 인구의 95%를 차지했고, 이 가운데 25만 명 정도가 부르주아 신분으로 있었죠. 그러니까 이때의 부르주아는 부나 지위 면에서 새로운 귀족이라고 불릴 만했어요. 이들의 존재감과 혁명 사상 때문에 18세기 프랑스에서는 혁명의 기운이 무르익고 있었습니다.

그러니까 서기1789년에 프랑스에서 사회 대혁명이 일어날 수밖에 없는 구조였어요. 프랑스 대혁명은 서구 중세 시대의 마지막을 장식했고, 사실상 봉건제의 끝장이었으며, 근대 자본주의 문명의 진정한 출발점이 되었죠. 이것이 오늘날 현대 국가의 모델로 우뚝 선 '부르주아 특권층 국가'의 시작이었습니다. 민주공화국인 우리나라도 그 본질은 부르주아 특권층 국가에 지나지 않아요. 서구를 모델로 삼은 현대국가의 정체성이 다 그렇다고 할 수 있겠죠.

20. 흔한 것이 가장 귀한 것이다

고정관념을 깨기 위해서는 거꾸로 보아야 합니다.

땅에서 자라는 흔한 것들이 금이나 산삼보다 귀한 것입니다. 지구에는 바람이 있고 구름이 있고 나무가 있고 풀이 있어요. 지구가 자연입니다. 자연물은 인간에게 생명을 주지요. 자연이 생명 공급원입니다. 자연이 하느님입니다. 지구가 하느님입니다.

지구 공동체 구성원 중에서 인간에게 가장 높은 지위를 보장하는 '종 차별주의'는 인간종 우월주의가 아닐까요? 공생과 돌봄의 철학이 동학에서 말하는 〈천지 만물 일체설〉이 맞음을 뒷받침해주지요. 인간과 자연의 관계를 대립과 갈등 또는 지배와 착취의 관계가 아니라 돌봄과 공생을 중심으로 하는 새로운 세계관으로 바꾸어야 해요. 인간 정신의 주류를 서구 사상에서 한국 사상으로 바꿔야 합니다. 한국 전통 사회에서 자연은 정말로 귀한 것이었죠. 자연은 가장 귀한 것을 계절마다 가장 많이 생산해줬어요. 그것은 자연의 살가운 베풂입니다. 가장 흔한 것이 실은 가장 귀한 것이죠. 이게 바로 역설의 지구 현상입니다. 자연은 복잡하지 않아요. 단순명료한 생산 법칙을 상용하죠. 가장 귀한 것을 가장 흔하게 내주는 생태계의 법칙 - 한국에서 자연의 법칙은 언제나 단순합니다. 인간들에게 가장 요긴하고 귀중한 의식주 재료를 더 흔하게 공급해요. 왜냐하면 부족함이 없도록 하는 거죠.

한국에서 자연은 생명을 낳고 품어주고 양육하고 돌봅니다. 죽음마저 거두어주지요. 인간 생활의 최적 건강을 고려하여 귀한 것은 흔하게 공급하고 그렇지 않은 것은 조금만 공급합니다. 만약에 한국에서 자연이 물, 공기, 흙, 나무 등 생명과 건강에 소중한 것은 조금만 공급하면서 그 반대였다면 사람들의 생존은 어떻게 되었을까요. 힘세고 돈 많은 사람들만이 물과 공기 나무 등을 독차지하고 가난한 서민들은 흔해 빠진 산해진미와 산삼만 먹었을 것입니다. 그렇다면 모르긴 해도 배달겨레의 생존 시스템에 치명적인 문제가 발생했겠죠.

거꾸로 보는 게 새로운 창조입니다. 지금 흔한 게 가장 귀한 게 맞습니다. 지금 내 곁에 있는 사람이 가장 귀한 사람이 맞다마다요. 지금 내가 하는 숨쉬기 운동이 가장 귀하고 소중한 운동이 맞고말고요.

7장

**생명보다 큰
우주는 없다**

1. 신은
인간의 피조물이다

한국 기독교에서 하느님과 우리는 일촌 사이라고 해요. 왜 냐고요? 하느님과 인간은 부자간이에요. 교회에서 하느님 아 버지라고 하니까요. 그러면 예수와 우리는 몇 촌? 답은 2촌. 형 제라고 하네요. 예수가 우리보다 먼저 태어나서 하느님을 모셨 으니까 그렇다고 하네요. 참으로 한국적인 인식입니다. 이러니 한국인에게 예수 기독교가 계속 매력적일 수 밖에요. 어찌 생 각하면 한국 전통의 '하느님'은 신성성이나 권위가 전혀 별로 였는데, 서양에서 들어온 예수 기독교가 '하느님'을 상용하 면서부터 엄청난 혜택을 받고 있는지도 몰라요. 진실로 이러하 다면 예수 기독교가 한국 전통 신관의 덕을 보는 것인지, 한국 전통의 하느님 신앙이 예수 기독교의 덕을 보는 건지 헷갈릴 법합니다.

신은 인간이 만든 피조물이다. - 하하하 이게 도발적인가요? 인간은 신이 만든 피조물이다. - 이건 한국에서 상식이 되었나 요? 알다시피 대한민국 헌법은 국교를 인정하지 않아요. 국교 가 없어요. 한국에는 종교의 자유가 있지요. 무엇을 믿든지 제 한을 두지 않죠. 아무것도 안 믿어도 되고요. 그런데도 민주공 화국 대한민국은 종교의 자유를 구실 삼아 예외성과 특수성을 너무 많이 인정해 주었어요. 처음 1공화국 이승만 정권에서부 터 기독교의 특권과 위세가 하늘을 찔렀죠. 종교는 처음부터 세금 납부 의무가 없었어요. 미국을 찬양하는 기독교 세력은 신생 독립국인 대한민국을 기독교 나라로 만들기 위해서 갖은 혜택과 특권을 따내었어요. 오늘날에도 예수교 교회와 성당에는 모든 세금이 면제되어요. 대한민국에서 종교가 벌어들이는 연간 수익을 아는 이가 아무도 없어요. 세금 담당자인 국세청도 모르는 것을, 각종 종교 시설의 수입과 지출을 누가 알기나 할까요.

개신 기독교 계열의 신종교가 우리나라에서 언제나 우후죽순으로 늘어나고 있어요. 대한민국은 기독교 계열의 신종교 천국입니다. 지구상에서 제일가는, 세계에 유례가 없는 기독교 팽창 국가인 거죠. 우리 한국인들은 언제부턴가 너도나도 교회를 다니고 있어요. 교회에 안 다니는 사람은 덜 현대화된 사람 축에 속하게 되었죠. 많은 한국인이 주말에 예배에 참여하여 세계 일류 문명의 벅찬 소속감과 몰입에 빠져들죠. 그래 전국 방방곡곡에서 예수 기독교 관련 교회 숫자가 오늘날 한국에서 무려 7만 개에 육박합니다. 5집당 교회가 하나씩 있는 셈이에요. 종교 업종의 활성화 정도를 보면 한국 그리스도교는 '5호 1교회제'라고 할 만합니다.

서기1948년 12월 1일 한국에서 '국가보안법'이 법률적으로 탄생했고, 예수 탄생 1950주년을 전후하여 제주도 4.3 사건 때 제주도민의 3분의 1이 빨갱이 동조 세력으로 학살되었죠. 또 한국전쟁 때 민간인 100만 명이 우리 측 군경으로부터 학살되었는데, 이것은 대통령 긴급 명령 즉결처분으로 가능했어요. 기독교 공화국의 국가보안법은 유럽 중세 시대의 종교보안법을 꼭 닮았습니다. 마녀사냥으로 유명했던 서양의 종교보안법 말이에요.

신기원 1980년 8월 6일. 광주 5.18 항쟁의 피비린내를 대동하고서 한국 개신 기독교 교회를 대표하는 23명의 목사가 한자리에 모여서 조찬 기도회를 열었죠. 주요 텔레비전 방송에서는 이 장면을 영상으로 제작하여 3차례에 걸쳐 대한민국 전국 가정집 화면에 틀도록 했어요. 방송 제목은 이렇습니다. '전두환 상임위원장을 위한 기도회'. 후후후 한국에서는 예수 기독교의 힘이 이런 방식으로 사용되는군요.

옛날에 어떤 기독교 유명 목사는 '종교 대통령'으로 불렸다고 하더군요. 예수 기독교가 한국 종교를 대표한다고 보는 자부심인 거죠. 오늘날 기독교 대형 교회는 교회 리더십이 마치 군부 독재와 꼭 닮은 꼴이라고 하는데요. 담임 목사가 시키는 대로 교인들은 무조건 추종해야 하죠. 교회에서 대하는 신과 인간의 관계처럼 주님과 종처럼 말이에요. 보수 육체파 독재주의 교회에서는 북한과 진보 좌파와 타 종교에 대한 노골적인 비난이 예사로워요. 이것은 어떻게 보면 신흥 기독교 새 교회 종파가 노리는 틈새 전략의 단골 메뉴라고도 할 수 있죠.

우파 보수 육체파 기독교 신자들이 간절히 원하는 바이고 예전에는 쉽게 했지만 지금은 시대가 변해 차마 입 밖에 내어 실천하지 못하던 것을, 새롭게 교세를 불려가려는 신종교 기독교 교회가 시원하게 떠들어주니 반공주의 기독교 전체 교세 입장에서는 이게 바로 '윈윈 전술'이 되는 거죠. 그러므로 자유 대한민국에서는 오늘도 생명파 좋은 교회와 육체파 나쁜 교회가 서로서로 공생하며 잘살고 있어요. 마치 이것은 인간이 신을 만들었고 또 그 신이 인간을 창조해서 오늘날 지구에서 신과 인간이 공생하는 것과 똑같습니다.

2. 공동체 행복의 실천 원리는 '억강부약'이다

자연의 지혜와 배려를 생각해봅니다. 자연의 원리는 약육강식이 아니라 '억강부약'입니다. '약육강식'은 서양이 만들어낸 자기들의 삶의 방식이죠. 대자연의 존재는 생명체들에게 정말 감사하고 고마운 일이죠. 자연은 만물에게 관대하고 겸손해요. 강한 것은 누르고 약한 것은 부축해서 도와주어요. '억강부약'(강한 것은 누르고 약한 것은 도와줌)입니다. 그래서 모두가 살게 하죠. 이것이 세계일원(世界一圓)이고 세계일화(世界一花)입니다. 제철 시스템에 맞게 잘 알아채고 잘 먹어주기만 해도 자연은 더 바라지 않아요. 그렇게만 하면 지구가 거의 훼손되지 않으면서 생명체 지구 자신이 정상적인 생존과 번식과 성장을 지속해갈 수 있거든요. 자연의 원리에 따르기만 해도 인간이 먹고사는 일에 환경 파괴가 전혀 없는 거예요. 그런 까닭에 인위적인 활동이 최소화되는 농업생산 시스템은 탄소 배출보다는 오히려 탄소 흡수원의 역할에 한껏 이바지할 수 있어요.

그런데 현재의 자본주의 사회처럼 흔하지 않은 것을 과도하게 인위적으로 생산하여 욕심껏 먹으려 하고 돈을 벌려고 하면 필연코 환경 파괴와 건강 파괴로 이어집니다. 어제오늘의 자본주의 경제 활동은 인류 건강을 위한 최적의 자연 활용과 공생이라기보다는 '개발'이라는 이름으로 환금가치가 큰 것, 즉 흔하지 않은 것을 흔하게 생산함으로써 경제적 수익성만 높이는 데 몰두해 왔어요. 지구인들이 깨닫고 재빨리 서구 자본주의 문명의 늪에서 빠져나와야 합니다.

보세요. 아마존 산림 파괴의 목적이 뭐예요? 금이나 다이아몬드 등의 광산 개발, 그리고 나머지 대부분은 고기 생산을 위한 축산업을 위한 것입니다. 산림을 목초지로 만들거나 콩을 심어 그것을 가축의 사료로 먹이겠다는 자본주의 술수 말이죠. 게다가 콩이랬자 자연 콩이 아니라 유전자 변형 콩입니다. 현재 세계 2위의 콩 생산국인 미국은 콩의 80% 이상을 가축 사료로 사용하고 있어요. 흔하면서도 몸에 좋은 식물성 식품 소비는 줄어들고 백인종 말고는 절대 흔하지 않던 육식의 과다 섭취로 인해 인류의 건강에도 적신호가 켜지고 말았습니다. 지나친 육식이 지구와 인간의 건강을 위협하는 시대가 되었습니다. 코로나 위험은 오히려 약과예요.

3. 모순 대폭발은
서구 기독교 문명의 운명이다

보편적 가치와 절대 진리에 대한 의문과 도전이 새로운 역사를 창조합니다. 지금 지구별의 삶의 현실을 볼 때 인간종이 내거는 '보편'이라는 가치는 '절대적인 단일 진리'가 아니라 차라리 '다양성 원리'라고 하는 게 현실에 더 가까워요. 다양성이 각양각색으로 살아 있는 게 보편의 원리입니다.

기독교에서 예수는 근원적 존재입니다. 불가침의 신성이죠. 그런데 예수에게는 두 개의 정체성이 있어요. 신이면서 인간인 거죠. 그는 영적 휴머니스트예요. 예수는 모순을 가진 존재입니다. 신이면서 인간에게 가깝죠. 인간적입니다. 이것은 인간이 신적 존재이면서 동시에 동물인 것과 같아요. 모순된 존재라는 거죠. 예수는 신인동체의 모습이에요. 그는 신과 인간을 필요에 따라 오가요. 그는 역사적 존재인 동시에 구세주로서의 초월적 존재이기도 해요. 그래서 자칫하면 예수가 현실적으로 여럿 탄생할 수 있어요. 예수교가 태생적으로 이단을 낳을 소지가 충분하다는 뜻이죠. 그리스도 예수는 이 두 정체성이 분리되어 있지 않고 하나의 생명체처럼 이어져 있어요. 모순입니다. 현실은 모순이 존재하는 시공간입니다. 역사적 존재의 예수가 있었기에 그리스도 예수가 더욱 생생하게 존재할 수 있기 때문입니다.

예수 사후에도 예수주의는 여전합니다. 아니 더 또렷해지죠.

백인종의 종교로 예수 '가톨릭'이 탄생했으니까 그래요. 유럽에서 가톨릭 종교의 탄생이 바로 예수주의의 출발점이 되었죠. 공자 사후에 나타난 공자주의, 곧 유교가 태어나고 마르크스 사후에 마르크스주의가 나타난 것도 이 같은 현상이라고 할 수 있어요. 석가모니 사후에 부처주의, 곧 불교가 탄생한 것도 마찬가지입니다.

우리가 서구 자본주의 문명을 맹목적으로 추종하면 안 돼요. 우리 눈으로 자본주의 문명을 똑바로 보는 게 중요합니다. 서구 문명이 인류사에 남긴 유산을 꼼꼼히 성찰하고 그것을 잘 벼리고 내면화하는 길을 밟아야 해요. 역사적으로 한번 따져 볼까요? 예수는 유대교 혁명가였어요. 그는 유대교에서 죽임을 당한 후 기독교로 부활했죠. 그리스도교 창시자가 되었어요. 서구에서 유일 종교이자 절대 종교 곧 '가톨릭'으로 거듭났어요. 서구인에게 오직 유일한 종교, 단 하나의 보편종교 '가톨릭'으로 말입니다. 훗날 유럽 대륙은 나라마다 작은 예수들이 등장하여 가톨릭 절대 성전에 반항하며(프로테스탄트) 개신 기독교를 만들었죠.

한국 기독교 역시 서구에서처럼 예수의 이름에 기댄 신종교의 탄생과 부침을 지금까지 거듭하고 있어요. 우리나라에서는 현재까지 신종교 출신 재림 예수가 23명 탄생한 걸로 기록되어 있죠. 하하하 기가 막힐 노릇입니다. 한국의 기독교 신종교는 기존의 교회 성전(가톨릭 또는 기성 개신 교회)을 거부하면서 그 자신이 새로운 성전으로 거듭나는 꿈을 꾸었죠. 한국에서 기독교 계통의 새 종교 창시자는 역사적 예수를 닮았고 역사적 예수를 본받고 신자들에게 구세주 예수의 대우를 받고 있어요. 기독교를 마치 한국의 국교인 것처럼 광고하는 '예수 천국 불신 지옥'의 신화가 한국 땅에 만연한 까닭이 여기에 있습니다. 공공장소나 길거리에서조차 예수주의, 예수 신드롬이 예사로워요.

그러나 예수교가 창시되고 세계적으로 위세를 떨쳐도 이스라엘의 유대교는 21세기에도 여전히 건재합니다. 마찬가지로 개신 기독교가 예수 가톨릭교를 부정하고 반대해도 가톨릭교는 여전히 인류 세계에 우뚝합니다. 예수라는 이름은 마법의 주문 같아요. 예수는 '사랑'과 동의어로 지구에 알려졌죠. 그러니까 예수교 자체가 마법의 주문이 되는 거예요. 역사적 예수 시절의 유대교에서 예루살렘 사제들은 유대의 민족신이면서 우주의 유일신이던 야훼 신을 성전에 가둬놓고 그곳에서만 참배할 것을 강요했지요. 이른바 성전 이데올로기가 성전과 성전 바깥의 세속 세계를 분리한 거였죠. 그래야 성전 권력이 절대적인 권력이 되겠으니 말이에요. 그런데 이때 인간 예수가 당시 유대교의 이러한 절대 공간과 절대 권력을 깨뜨렸어요.

역사적으로 볼 때 예수는 유일하게 성공한 유대교 혁명가입니다. 그러나 이스라엘 유대인들은 아무도 그런 예수를 인정해주지 않습니다. 2000년 이상의 세월 동안에도 유대인들은 예수가 인류의 구세주라는 사실을 믿지 않아요. 그들은 오직 유대교로서 기독교를 거부할뿐더러 예수 기독교를 종교로 인정하지 않고 있습니다. 우리가 볼 때 참 불가사의한 일이죠.

4. 만물의
의인화가 필요하다

자본주의 사회에서 자본은 영원한 기득권입니다. 사회 공동체 내에서 부와 권력은 영원한 기득권이죠.

서울 땅 잠실의 너른 뽕밭이 지금은 50층 높이를 가진 아파트 숲이 되었어요. 우리 대한민국이 정말이지 빠른 변화의 세월을 살아왔어요. 현대 자본주의 문명에서 변화와 발전은 끝이 없습니다. 인공육 시대가 곧 온다고 하지요. 인간이 만드는 고기 인공육. 고기가 아니라 고기 맛을 먹는다고 하더군요. 자연 고기가 아니라 인공 고기라서 그래요. 식물 육, 미생물 대체육, 동물 세포 배양육 등으로 자본주의 인간들이 인공 고기를 개발하고 있어요. 참 대단한 자본주의, 대단한 인공 시대, 대단한 인조 시대가 아닐 수 없군요.

우리나라 독재주의 육체파 기독교 목사들의 특징은 예수교 구약 성경을 잘 인용하는 것입니다. 예수 이후의 기독교 경전은 신과 인간의 새로운 약속, 즉 신약 경전이고, 예수 이전의 바이블 경전이 구약이지요. 그런데 구약 기독교 경전은 이분법적 선악 구별이 잔인하리만치 확실해요. 이스라엘 구약 성경에 충실하면 문자주의에 갇힌 교조적 엄숙주의가 사회 전체를 선악의 양분법으로 곧장 나누고 말죠. 그래서 기독교 열성 신자들은 종교 바이러스 숙주가 되어 배타적 교리에 따른 증오와 불관용과 선민의식의 포로가 되어 버립니다. 이게 바로 기독교 근본주의자의 정체성이지요. 기독교의 철저한 구원 의식과 잔혹한 흑백논리가 저들의 절대적 무기입니다. '오직 교회, 오직 예수'라고 주문하는, '예수 천국 불신 지옥'이라고 외쳐대는, 극단의 양분법 말이에요.

정치도 종교도 그것을 사람으로 의인화해서 보면 정체가 잘 보여요. 저 정당을 사람으로 치면 어떤 사람이 될까, 저 종교를 사람으로 치면 어떤 종류의 사람일까 하는 상상력. 만물의 의인화 수법이 일상생활에서 정말 중요해요. 그러면 판단이 명료해지지요. 가령, 이순신 장군이 민주당 간판으로 선거에 출마하면 낙선하는 지역이 있다고 가정해볼까요. 그렇다면 그 지역 사람들은 지역감정과 차별 정서에 완전히 젖어 든 사람들이라고 보면 돼요. 지지하는 정당을 의인화해서 사람으로 친다면 그런 해석이 가능합니다.

사회 공동체의 발전은 정치 이념이나 종교 교리가 중요한 역할을 하는 게 아니에요. 사람이 중요하죠. 사람의 마음이 제일 중요해요. 오늘의 한국 사회는 인간미를 잃었어요. 한국의 전통 인성을 잃었어요. 잃어버린 인간성을 되찾아야 해요. 사람다움의 인간성을 회복해야 하죠. 인(仁)은 사람의 마음이에요. 사람의 마음이 인(仁)이죠. 사람으로서 차마 그렇게 하지 못하는 마음이 '인'이에요. '인'을 찾아야 해요. 잃어버린 인간성을 회복해야 합니다.

세상은 일순간에 바뀌는 것이 아니에요. 사회적으로 차근차근 영향이 쌓여야 그것들이 사람들의 행동을 바꾸고 삶의 패턴을 바꿀 수 있으니까요. 까닭에 바람직한 행동이나 사고방식을 반복해서 펼치고 사회에 선한 영향력을 자꾸 높여가는 게 건강 사회를 만드는 비결입니다. 그러자면 누구나 먼저 스스로가 좋은 사람이 되어야 해요. 우리 사회에 새로운 가치를 전파하는 사람이 자꾸 많아져야 해요. 사람의 향기가 나는 인물이 자꾸 많아져야 해요. 그러기를 바랍니다. 국가 위기의 순간에 '얼쑤' 하며 추임을 넣어 한국인답게 새 기운을 불어넣는 게 좋아요. 이런 게 바로 한국의 정서이며 삶의 가락이지요. 삶의 양식과 위기 극복의 패턴은 근원적으로 같은 것입니다. 일이관지예요. 마음을 모아 하나로 통하고 그리하여 통하여 모든 것은 하나입니다.

5. 사람과 자연은 하나다

일류 의식이 있어야 일류 사상이 나옵니다. 살면서 '내가 일류다'라는 자부심이 중요해요.

자본주의 나라는 잘살고 공산주의 나라는 못 살고? 기독교 믿는 나라는 선진국이고 불교 믿는 나라는 후진국이고? 예수 믿으면 천국 가고 안 믿으면 지옥 가고? 후후후 정말 그럴까요? 생각할 게 참 많습니다. 자연이 가난해서 불행하다면 차라리 자연 곁에서 자연처럼 사는 게 좋아요. 자연과 함께 가난하게 사는 게 좋습니다. 가난이라는 게 알고 보면 단점은 하나인데 장점은 너무 많아요. 가난한 사람들은 서로 정을 주고받기가 쉬워요. 늘 위하고 한결같죠. 자연이 그런 것처럼 말이에요. 가난 때문에 섬처럼 고립되기도 하겠지만 결국은 자연의 숨결로 사람들은 하나가 되지요. 냉혹한 자본주의 한국 사회에서 외롭고 아픈 사람들이 서로를 징검다리 삼아 더불어 살아가면 어떨까요. 사람은 결국 사람 속에서 행복하고 사람 속에서 아름다워지죠.

그런데 최근 우리 사회가 공정과 정의를 강조하는 과정에서 오히려 우리 사회의 포용성이 더 낮아지는 역설이 발생했어요. 불공정에 대한 분노와 불관용의 심리가 과도하게 작용한 탓이죠. 자기 편이 아니면 비난하고 공격하는 이념 과잉의 시대라서 더욱 그래요.

시쳇말로 오늘을 '탈진실의 시대'라고 해요. 물론 여기서 탈진실은 진실이 없다는 뜻이 아니에요. 모두가 그것을 진실이라고 해도 자신이 믿는 진실은 따로 있다는 거죠. 그래요. 자신의 잣대로 세상을 재고 판단하겠다는 의중이 넘쳐나는 시대입니다. 모두가 편견에 사로잡혀 있어요. 그만큼 세상이 각박해졌다는 뜻이기도 하고요. 비판의 과정을 생략하고 곧바로 우상 숭배에 매달리는 게 확증 편향입니다. 사상 이념도 그렇고 신앙심이나 종교 심리가 꼭 그렇죠. 논어에 '학이불고'(學而不固)라는 말이 있어요. '사람이 배우면 완고해지지 않는다'는 뜻이죠. 자신을 때때로 성찰하지 않고 신앙심만으로 살아가는 사람이 바로 우상 숭배자, 확증 편향자가 아닐까요? 인간은 단단하게 고정된 마음, 그러니까 이념성이나 종교성에서 삶의 존엄과 거룩함을 느끼는 게 아니에요. 사람들은 스스로 도전과 인내, 보람과 후회, 슬픔과 아픔, 노력의 고통과 기쁨 등을 아우르는 총체적인 삶을 통해서 존엄하고 거룩한 신성을 느끼며 의미 있게 살아갑니다.

살면서 몸이 중요합니다. 정신보다 몸이 더 중해요. 노자가 말했습니다. '나에게 몸이 없다면 어떻게 아프겠는가?' 이를 확대하면 여기서 '몸'은 '지구'예요. 지구가 아프면 나도 아프다는 거지요. 우리의 몸을 이루는 모든 요소가 지구에서 왔기에 우리의 몸이 바로 지구입니다. 몸이 곧 자연입니다. 자연이 생명이죠. 지구는 우리 살 중의 살이며 뼈 중의 뼈입니다. 지금 우리에게 필요한 것은 종교성이나 이성적 합리성이 아니라 도덕적 감각입니다. 인간을 비롯하여 생명체는 신의 피조물이 아니라 지구의 피조물입니다. 지구가 우리의 신입니다. 지구가 우리 부모님입니다. 우리의 창조주가 자연입니다.

그러나 자연은 '스스로 그러할'(自然)뿐 믿음을 요구하거나 은총을 베풀지 않아요. 지구 안에서 만물은 하나로 이어져 있습니다. 삶과 죽음이 하나로 이어지고 생명과 비생명이 하나로 이어지고 생명과 생명이 하나로 이어져 있습니다. 자연 속에서 모든 것은 하나입니다. 지구의 모든 것은 자연이며 자연은 삼라만상 모든 것입니다. 한국의 동학이 설파한 '천지 부모'는 놀라운 생명 철학입니다. 한국 철학이 소리높여 인류에게 호소합니다. 지금 고통받고 신음하는 지구를 위해 우리 인간들이 지구 해방 운동에 앞장서면 어떨까요.

6. 육식 문화가 지구 생명을 착취한다

지금은 기후 위기 시대입니다. 지구의 기후가 빠른 속도로 변하고 있어요. 기후 위기는 인간과 비인간, 동물과 식물을 가리지 않아요. 인간 사회에서 최약자인 가축은 사회적 재난에도 가장 취약한 존재입니다. 그런데 따져 보면 소 축산업은 기후 위기의 주범이에요. 위가 4개인 소는 되새김질을 하면서 트림과 방귀와 똥으로 메탄을 방출해요. 메탄은 이산화탄소보다 30배나 더 강력한 온실가스죠. 인류가 매년 방출하는 510억 톤의 온실가스 중에서 20%가 농축산업에서 발생한다고 하는데요.

오늘날 지구 환경에서 농경지의 대부분이 가축 사료 생산을 위한 것이라고 해도 좋아요. 농작물 생산량의 사실상 전부가 축산업의 몫이죠. 축산업 외에 나머지 온실가스는 제조업 분야 30% 전기 27% 냉난방 7% 운송 16% - 이런 순서로 배출합니다. 오늘날 인류의 탄소 배출 순제로 달성은 탈 화석연료와 탈

축산에 달려 있다고 해도 과언이 아니에요. 그런데 서구인들의 뿌리 깊은 육식성 식생활과 자본주의 상품 생활 방식이 지구인들에게 급속히 전파되면서 이 문제가 해결은커녕 도리어 더 크게 확산되고 있다는 게 가장 큰 문제입니다.

7. 인공 자연이 인공지능을 창조한다

인간 사회는 인공 자연입니다. 인간이 살려고 인위적으로 만든 자연이지요. 인간은 사회 속에서 살아요. 잘 가꾸어진 인공 환경에서 말이죠. 금붕어가 어항에 갇혀 살아가듯이 말이에요. 인간 사회도 결국은 어항 속이죠. 어항을 탈출한 물고기가 살지 못하듯이 사회를 벗어난 인간도 살 수가 없어요. 자본주의 사회도 결국은 인공 자연입니다. 인간이 사회적 존재이기 때문에 혼자서는 살지 못한다는 말이기도 해요. 그러나 인공 자연이기 때문에 인간이 힘을 합해서 인간 사회를 고치거나 바꿀 수가 있어요. 거창하게도 우리는 그것을 문명의 전환이라고 말합니다.

자본주의 현대인이라면 누구나 기여하는 분야가 있어요. 바로 자연 파괴죠. 세대가 바뀌고 시대가 달라져도 이것만은 한결같아요. 전국의 노는 땅은 무조건 찾아내고 파헤쳐서 인공으로 건물 숲을 만들고 말죠. 지구에서 인간보다 더 파괴적인 존재가 있을까요? 개발의 명목으로 논밭을 점령하고 산길을 파헤치고 호수를 메꾸고 길을 닦고 강을 직선으로 자르고 댐을 쌓고 다리를 놓고 자연 숲을 불도저로 밀어버리죠.

자본 선진국에서는 인공지능 킬러 로봇이 경쟁적으로 개발되고 있어요. 자기 능력의 확장을 바라던 인류의 꿈을 실현하려고 노력해요. 인간보다 더 뛰어난 지능이 인공지능이죠. 살인 기계 창조에 인류의 미래를 맡겨도 될까 하는데요. 창조주 인류가 혹시 자멸의 길을 걷는 게 아닐까요. 오늘날 인공지능은 옛날 프랑켄슈타인이 자신의 창조 괴물을 지칭한 '살인 기계'로 길러지고 있어요. 인류에 대한 영원한 증오와 복수를 다짐한 프랑켄슈타인의 괴물처럼 말이죠. 인간이 만든 괴물이 사고력과 추리력을 갖고 스스로 인간화를 추구한다는 설정까지 현대 인공지능은 19세기 유럽의 소설책과 꼭 닮았군요. 19세기 괴물은 자신을 만든 젊은 과학자 프랑켄슈타인을 '저주받은 창조주'라고 부르며 '내 모습은 당신의 더러운 투영이고 닮았기에 더욱 끔찍하다'고 욕을 마구 퍼붓죠. 창조주 프랑켄슈타인과 논쟁하던 괴물은 마지막에 절규하듯 외칩니다. '내게 힘이 있다는 것을 기억하라' '네놈은 내 창조주지만 나는 네 주인이다. 순종하라' 인공지능 킬러 로봇이 조만간 지구인들에게 내리는 명령인 것 같아 섬뜩합니다.

갈수록 인공지능이 세계의 패권 추구에 사용될 것이 명확해요. 인공지능 선도국이 세계의 지배자가 된다는 생각이 현재 일등국 지배 세력들의 생각입니다. 지구의 역사에서 정보 혁명은 곧 무기 혁명이었죠. 애초 인터넷이나 지피에스, 터치스크린 등이 모두 군사적 목적으로 개발되었거든요. 인공지능 무기는 화약과 핵무기에 이어 3차 무기 혁명으로 일컬어집니다. 무인기(드론) 경쟁으로 알 수 있듯 자본 선진국은 무기 자동화와 원격화를 강력하게 추진해 왔어요. 인공지능 무기들끼리 통신하고 합동작전을 하는 네트워크 구축도 시도하고 있죠. 그것은 창조주 인간을 대신하는 기계들의 싸움입니다. 고래 싸움에 새우 등 터진다는 말처럼 훗날에는 기계 전쟁에 인간이 몰살할지도 몰라요. 어제오늘 미국, 중국, 러시아, 영국, 이스라엘 등이 인공지능 군사화에 무척 열심인 나라들입니다. 육체파를 대표하는 나라들이 틀림없군요.

지금도 미국은 매일 어디선가 전투를 해요. 전쟁을 하는 거죠. 있는 전쟁은 격화시키고 없는 전쟁은 만들어요. 미국 등은 인공지능 무기 개발과 적용이 지구 빈국이나 약소국에 비해 압도적입니다. 인공지능은 결국 인간을 대체하는 수단이므로 무인 우주 탐사선은 물론이고 무인 전투기, 무인 전투 차량, 무인 함정, 무인 잠수정 등이 활발한 실험과 개발 대상이지요. 인공지능 개발 덕분에 인간종들의 우주 대항해 시대가 멀지 않았습니다.

앞으로의 지구 세대는 두 종류의 인간으로 나누어져요. 하나는 지구를 떠나 우주인으로 사는 것이고, 다른 하나는 지구 안에서 지구인으로 궁색하게 사는 거예요. 우주인은 부자일 테고 지구인은 가난뱅이일 테죠. 세계 뉴스를 듣자 하니 자신은 우주를 개발하고 정복해서 우주에 살면서 지구를 돕겠다는 세계적 갑부가 있더군요. 헛헛한 웃음이 쏟아지네요. 대량 생산과 대량 소비라는 자본주의적 삶의 방식은 전혀 포기하지 않은 채 과학기술의 혁신에 모든 걸 맡기는 것이야말로 어처구니없게도 가장 자본주의적 삶의 태도가 아닐까 합니다마는. 수백만 명의 인간이 우주에 살면서 새로운 에너지와 물질 자원을 찾아 그것을 지구인에게 공급하여 인류를 구하리라는 꿈을 누군가는 꾸고 있어요. 참 대단합니다. 인간이 결국 우주 식민지를 만들자는 얘기가 아니겠어요. 우주를 정복하여 제2의 지구를 몇 개라도 더 만들겠다는 거 아닌가요?

8. 인간의 지구 문명 겨우 1만 년

45억 년 전 태초의 지구는 너무 뜨거워 펄펄 끓었다고 하죠. 수소와 헬륨 같은 가벼운 물질로 원시 대기를 이루고 까마득한 시간 속에 하늘의 수증기가 식어 물과 바다가 되었어요. 이후 인간종이 나타나 원자폭탄을 개발하고 또 그로써 인공적으로 동위원소를 생성하여 지구별의 나이를 45억 년으로 계산했죠. 참 서구 자본주의 인간종들이 대단하긴 대단해요.

현재와 같은 지구 모습은 약 6천 5백만 년 전에 갖춰졌다는데, 그때 비로소 포유류 동물과 식물을 비롯해 지금 우리가 알고 있는 생물 종의 대부분이 출현했다고 추정합니다. 이때를 전문용어로 지구 역사에서 '신생대'라고 말하죠. 1억 년도 아니고, 겨우 6천 5백 만 년 전에 지구에서 갖은 생물 종이 탄생했다니요. 후후후 어쨌든 백인종의 경이로운 핵실험 때문에 알게 된 이것은 지구 역사의 공인된 과학적 진리죠. 인정합니다. 인간종의 조상은 약 10만 년 전에 지구에 등장했고 인간 문명이 제대로 시작된 것은 1만 년이 채 되지 않는다고 해요. 인간 세상의 역사가 무심하게도 초로인생을 말해줍니다.

9. 조선 칠극七克에 나타난 나태 죄

가톨릭 기독교의 7죄종에 왜 '나태'가 있는지 알겠어요. 7죄종은 조선 시대에 '칠극'(七克)이라는 번역서로 유명했죠. 실학자들이 이 책을 공부하며 전통의 성리학에 도전했어요. 혁신적인 사회를 건설하기 위해 조선 유학자들이 흥미진진한 기회를 잡았던 거죠. 그들은 당대 조선 사회를 개혁하려 했어요. 서양 종교인 서학에 감추어진 지배 정복의 사고 틀을 전혀 눈치채지 못했던 거예요. 참수를 당한 가톨릭 순교자들이 양반 가문에서 쏟아져 나왔죠. 그러나 단 한 사람 최제우(서기1824~1864 조선/동학 창시) 선생은 서양 종교의 위험성을 진작에 간파했어요. 동학을 창시했죠. 사실 동학은 종교가 아니에요. 다만 삶의 태도와 원리를 제시했지요.

우리나라에 성경이 있다면 오직 수운 선생의 '동경대전'입니다. 동학이 제시한 인내천(사람이 하느님이다)과 3경 사상(경천 - 하늘을 공경함/ 경인 - 사람을 공경함/ 경물 - 물건을 공경함) 으로 충분합니다. 특히 '경인'과 '경물'에 주목하세요. 서구 자본주의 기독교 문명의 폐해를 150년 전에 미리 꿰뚫어 보았던 거죠. 오늘날 80억 지구인의 삶에서 나날이 자연이 파괴되고 인간성이 파괴되어 가리라는 걸 선생은 놀랍게도 선견지명으로 내다보았습니다.

부처나 예수나 마호메트나 공자나 수운 선생 등 인류의 스승은 존경받아 마땅합니다. 가르침을 가슴에 새겨 일상에서 실천하는 게 좋아요. 그러나 그것이 존경을 넘어 종교로 우상화되면 어떨까요. 안 돼요. 가르침이 도그마 종교가 되면 위험해지는 법입니다. 그것을 인류 역사상 누군가는 반드시 악용하거든요. 천상천하 독재자와 열광적인 매니아 주의자들, 맹신하는 추종자들이 바로 그들입니다.

가톨릭에서 '나태 죄'는 인간 사회의 통치 방법과 자연의 정복과 관리에 인간 능력을 다 쏟아부어야지 조금도 게으름 피워서는 안 된다는 경고라고 할 수 있어요. 그래요, 알겠어요. 자연을 욕망과 호기심으로 정복한 그들 서구 기독인들의 과학 세계는 최정상으로 인정하죠. 과학이라는 게 사실 가톨릭이거든요. 유럽에서 역사적으로 가톨릭은 종교인 동시에 과학입니다. 과학은 곧 보편적 지식이며 객관적 진리이거든요. 그런데 서양에서 종교는 곧 절대 지식입니다. 가톨릭은 절대 진리입니다. 현대 과학은 절대 지식과 절대 진리를 탐험하는 종교입니다. 현대의 과학기술자들은 자본주의 유일신에게 경배를 드리는 가톨릭 사제들이라고 할 수 있죠. 자본주의는 그들 때문에 나날이 발전하고 또한 그들은 자본주의 때문에 풍족하고 행복하게 살아요. 이것이야말로 자본주의 문명 시대에 자본주의 종교와 자본주의 인간의 윈윈전략이 아닐까 몰라요.

'당연한 것에 진리가 숨어 있다'는 것을 믿어야 해요. 서양 기원 1902년 미국 기술자 윌리스 캐리어(서기1876~1950 미국/공학 기술자)가 에어컨을 발명했죠. 1920년대에 에어컨이 미국 전역에 보급되었어요. 이것 때문에 동부 지역이 미국 문명의 중심으로 들어설 운명을 가졌어요. 불타는 적도의 도시에서도 긴팔 옷가지로 일할 수 있게 되었죠. 코로나 팬데믹이 이어지며 인류가 문명의 위기를 벗어나는데 지금 겨우 3년밖에 지나지 않았어요. 어떻게든 인간이 지구에서 또 살아갑니다. 서구 자본주의 문명이 내장한 힘으로 더 많은 발명과 더 많은 생산과 더 많은 소비로 살아갈 테지요. 자본주의와 과학기술의 발전 양상이 놀랍습니다. 인간의 능력이 무궁무진합니다. 인류 전체가 전지전능하다는 서양신을 자꾸 닮아가요. 이것 참 큰일입니다.

'원 헬스'라는 게 있어요. 최근에 서양에서 등장한 신개념이죠. 여기서는 인류와 비인류가 생태적으로 연결되어 있다고 봐요. 동양에서는 지극히 당연한 것을 서양은 이제야 알았나 봐요. 어쨌든 지구가 건강해야 인간이 건강하고 모두가 건강해야 나도 건강할 수 있다는 게 원 헬스 개념이죠. 사실은 불교 철학이나 동양의 고전 사상의 밑바탕은 철저히 원 헬스 개념입니다. 지구에서 기세등등하던 서구 문명이 많은 문제점을 노출하며 지금 위기에 몰렸어요. 자본주의 문명이 다시 살아남아 지구 식민지 정책을 완수하려고 꿈틀거리는 중이에요. 그러나 서양 문명은 이 정도쯤 해서 멸망하는 게 좋아요. 그래야 모두가 살아요. 지구가 살고 지구 생명체가 살고 우리가 살고 백인종도 살고 모두가 살아요.

10. 전지전능한 창조주 인간

백인종 무색 인간은 고양이 모래를 발명함으로써 고양이를 결국 가축으로 만들었어요. 오늘의 인간은 고양이를 키우고 고양이는 인간을 키웁니다. 인간은 개를 키우고 개는 인간을 키웁니다. 반려동물은 인간의 집에서 가족이 되어 편안하게 삽니다. 병에 걸려도 인간들이 기를 쓰고 고쳐주지요. 그러나 공장식 축산, 밀집형 사육 때문에 가축들은 또 함부로 죽어가요. 도살과 학살이 자행되죠. 전염병에 걸린 해로운 가축들은 집단 학살로 깨끗이 처분하면 돼요. 참 쉽죠.

인간이라는 종은 어떻게든 덜컹거리며 점점 진화하는 희한한 존재입니다. 결국 인간은 화성에 사람들을 보낼 거예요. 동물을 키워 죽이지 않고도 동물성 단백질을 섭취하는 방법을 과학기술로 알아낼 것이라고 봐요. 자본의 명령에 충실한 과학자들 몇몇이 실험실에서 미니 뇌를 배양하여 지구 곳곳에서 인공으로 뇌를 만들고 있어요. 인간종들은 어쩌면 지금의 기후 변화를 더디게 만들 놀라운 산업 혁명을 이룩할 것입니다.

예수 탄생 1818년에 영국에서 소설 한 편이 발표됩니다.

책 제목은 「프랑켄슈타인 : 현대의 프로메테우스」. 스위스의 과학자 프랑켄슈타인이 자신의 피조물인 인조인간의 배신으로 죽음을 맞이한다는 이야기입니다.

서구 근대과학을 발견하고 발명한 과학기술자들을 현대의 프로메테우스에 비유할 수 있어요. 케플러와 아이작 뉴턴, 파스칼, 아인슈타인, 닐스 보어(서기1885~1962 덴마크/ 양자물리학자) 등이 바로 그들입니다. 인간들에게 '과학기술'이라는 문명의 불을 전해준 프로메테우스 말입니다. 재미있는 사실은 지구 최초의 프랑켄슈타인 영화가 서기1910년에 토머스 에디슨(서기 1847~1931 미국/ 발명가, 사업가)이 만들었어요. 발명왕 에디슨이 말하자면 서구 자본주의 문명을 불 밝힌 또 하나의 진짜 '프랑켄슈타인'이었던 거죠. 현대 지구인에게 새 복음을 거듭 전해주는 과학기술자 '프랑켄슈타인'이 줄을 서서 이어집니다. 그래서 자본주의 인간들은 참 행복하죠. 안 되는 게 없고 이루지 못할 게 없는 세상을 언제나 살아가요. 왜냐하면 우리 현대인들이야말로 바로 신이 만든 인조인간이고 프로메테우스 자신이니까요.

우리는 모두 자본주의로 불을 밝히는 스마트 지구인이 되었습니다. 우리 자신이 인조인간이면서 우리 인간종들은 과학기술을 더 발전시키며 인공지능 인간을 기어코 창조합니다. 인간이 진짜로 신이 되는 거죠. 의식을 가진 인조인간의 창조는 인간종을 신과 동일시하는 마술을 부리게 합니다. 자본주의 역사가 깊어지면서 인간종이 바로 창조주 신이라고 선언하는 거죠. 서구 자본주의가 생각하는 인류 문명은 결국 인간의 역사가 아니라 신의 역사이기도 하고 기계의 역사이기도 합니다. 오늘날 자본주의 생활상의 눈부신 발전과 과학기술의 발전상은 지구상에서 인간이 곧 신이라는 혁명적 선언과 같아요. 구체적으로는 기독교 백인종이 모든 인간종을 대표하고 지구의 자원과 에너지를 독점하며 모든 생물 종들을 지배하고 관리한다는 의식의 흐름을 서구 자본주의 문명이 총체적으로 선언하는 거죠.

11. 과학기술의 힘

얼음의 땅 알래스카에서 어느 날 코끼리의 조상인 매머드의 엄니가 발견되었어요. 1.7미터 길이의 엄니. 엄니는 나무의 나이테와 같아서 매머드의 삶의 여정이 그 속에 새겨있지요. 서구의 과학자들은 실험실에 모여서 장소마다 다르게 나타나는 동위원소 비율로 맨 처음 알래스카 지도를 먼저 작성했죠. 연구진은 특정 원소들이 간직된 엄니에서 스트론튬, 산소, 질소, 탄소 등의 동위원소 변화를 추적했어요. 당대 식물과 땅의 성분들이 우라늄 동위원소 분석으로 밝혀졌죠.

이 연구로 과학자들은 매머드 엄니에서 무려 34만 건의 분석 데이터를 얻었는데, 놀랍게도 그 결과 1억 7000년 전에 멸종되었던 매머드의 삶이 완전하게 되살아났죠. 과학 연구자들은 그래프와 지도를 작성하는 등 연구 결과를 요약해서 최신 과학 논문으로 발표했습니다. 천년도 아니고 만년도 아니고 무려 1억 년을 훌쩍 뛰어넘어 시간과 장소가 특정한 한 매머드의 삶을 생생하게 복원했지요. 이것은 그야말로 전지전능한 과학기술의 승리라고 하지 않을 수가 없군요. 전지전능한 인간은 마침내 신이 되었고 전지전능한 신은 그예 인간이 되고 말았죠.

12. 생각하는 갈대와 일기예보

바람은 공기의 흐름이죠. 공기는 고기압에서 저기압으로 흘러요. 기압 차이가 클수록 공기의 흐름, 즉 바람이 강해져요. 바람은 물처럼 직진하지 않습니다. 고기압에서 시계 방향으로 불어나가고 저기압에서 반 시계 방향으로 모여들죠. 공기의 무게는 시시각각 변해요. 공기의 무게를 연구하고 측량한 최초의 사람이 17세기 철학자 파스칼(서기1623~1662 프랑스/ 철학자, 기독교 사상가)입니다. 그래서 기압의 단위는 '파스칼'이죠. 시시각각 바뀌는 공기의 무게와 흐름을 추적하는 게 일기예보의 시작입니다. 물론 어제오늘의 기상 예보는 잘 맞지 않아요. 왜냐하면 지구의 기후에 급격한 변화가 생겼기 때문이지요. 이른바 기후 위기 때문에 그래요. 할 수 없어요. 인간의 잘못입니다. 인과응보예요. 기상 통보관의 잘못이 아니에요.

일기예보를 보면서 현대인들은 날마다 생각하는 갈대가 되지요. 바람 따라 흐느적대는 갈대가 생각하는 인간입니다. 그래요, 서양 문명의 위대함은 인간과 신의 완전한 결합이라고 할 수 있어요. 기독교 백인 사회에서 전지전능한 절대자와 전지전능한 인간은 본디부터 둘이 아니라 하나였어요. 무오류의 절대 지식이라는 강한 믿음이 처음 가톨릭 종교를 만들고 다시 그것이 밑바탕이 되어 독특한 근대과학을 만들었습니다. 그런 까닭에 서구 자본주의 문명의 근원적 바탕은 기독교 사상이 틀림없을 테죠.

13. 핵발전소는
원자력 발전소가 아니다

우리나라는 현재 세계 5위의 핵발전 국가입니다. 한반도의 반 토막 좁은 땅에 24개의 핵발전소가 있어요. 그것도 지진과 해일이 잦은 경북 동해안 쪽에 세계 밀도 1위로 다닥다닥 지었죠. 독재주의 보수 육체파는 '핵발전소'라는 용어를 싫어해요. 깨끗하고 우아하게 '원자력 발전소'라고 말들 하죠. 그래 서울 대에도 원자력공학과가 설치되어 있어요. 그런데 학과의 영어 식 표기는 '핵공학과'로 되어 있어요. 하하하 웃기죠. 육체파 독재주의자들은 원자력이 깨끗하고 안전한 에너지라는 걸 수 시로 광고하고 그래요. 핵연료 사용 후 그것을 10만 년 동안 보관할 핵 쓰레기장을 짓고 관리하는 비용은 생각지도 않고 대 뜸 바닷가에 덜컥 짓고 본 거죠. 어쩌면 이것은 경상도에 일방 적으로 경제 혜택을 베푼다는 군부 독재정권의 한탕주의 국가 정책인지도 모르겠지요 마는.

보수 육체파 집권층 기독교 교회에서는, 한국의 원전은 하 나님이 주신 은총이라 설교해요. 지난 40년 동안 이 땅에서 원 전 사고가 한건도 없는 청정에너지라는 설교를 곁들이죠. 카이 스트 양자공학과와 핵공학과 학생들이 연전에 원전 증설을 촉 구하는 서명을 벌이는 지경까지 갔어요. 분명히 말하죠. 원자 력 발전소의 정확한 이름은 '핵발전소'입니다. 핵에너지는 무 한 에너지를 욕망하는 자본주의의 가장 강력한 실체예요. 그러 나 핵발전은 지구 멸망을 앞당기는, 인간이 인간의 힘으로 끌 수 없는 '우주의 불'입니다. 인공 핵은 한번 태어나면 그것으로 통제 불능이지요.

핵에너지는 지구 생태계의 가장 적대적인 물질입니다. 생명 에 치명적이죠. 따라서 인류의 핵에너지 사용은 지구를 회복 불가능한 위험 속으로 급속히 빠져들게 합니다. 생활이 불편하더라도 원자력 없는 안전한 세상을 후손들에게 물려 주는 게 좋지 않을까요. 자본주의적 사고에 사로잡힌 경제성 논의는 당장 그만두어요. 지구 생명체는 오늘도 내일도 안전과 건강이 가장 중요합니다.

14. 단군신화가 지구를 바꿀 것이다

"지구 생태계는 아득한 영겁의 세월을 두고 조금씩 공들여 빚어낸 아름답고 조화로운 작품이지만, 그중에서 인간은 진화의 마지막 단계에서 최고의 솜씨와 사랑으로 창조된 걸작 중의 걸작이다. 창조주께서 그토록 오래 준비하시고 빚으시고 가꾸신 걸작을 함부로 쓸어 버리지 않으리라. 지나친 두려움은 허구다. "

한국 가톨릭 주교 베드로 (서기1945~ 대한민국)

코로나 사태를 위로하며

글로벌 자본주의를 자연주의로 돌려야 해요. 자본주의 대신 자연주의가 좋아요. 자연주의가 자본주의를 대신해야 합니다. 그러자면 교육이 중요해요. 현재의 학교는 서구에서 근대화 운동 초기에 산업 자본주의 시대에 노동자를 대량으로 훈련하고 그들을 산업국가의 '국민'으로 만드는 핵심 기관이었죠. 물론 한국에서는 학교에서 반공산주의를 심고 다 함께 산업 전사를 배출하는 일에 분주했어요. 군대 조직과 더불어 말입니다. 남북의 이데올로기 대립이 혹심하여 다른 걸 돌아볼 틈이 없었죠. 한국 사회에서 반공산주의와 자본주의는 공공연하게 얼싸안고 한몸이 되었어요.

지금 교육에 관해 한국 사회의 문제는 무엇일까요? 새로운 개발도상국처럼 교육 기회가 부족해서 문제일까요. 현재의 자본주의 산업 구조에 맞지 않는 고학력층의 남발이 문제의 근본이 아닐까요. 청춘들에게 해외 취업의 바람이 한때 불었던 것도 이런 구조에서 나온 것이고 생산직 산업 현장이 외국인 노동자로 채워지는 것도 그런 현상의 직격탄이죠, 한국 학생들이 공부를 많이 하고 공부를 잘하는데, 졸업 후 취업 자리가 없어요. 신기해요. 불가사의하죠. 이게 가장 큰 문제예요.

그렇다면 우리가 공부의 목표 기준이 다양한 사회를 만들면 되잖아요. 공교육으로 모두가 공정하게 교육을 받는다고 해도 모든 학생이 공부를 잘할 수 없고 또 그럴 필요도 없어요. 공부 후 취업으로 가는 세계가 달랑 사다리가 하나인 게 문제이고, 그 하나의 사다리가 절대화된 게 문제인 거죠. 어떤 사회에서도 학력 격차는 있어요. 없을 수가 없죠. 어떤 교육 체제를 시행하더라도 개인의 학력 격차라는 갭을 온통 메꿀 수는 없어요.

젊은 층에게 한국 사회는 영어를 못하면 취업과 진학은 물론 자칫 시민권을 주지 않을 정도입니다. 그 정도로 우리나라에서 영어는 언어 권력이 되었어요. 친미주의가 아니고서는 사회에서 살아남을 방법이 없어요. 미국주의가 심각합니다. 청년들의 미국주의는 생존의 문제예요. 오늘날 한국에서 영어는 거의 공용어 수준입니다. 초등 어린이부터 영어를 필수로 공부하여 영어 스트레스가 넘쳐납니다. 한국 사회가 자진해서 미국의 식민주의 바다에 '풍덩'하고 빠진 꼴이죠. 차라리 한국이 통째로 미국의 한 주가 되기를 간절히 원하는 사람들도 많아졌어요. 예수를 찬미하고 예수에게 삶을 거는 예수주의가 넘쳐납니다. 눈물겨워요. 안타깝습니다.

15. 보편성이
절대 진리일까

한국의 자본주의 문명은 사회적 약자의 고통과 희생 위에서 불타올랐던 성장 중독의 문명 입니다. 어제오늘 하나도 변하지 않았어요. 서기2022년에도 대한민국에서 노동자의 참상이 날마다 펼쳐집니다. 오늘의 세상은 서구 자본주의가 장악한 세상이죠. 자본주의 체제는 강자 놀이터이며 약자 사냥터라고 할 수 있어요. 덧붙여 현대의 지독한 가부장제는 서양과 일본 문화를 그대로 복사한 것이죠. 불평등, 차별, 혐오 등의 가시 박힌 말들이 오늘의 한국 사회를 밝히는 간판 역할을 톡톡히 하고 있음을 목격합니다.

한국 사회에서 대기업 총수가 자식에게 기업체를 물려줍니다. 마찬가지로 기독교 지도자가 교회를 자식에게 물려줘요. 왜냐하면 한국은 강력한 가부장제 사회이며 기업체는 가업이며 교회는 예수교 목사에게 가업이며 재산이니까요.

가톨릭은 기독교 교회 자체를 가리키는 이름입니다. '가톨릭'이라는 말은 보편성 또는 정통성을 뜻하죠. 가장 흔하고 일반적이고 보편적인 가치 현상을 가리켜 '가톨릭'이라고 명명했어요. 그런데 이게 '가톨릭'을 세계적인 종교로 우뚝 서게 했어요. 유럽 백색 인간에게 애당초 종교란 곧 가톨릭이었죠. 기독교에서 예수는 사랑입니다. 가톨릭에서 예수는 사랑입니다. 종교에서 예수는 사랑입니다. 인간의 고귀한 가치로 '사랑' 만한 게 있을까요? 그러니까 기독교는 곧 '사랑의 종교'이며 사랑은 인간 사회 언제 어느 곳에서나 통용되는 보편 가치, 곧 가톨릭이 되는 거죠.

가톨릭교회 득세의 시대에 유럽에서 끔찍한 마녀사냥이 터져 나왔어요. 그것은 대중의 불신과 불만을 약자에게 투사하려는 기득권 세력의 통상 전략인데요. 특히 서구 근대화가 열리던 르네상스 시대(14~16세기)에 마녀사냥이 극에 달했죠. 이게 뜻하는 바는 뭘까요. 종교보안법의 감시를 뚫고 새로운 삶을 호흡하던 당대 사회 비판 세력들에게 침묵을 강요했다는 겁니다. 그러니까 여기서 마녀는 당연히 남자도 있었겠죠. 실제로 마녀사냥을 당한 남자도 많았어요. 오래된 현재의 권력 체계와 가치 질서를 받아들이지 못하는 불평만만 세력들이 누적되어 있었겠고, 서구 가톨릭 지배자들이 이들을 국가보안법 사범으로 몰아 잔혹하게 처단했다고나 할까요.

서양 종교는 무조건적 신앙을 대표합니다. 오직 믿어야 해요. 묻지마 신앙입니다. 서양 종교는 인간의 상식과 이성을 좋아하지 않아요. 부정하죠. 철저한 신중심주의가 사실은 비밀스럽게 철저한 인간 중심주의와 남자 중심주의를 숨기고 있어요. 예수 기독교는 지구 전체에서 종교의 가톨릭을 지향합니다. 가톨릭에서 보편성은 곧 독재성이죠. 오직 하나뿐인 절대적 신앙 – 이것이 서구의 종교 사상 예수 기독교 가톨릭입니다. 서구의 근대 문명인들은 '가톨릭'을 가지고 세계 정복에 나섭니다. 제국주의자들과 손을 잡고 지구 곳곳에 식민지를 만들고 새 기독교인들을 만들었죠.

16. 직선과 곡선

자연은 곡선이고 인공은 직선입니다
여자는 자연이고 남자는 인간입니다
여자는 곡선이고 남자는 직선입니다
동양은 곡선이고 서양은 직선입니다.

여성은 자연입니다. 지구는 자연입니다. 여성은 위대해요. 자연이 위대하듯이 말이죠. 임신한 여성은 더없이 거룩합니다. 이

때 여성의 몸은 생명을 품고 있는 지구가 되지요. 인간은 본질이 없어요. 수시로 변화하는 존재입니다. 이것은 자연이 매번 변하는 것과 같아요. 결국 인간은 자연입니다. 자연이 인간이죠. 자연은 역사를 살죠. 역사는 순간이며 따라서 우리는 늘 순간을 삽니다. 순간을 사는 인간에게 본질적인 상태는 없어요.

17. 인간의 삶은 무지개처럼 다채롭고 오묘하다

"종교가 없을 때는 선인은 선행을 하고 악인은 악행을 하지만, 오직 종교만이 선인을 악행을 하게 만든다."

스티븐 와인버그 (서기1933~2021 미국/ 핵물리학자, 노벨 물리학상 수상)

자연에서 무지개는 정확히 일곱 색이 아니에요. 다섯 색도 아니고 삼색도 아니죠. 무지개색은 자연입니다(7색은 기독교 방식 - 7일간 천지창조). 보는 사람의 마음이죠. 자연은 자연입니다. 스스로 그러해요. 자연은 자유입니다. 스스로 말미암아요. 처음과 끝을 따질 수가 없어요. 무지개 색깔 사이의 경계선이 정확하지 않거든요. 하하하 경계선에는 오히려 훨씬 더 다양한 색이 존재하죠. 자연의 무한성은 심오하고 거대합니다. 인간이 다 파악하기 어려워요. 그런데 왜 또 인간들은 이런 것들을 꼬치꼬치 캐내고 연구하고 실험해서 죄다 알아야 하는 거죠. 오호라 서구인들은 과학 지식이나 지적 호기심도 극한성과 절대주의를 기본 바탕으로 하는 게 틀림없군요. 그리고 보면 서구 기독교 자본주의 문명인들은 매사에 극단적 절대주의 성향을 내재하고 있음이 눈에 확연합니다.

18. 자연이 행복해야 우리도 행복하다

어려운 일일수록 가장 쉬운 것부터 해야 합니다. 당장 가능한 것부터 해야 하지요. 불교에서는 세상을 '고'로 보고 기독교에서는 세상을 '죄'로 봅니다. 그러나 우리는 세상을 '은혜'로 보면 어떨까요? 지금 빛나는 태양, 맑고 투명한 바람, 쏟아지는 햇살, 자연의 품 안에서 우리는 행복합니다. 지금 이대로가 완전합니다. 오늘이 가장 완전해요. 욕심을 내지 말아야 해요.

자연이 행복해야 우리도 행복합니다.

코로나다,
서양을 탈출하라

초판 1쇄 발행일 2022년 5월 30일

지은이 이동훈
펴낸이 박영희
편집 문혜수
디자인 최소영
마케팅 김유미
인쇄·제본 제삼인쇄
펴낸곳 도서출판 어문학사
　　　　서울특별시 도봉구 해등로 357 나너울카운티 1층
　　　　대표전화: 02-998-0094/편집부1: 02-998-2267, 편집부2: 02-998-2269
　　　　홈페이지: www.amhbook.com
　　　　트위터: @with_amhbook
　　　　페이스북: www.facebook.com/amhbook
　　　　블로그: 네이버 http://blog.naver.com/amhbook
　　　　　　　　다음 http://blog.daum.net/amhbook
　　　　e-mail: am@amhbook.com
　　　　등록: 2004년 7월 26일 제2009-2호

ISBN 979-11-6905-003-6 (03300)
정가 20,000원